Fernand J. M. Debats

Homöopathie – die Methode für mich

Fernand J. M. Debats

Homöopathie – die Methode für mich

Übersetzt von E. Urban

Barthel & Barthel
Verlag
1996

Ergänzende Hinweise, für die wir jederzeit dankbar sind, bitten wir zu richten an:
Barthel & Barthel Verlag, Postfach 57, D-82069 Schäftlarn,
Tel. 08178 - 8091 oder Fax - 6345.

Lizenzausgabe der Barthel & Barthel Publishing Corp., New York
Satz: Barthel & Barthel Verlag, Schäftlarn
Druck: WB-Druck, 87669 Rieden am Forggensee

Dieses Buch wurde gedruckt auf
1/3 Recyclingfaser aus Altpapier von Haushaltssammlungen.
1/3 Holzschliff aus der Durchforstung heimischer Wälder.
1/3 total chlorfrei gebleichter Zellstoff
– unserer Umwelt zuliebe.

ISBN 3-88950-096-X

Inhalt

Einleitung

Die Homöopathie als Methode 8
Technologische Heilkunde 9
Homöopathen 10

Kapitel 1

Ersatzkrankheiten, eine neue Entdeckung?

1.1 Krankheiten spielen Verstecken 12
1.2 Verschiedene Arten von Ersatz 13
1.3 Die Benennung und Einteilung von Erkrankungen 13
1.4 Die Ordnung von Krankheitsgruppen 18
1.5 Eine philosophische Frage und eine unerwartete Antwort 19

Kapitel 2

Die therapeutische Anwendung der Syndromverschiebung und die Entstehung der Homöopathie

2.1 Zufällige Anwendungen 24
2.2 Der historische Entwicklungsweg der Homöopathie 25
2.3 Die Heilmittel, das erste Experiment 31
2.4 Was ist Krankheit? 37

Kapitel 3

Die Behandlung einer akuten Erkrankung

3.1 Die Indikationsstellung für die homöopathische Methode 43
3.2 Eine akute Erkrankung 44
3.3 Das Repertorium 50
3.4 Unterschiedliche Potenz-Reihen 51

Kapitel 4

Chronische Krankheiten

4.1 Weitere Beobachtungen: die chronischen Krankheiten 56
4.2 Die Heringsche Regel 59
4.3 Die Haut, mehr als nur eine Hülle 65
4.4 Ein neues Verständnis von Krankheit, Gesundheit und Heilung . . . 69
4.5 Das Pferd vor oder hinter dem Wagen? 72

Kapitel 5

Die Praxis und der konstitutionelle Ansatz

5.1 Die Grenze zwischen krank und nicht krank 76
5.2 Gleitender Übergang 81
5.3 Wechselwirkung mit der Umgebung 83
5.4 Beschwerden entwickeln sich nach einem Muster 85
5.5 Nicht jeder kann alle Symptome bekommen 86
5.6 Der Kern des konstitutionellen Denkens 88
5.7 Doch ein Wundermittel? 91
5.8 Zweifache Erweiterung der Diagnostik 92
5.9 Konstitutionelle Behandlung in der Praxis 93
5.10 Nach der ersten Behandlung: Reaktionen auf das Mittel 96
5.11 Verlauf bei verschiedenen Potenzhöhen 101

Kapitel 6

Die Homöopathie – eine andere Art des Denkens

6.1 Erklärungen 110
6.2 Höhere Kennzeichen 111
6.3 Sicherheit 113
6.4 Systemdenken und Maschinendenken 114
6.5 Eigenschaften von Systemen 117
6.6 Homöopathie und Systemdenken 126
6.7 Konstitutionelles Denken ist Systemdenken 131
6.8 Das höchste sinnvolle Systemniveau 134
6.9 Hahnemanns Theorien über chronische Krankheiten 136
6.10 Entwicklung der Krankheiten und Wahl der Therapie 142

Kapitel 7

Quacksalberei oder nicht, das ist die Frage

7.1 Hahnemanns Weg 146
7.2 Der konventionelle wissenschaftliche Weg 148
7.3 Der Beobachter und die Wirklichkeit 149
7.4 Menschliche Winkelzüge in der Wissenschaft 151
7.5 Das Induktionsproblem 153
7.6 Quacksalberei, Wissenschaft und Heilkunde 160
7.7 Beispiele 163
7.8 Spannungsfeld 165
7.9 Machterhaltung oder Zusammenarbeit? 167
7.10 Die heutige wissenschaftliche Position der Homöopathie 169

Kapitel 8

Verschiedene diagnostische Strategien in der Homöopathie

8.1 Die klassische Homöopathie und abgeleitete Formen 173
8.2 Die patente Methode 175
8.3 Die persönliche Annäherung in der Homöopathie 181
8.4 Anleihe bei der Homöopathie 189
8.5 Ein letztes Mißverständnis 194
8.6 Der Dialog als höchster Erkenntnisborn 196

Kapitel 9

Schluß

9.1 Anerkennung und dann? 198
9.2 Integration trotz Kontroversen 200
9.3 Die Wunschliste der Homöopathie: ein Ende der Zersplitterung . . 207
9.4 Der zukünftige Weg 208

Literatur

Allgemein 210
Quellen-Literatur 210
Repertorien 210
Die übrige Literatur nach Kapiteln 211
Herkunft der Zitate am Beginn der Kapitel 215

Einleitung

„Die Vergangenheit kann uns nicht lehren, was wir tun müssen, wohl was wir lassen sollten."

José Ortega y Gasset

Die Homöopathie als Methode

Wie lange soll die Homöopathie noch eine umstrittene Methode bleiben? Die Homöopathie hat immer leidenschaftliche Befürworter und Gegner gekannt. Hierin ist sie vergleichbar mit einigen großen Kunstrichtungen, die das Publikum anfangs auch in Anhänger und Kritiker teilten. Die Werke von Picasso und die Stimme von Maria Callas haben zahlreiche Diskussionen hervorgebracht. Mit großen künstlerischen Äußerungen hat die Homöopathie auch gemeinsam, daß etwas Spektakuläres daran ist, wodurch sowohl Befürworter als auch Gegner sich betroffen fühlen. Das Spektakuläre für die Befürworter sind die einigermaßen verblüffenden Resultate der homöopathischen Therapie. Das Spektakuläre für die Kritiker ist die Unwahrscheinlichkeit der „kleinen Dosis der verdünnten Mittel".
Meistens wird bei der Beurteilung der Homöopathie die Betonung auf das eine oder andere Element der Methode gelegt. Die Befürworter pochen auf den grundlegenden Charakter des Ähnlichkeitsgesetzes, das schließlich schon 400 Jahre vor Beginn unserer Zeitrechnung von Hippokrates, dem Vater der Heilkunde, entdeckt worden war. Die Kritiker stützen sich mit Nachdruck auf die Tatsache, daß in homöopathischen Mitteln durch pharmakologische Analysen kein einziges Molekül des Ausgangsprodukts nachgewiesen werden kann. Was ist dann das Wirkprinzip?
Wir können uns fragen, ob die Homöopathie aus historischen Gründen ernst genommen werden muß: Nimmt sie in der Geschichte einen Platz ein als logischer Nachfolger oder Vorgänger von anderen Methoden? Wir können gesellschaftliche Fragen stellen: Ist es gewinnbringend, einer derartigen alternativen Methode Beachtung zu schenken? Wirkt das nicht medikalisierend und kostensteigernd? Weckt sie zu Unrecht Erwartungen? Wir können auch nach den Ergebnissen fragen: Was für Untersuchungen wurden durchgeführt und welche Ergebnisse wurden erzielt? Das sind wichtige Fragen, die zu Recht gestellt werden.
Ausgangspunkt für dieses Buch sind jedoch andere Fragen: Was ist die Homöopathie eigentlich für eine Methode? Was ist sie für eine Wissenschaft? Welche Kennzeichen hat sie, um derentwillen sie die Bezeichnung wissenschaftlich verdient? Womit beschäftigt sich die Homöopathie, was untersucht sie, was heilt sie? Was sind die essentiellen Verschiedenheiten

zu anderen Methoden? Welche Krankheiten kann man damit heilen? Ist es eine natürliche Methode?
Die Homöopathie ist eine Methode. Das bedeutet: Sie besteht aus einer Kombination von Einsichten und Fertigkeiten. Will man dieser Methode Recht angedeihen lassen, dann müssen die verschiedenen Elemente auch in ihrem Zusammenhang besprochen werden. Die Frage nach diesem Zusammenhang wird den homöopathischen Ärzten immer wieder gestellt von den Menschen, die sich in ihre Behandlung begeben. Die Homöopathie ist noch lange kein Allgemeingut. Gewisse Kenntnisse sind nötig, um Vorurteilen über diese Methode aus dem Weg zu gehen und den vollen Gewinn zu ziehen aus den Konsultationen während der homöopathischen Behandlung. Aus diesen Gedanken erwuchs dieses Buch. Es möchte denen, die sich homöopathisch behandeln lassen, soviel Information geben, daß sie mit ihrem Arzt mitdenken und helfen können, die Effektivität der Konsultationen so groß wie möglich zu machen. Hierfür ist es nötig, eine gewisse Einsicht in die Methode zu haben. Dieses Buch soll eine solche Kenntnis vermitteln.

Technologische Heilkunde

Die Homöopathie wird zu den sogenannten „alternativen“ Heilweisen gerechnet. Die Bezeichnung alternativ wurde gewählt vom Standpunkt eines Standards. In unserem Zusammenleben gilt als Standardheilkunde diejenige Form der Heilkunde, die an den Universitäten gelehrt wird. Diese Heilkunde ist durch gesetzliche Bestimmungen begrenzt auf Einsichten, die auf den Naturwissenschaften basieren. Medizinische Einsichten, die nicht durch diese Basiswissenschaften, Physik und Chemie, bewiesen werden können, sind dadurch von den Universitäten verbannt. Man spricht dann auch von universitärer und nichtuniversitärer Heilweise und die erstere wird auch reguläre Heilweise genannt, womit dann die nicht universitäre Heilkunde als aus der Regel fallend klassifiziert wird. Diese Namensgebung versucht, die verschiedenen Heilweisen in organisatorische oder gesellschaftliche Kriterien zu klassifizieren. Die Tatsache, daß man keine inhaltlichen Kriterien anlegt, gibt bereits an, daß die gesetzlich gezogene Grenze zwischen universitär oder nicht keine inhaltliche Bedeutung hat. In diesem Buch wird gezeigt werden, daß die Homöopathie in vielen Fällen eher Regel als Ausnahme werden kann. Ferner werden Bezeichnungen wie regulär, alternativ, universitär und dergleichen nach Möglichkeit vermieden werden. Es wird Wert gelegt auf die inhaltlichen Merkmale und die heute gebräuchliche Bezeichnung. Die Standardheilkunde wird als „technologische Heilkunde“ bezeichnet. Das bedeutendste Kennzeichen unserer heutigen Heilkunde ist ihr technologischer Charakter. Was die Diagnostik anbetrifft, ist

das ohnehin deutlich: Man nehme einmal einem modernen Spezialisten seine Apparatur weg und frage nach einer Diagnose. Man nehme weiterhin die technologischen Manipulationen aus der Therapie weg und es scheint so, als ob alle Kenntnis über die Heilkunde der gesamten Menschheit erst jüngst in den letzten hundert Jahren unserer westlichen Kultur entstanden sei. Die Paradepferde der modernen Heilkunde sind die Antibiotika und die Impfstoffe.
Kennzeichnend für die technologische Heilkunde ist weiterhin die Ausbildung von Organspezialismen und Superspezialismen: die Untergruppen Innere Medizin – Kinderheilkunde – Kinderkardiologie – Kinderkardiochirurgie. Diese Entwicklung der Heilkunde zum Organspezialistentum ist eine direkte Folge der naturwissenschaftlichen Wissenschaftstradition und des materialistischen Weltbildes, die beide kennzeichnend sind für die technologische Heilkunde. Als letztes können wir sagen, daß die technologische Heilkunde in ihren praktischen Therapien nicht weiter als bis zu einem experimentellen Stadium gekommen ist, in dem Sinne, daß sie keine eigene Gesetzmäßigkeit entwickelt hat, sondern gleichwohl sich nur an die Naturwissenschaften, Physik und Chemie, und an die exakten Hilfsfächer wie die Statistik anlehnt.
Die heutige Standardheilkunde hat auch etwas in ihrem Gepäck, das nicht technologisch ist, technologisch in dem eben angegebenen Sinn. Aber darin unterscheidet sie sich nicht so nachdrücklich von der Heilkunde in anderen Kulturen und anderen Zeiten. Geduld, Trost und ein wohlwollendes Ohr verfehlen ihre heilsame Wirkung nirgends, wo Menschen sind. Wenn deshalb im Folgenden die Homöopathie der Standardheilkunde gegenüber gestellt wird, dann geschieht es in Bezug auf die technologischen Aspekte.

Homöopathen

Homöopathie wird von Ärzten und Nichtärzten angewendet. Dies ist die Folge einer historischen Entwicklung. Die Homöopathie wurde nicht als Heilkunde im gesetzlichen Sinne anerkannt und fand dadurch keinen Platz in der medizinischen Ausbildung an der Universität. Das hat zwei Konsequenzen. Zum ersten wird hierdurch die Methode durch die Ärzte abgelehnt: diese werden immer an der Universität ausgebildet und durch den Druck des Studiums kommen sie meistens nicht dazu, sich auch außerhalb dieser Ausbildung umzusehen. Durch die Ablehnung an den Universitäten mußte die Homöopathie auch allerlei Bequemlichkeiten entbehren, nämlich Unterstützung und vor allen Dingen Wohlwollen durch Anfänger. Im Allgemeinen beginnt man in gutem Vertrauen das Studium der Heilkunde, d. h. man geht davon aus, daß man während seiner Ausbildung zum Arzt in alle möglichen Methoden eingeführt wird, die einem behilflich sein werden,

zukünftige Patienten zu heilen. Die Homöopathie wird systematisch verschwiegen, wenn nicht gar durch die Pharmakologen lächerlich gemacht.
Zum zweiten werden diejenigen, die es vorziehen, ihre medizinischen Probleme homöopathisch zu kurieren, gezwungen, sich selbst in die Bücher zu vertiefen. Menschen mit Talent für die homöopathische Methode hatten dabei mehr Erfolg als andere und schon bald wurden sie von anderen um Rat gebeten. Auf diese Weise entstanden die sogenannten „Laientherapeuten". Die Frage, ob es einen Gewinn bringt, wenn die Homöopathie durch Nichtärzte ausgeübt wird, ist von untergeordneter Bedeutung. Es geht darum, daß keine Trennung in der Heilkunde entsteht. Die Homöopathie ist eine sehr kraftvolle Methode, die in der Lage ist, auch ernste Krankheitsbilder zu heilen (vor allem auch zu verhindern). Aber in vielen Fällen sollte das nur unter kontrollierten Umständen stattfinden, beispielsweise in einem Krankenhaus. Solange die Homöopathie gezwungenermaßen (durch gesetzliche Regelungen) außerhalb der anerkannten Kliniken gehalten wird, so lange die Homöopathie nicht bei allen schweren Erkrankungen angewendet wird, wo sie Heilung bringen kann, kann sie nicht zeigen, was sie wert ist. Die Folge davon wird sein, daß man weiterhin zu Unrecht denken wird, diese Methode sei nur geeignet für unbedeutende Störungen des Wohlbefindens und für richtige Krankheiten müßte auch die „richtige" Heilkunde eingeschaltet werden. Hierdurch wird ein fehlerhafter Zirkel geschlossen: Die Heilkunde bleibt geteilt, und die Patienten kommen zu kurz, weil die Homöopathie bei einer Anzahl von Indikationen zu Unrecht nicht in Anspruch genommen wird. Es ist von allergrößter Bedeutung, daß es eine Heilkunde gibt, in der Raum ist für unterschiedliche Standpunkte, und wo erneuernde Impulse möglich bleiben. Es wird von rechtlichen, gesellschaftlichen und anderen Bedingungen abhängen, ob diese eine Heilkunde dann nicht ausschließlich durch Ärzte ausgeübt werden kann. Weil es vornehmlich um die Homöopathie in diesem Buch geht, unabhängig davon, wer sie anwendet, soll in diesem Buch der Behandler als Homöopath bezeichnet werden.
Zugunsten der Lesbarkeit wurde auf Literaturhinweise und Autorennamen im laufenden Text verzichtet. Zur Erleichterung der Literatursuche befindet sich im Anhang eine nach Rubriken geordnete Literaturliste.

Kapitel 1

„Gemeinsame Krankheitserscheinungen binden stärker als gemeinsame Überzeugungen.“ **C. Merz**

”Eine der am meisten verbreiteten Krankheiten ist die Diagnose.“ ***K. Kraus***

Ersatzkrankheiten, eine neue Entdeckung?

1.1. Krankheiten spielen Verstecken

„Seit dem 9. Lebensmonat hatte ich ein Ekzem in den Beugeseiten von Armen und Knien. Als ich 13 Jahre alt war, verschwand das Ekzem plötzlich. Übrigens hatte ich in dieser Zeit viel Probleme mit Furunkeln.“ Soweit die Erzählung eines Patienten. Er ist einer von den vielen, die entdeckt haben, daß manche Beschwerden plötzlich verschwinden im Austausch gegen andere. Eine Krankheit kann offensichtlich den Platz einer anderen einnehmen. Man nennt dies Ersatzkrankheiten. Wenn jemand ein Ekzem hat, kann dieses plötzlich in asthmoide Bronchitis umschlagen. Auch umgekehrt kann dann später das Ekzem wieder erscheinen, wenn die asthmoide Bronchitis vorübergeht. Zuweilen erscheint vor dem Ausbrechen eines Ekzems ein anderes Krankheitsbild als „Zwischenstation“: das Heufieber. Auf ähnliche Weise können Darmentzündungen für Luftwegsentzündungen Platz machen. Die Basedow`sche Krankheit, eine Schilddrüsenerkrankung, kann übergehen in eine rheumatische Gelenkentzündung. Asthma bronchiale kann in unangenehme Rückenschmerzen oder Kopfschmerzen übergehen. Auch der Übergang seelischer Symptome in körperliche und umgekehrt kommt vor. So finden wir beispielsweise Beschreibungen, daß eine Depression in Magengeschwüre oder in Gelenkbeschwerden übergehen kann. Ein Ekzem kann durch eine akute Psychose ersetzt werden (eine Psychose ist eine psychische Erkrankung, bei der u. a. die Wirklichkeitswahrnehmung gestört ist und Halluzinationen auftreten können). Dieses Ineinanderübergehen von Krankheitsbildern heißt Syndromverschiebung. Unter einem Syndrom verstehen wir eine Anzahl von Symptomen (Krankheitserscheinungen), die in gegenseitigem Zusammenhang auftreten. Das Wort ist abgeleitet aus dem Griechischen „Syn“ = „zusammen“ und „dramein“ = „laufen“ und bedeutet wörtlich „zusammengehen“ (s. auch 1.3.).

1.2. Verschiedene Arten von Ersatz.

Man kann noch eine ähnliche Erscheinung wahrnehmen: hoher Blutdruck kann während oder noch einige Wochen oder Monate nach dem Durchmachen einer akuten fiebrigen Erkrankung zu normalen Werten zurückkehren. Bei Migräne-Patienten scheinen die Anfälle nicht aufzutreten in dem Zeitraum, wenn diese eine andere Erkrankung durchmachen. Rheumatische Erscheinungen verschwinden zeitweilig durch fiebrige Erkrankungen. Dieses zeitliche Platzmachen einer Erkrankung für eine andere Erkrankung nennen wir Syndromunterdrückung. Wenn man einmal auf die Tatsache dieser Ersatzkrankheiten aufmerksam geworden ist, kann man sie mit der Regelmäßigkeit einer Uhr feststellen. Es ist nun sehr merkwürdig, daß in den medizinischen Lehrbüchern und Zeitschriften nichts darüber geschrieben wird.
Und doch gibt es einen Zweig der Heilkunde, der sich intensiv mit der Untersuchung dieser Erscheinung beschäftigt hat: die Homöopathie. Während in der allgemein gängigen Heilkunde sich die Aufmerksamkeit vor allem auf Untersuchungen richtet, die durch neue Entdeckungen der exakten Naturwissenschaften und die revolutionären technischen Entwicklungen möglich wurden, entwickelte die Homöopathie sich im 18. und 19. Jahrhundert auf einem anderen wissenschaftlichen Weg zu einer effektiven Therapie mit einem ganz eigenen Charakter. In diesem Buch wird die Entwicklung der Homöopathie beschrieben und wie diese Methode bedeutende Gesetzmäßigkeiten in den Erscheinungen der Syndromverschiebung und Syndromunterdrückung entdeckt hat. Zugleich wird dabei die Arbeitsweise dieser Methode dargelegt, so daß Sie mit ihrem Arzt mitdenken können, wenn Sie sich homöopathisch behandeln lassen. Wir werden dabei entdecken, daß die Homöopathie auf einem anderen wissenschaftlichen Weg Antworten auf Fragen gefunden hat, die für die technologische Heilkunde bis auf den heutigen Tag nicht lösbar sind.

1.3. Die Benennung und Einteilung von Erkrankungen.

Bevor wir nun weiter eingehen auf die Phänomene der Syndromverschiebung und -unterdrückung, müssen wir erst innehalten bei der Art und Weise, wie Symptome und Krankheiten benannt und eingeteilt werden. Einige Kategorien von Beschwerden bekommen den Namen einer Krankheit, beispielsweise „Zuckerkrankheit". Andere Erkrankungen bekommen den Namen, der sich zusammensetzt aus der Bezeichnung des betroffenen Organs plus den Namen der Störung, z. B. „Herzinfarkt", „Hirntumor". Häufig kommt auch Medizinerlatein zum Zuge. Beispielsweise „Brachialgie" ist eine Andeutung für Schmerz im Arm, „Brachos" bedeutet Arm, „Algos" bedeutet Schmerz. Viele Termini sind nicht eindeutig, d. h. daß man sie auf verschiedene Art interpretieren kann. So besteht keine Einstimmigkeit in der medizinischen Wissenschaft über die Frage, wann man Kopfschmerz nun Migräne nennen mag. Das hat dazu geführt, daß man dazu überging, von Pseudo-Migräne oder migränösem Kopfschmerz zu sprechen. Das erscheint noch verwirrender und ist es auch. Man hat ausgerechnet, daß im medizinischen Fachjargon so viele Termine vorkommen – etliche Tausende – daß es für eine Person unmöglich ist, alle diese zu kennen, geschweige denn, ihren Inhalt zu wissen. Nun kann man sich fragen, warum die Namensgebung von Krankheiten nicht durch die eine oder andere Kommission angepackt wird? Es scheint nicht schwierig zu sein, für alle bekannten Krankheiten eine Einteilung zu finden. In der Tat ist es jedoch nicht so einfach, weil hierbei die Frage beantwortet werden muß, nach welchen Kriterien die Einteilung vorgenommen werden soll. Nach der Ursache? Aber häufig ist die Ursache nicht bekannt. Nach Körperteilen? Häufig sind mehrere Körperteile betroffen. Nach dem Verlauf? Erkrankungen können sowohl akut als auch chronisch verlaufen. Nach Lebensalter? Viele Erkrankungen sind an keine Altersgrenze gebunden. In der Praxis scheint eine solche Einteilung noch verwickelter zu sein, weil die verschiedenen Möglichkeiten, Krankheiten einzuteilen, untereinander verwoben sind. Nachfolgend eine Seite aus dem Katalog, den die WHO (Weltgesundheitsorganisation) aufgestellt hat, der „International Classification of Diseases“ (Internationale Klassifikation der Krankheiten).

Abbildung 1

Chronische obstruktive Lungenkrankheiten und verwandte Affektionen (490–496)

490 Bronchitis, nicht als akut oder chronisch bezeichnet

ausschl.: Bronchitis:
allergische o.n.A. (493.9)
asthmatische o.n.A. (493.9)
durch Dämpfe und Rauch (506.0)

Bronchitis o.n.A.:
katarrhalische
mit Tracheitis o.n.A.
Tracheobronchitis o.n.A.

491 Chronische Bronchitis

einschl.: Bei unikausaler Klassifizierung,
akute Exazerbation der Bronchitis

491.0 Einfache chronische Bronchitis

Katarrhalische Bronchitis, chronische
Raucherhusten

491.1 Mukopurulente chronische Bronchitis

Bronchitis (chronische):
eitrige mukopurulente

491.2 Obstruktive chronische Bronchitis

Bronchitis:
asthmatische, chronische
emphysematöse

Bronchitis:
obstruktive (chronische) (diffuse)
mit Verschluß der Atemwege

491.8 Sonstige Formen der chronischen Bronchitis

Chronische:
Tracheitis
Tracheobronchitis

491.9 N.n.bez. chronische Bronchitis

492 Emphysem

ausschl.: Emphysem(a):
durch Dämpfe und Rauch (506.4)
interstitielles (518.1)
des Neugeborenen (770.2)
kompensatorisches (518.2)
mediastinales (518.1)
subcutanes nach chirurgischem Eingriff (998.8)
traumatisches (958.7)

Emphysem (Lunge oder pulmonales):
bullöses
obturierendes
panlobuläes (destruktives)
vesikuläres
zentrilobuläres (destruktives)
Emphysematöses Bläschen
Macleod' Syndrom

493 Asthma

493.0 Asthma durch exogen-allergische Ursachen

ausschl.: Asthma:
allergisches o.n.A. (493.9)
der Bergleute (500)
durch Detergentien (Reinigungsmittel) (507.8)
Holz-(495.8)

Asthma:
allergisches, mit angegebener Ursache
in der Kindheit
Platin-
„Extrinsic asthma"
Heufieber mit Asthma

493.1 Infektasthma

Asthma, das pathophysiologischen Störungen zugeschrieben wird
Asthma infolge innerer immunologischer Prozesse
„Intrinsic asthma"

493.9 N.n.bez. Asthma

Asthma (bronchiale) (allergisches o.n.A.)
Bronchitis:
allergische
asthmatische

Status asthmaticus

494 Bronchiektasie

ausschl.:Tuberkulöse Bronchiektasie (011.5)

Bronchiektasie (postinfektiöse) (sackförmige) (zylindrische) (Bronchiolenerweiterung

495 Allergische Alveolitis durch exogen-allergische Ursachen

einschl.: Allergische Alveolitis und Pneumonitis durch inhalierte Staubteilchen von Pilzen,
thermophilen Strahlenpilz oder sonstigen Ursprungs

495.0 Farmerlunge

Drescher-Syndrom

495.1 Bagassose

Pneumonokoniose bei Zuckerrohrarbeitern

Erläuterung der WHO-Einteilung

Sie sehen zwei Seiten aus der „Internationale Klassifikation der Krankheiten" (1988), ein Werk von etwa 750 Seiten, das eine Einteilung der bekannten Erkrankungen beinhaltet. Jede Erkrankung oder Störung ist mit einer Codierung versehen zum Zwecke der statistischen Verwertung. Die erste Liste von Krankheiten, die wir kennen, stammt aus dem 18. Jahrhundert: Nosologia methodica von François Bossier de Lacroix (1706–1777). In den nachfolgenden Jahrhunderten gab es die unterschiedlichsten Vorstellungen darüber. Um die Jahrhundertwende entstand das Bedürfnis, eine Einteilung der Krankheiten zu statistischen Zwecken vorzunehmen. Einen bedeutenden Beitrag hierzu leistete der Pariser Jacques Bertillon (1851–1922), der eine vielbeachtete Liste der Todesursachen aufstellte.

Es ist bezeichnend, daß man von Anfang an die Notwendigkeit periodischer Überarbeitungen und Erweiterungen einsah.

Bertillon koordinierte einige Jahrzehnte die Überarbeitungen durch eine zu diesem Zweck gegründete Kommission. Nach der siebenten, zehn Jahre dauernden Überarbeitung dieser Liste im Jahr 1955 wurde die Einteilung beibehalten unter der Überwachung der Weltgesundheitsorganisation (WHO). Man erweiterte die Aufstellung über die Todesursachen hinaus und nahm Krankheiten im allgemeinen auf, so daß auch Statistiken über das Vorkommen von Erkrankungen in der Bevölkerung erhoben werden konnten.

Aus diesem Ausschnitt wird deutlich, wie die Einteilungen an Hand verschiedener Kriterien durcheinanderlaufen. Ohne auf die gesamte medizinische Terminologie einzugehen, kann man folgendes feststellen: unter Nr. 491 wird chronische Bronchitis genannt. Die Untergruppe hiervon ist:

491.0 einfache chronische Bronchitis
491.1 chronische Bronchitis mit Eiter oder Schleimbildung
491.2 chronische Bronchitis mit Neigung zur Einengung der Luftwege (obstruktiv)
491.8 andere chronische Bronchitiden
491.9 nicht spezifiziert.

Nun sehen wir bei 491.2, der chronisch-obstruktiven Bronchitis, die Unterteilung in asthmatisch und emphysematös. Aber unter 492 wird Emphysem wieder genannt. Emphysem ist ein Begriff, der darauf hindeutet, daß ein Verlust an Lungenbläschen aufgetreten ist. Die Unterteilung erfolgt nach unterschiedlichen Kriterien:

Bullös bedeutet, daß sich in der Lunge große Blasen geformt haben (Bullae)

> Zentriazinär und zentrilobulär beschreibt den Ort der Verzweigung der kleinsten Luftwege, ebenfalls panazinär und panlobulär.
> Obturierend hat wieder eingrenzenden Charakter. Und zum Schluß: vesikulär bezieht sich wieder auf die Form der Abweichung: Bläschenförmig (vesicula = Bläschen).
> Als letztes Beispiel sehen wir unter Asthma (493) innerhalb der ersten Unterteilung: „Kindheit". Das bedeutet: Asthma im Kindesalter. Weiterhin „Heu", das Heuschnupfen mit asthmatischen Erscheinungen bedeutet. Auf diese Weise entsteht ein verwickeltes, verschlungenes Einteilungssystem, wobei die Frage erlaubt sei, welche Einsichten in die Krankheiten selbst hierfür zugrunde liegen.

Der Grund für dieses Problem liegt im Folgenden: Die Heilkunde bemüht sich stets, Erklärungen zu finden und strebt danach, eine Benennung zu wählen, in die diese Erklärung einfließt. Solange die Erklärung nicht vorhanden ist, bedient man sich vorläufiger Namen. Dieses „Vorläufige" kann sehr lange Dauer haben. So stammt der Name „Rheuma" noch aus der Humoralpathologie. Dies ist eine Denkweise, die wir bei Hippokrates finden, ca. 450 Jahre vor Christus. In dieser Humoralpathologie stellt man sich vor, daß Erkrankungen eine Folge der nicht korrekten Mischung der vier Körpersäfte seien: Blut, Schleim, gelber Galle und schwarzer Galle. Rheuma bedeutet „Fließen" in der Bedeutung von „krankheitserweckender Fließstoffe" (von „Rheo" = Fließen).

Viele vorläufige Namen beruhten nicht auf dem Verständnis von Krankheitserscheinungen, sondern auf der direkt wahrnehmbaren Erscheinung der Erkrankung, wie z. B. der Name „Gelbsucht". Wenn mehrere Erscheinungen gleichzeitig auftreten, die nur unter Zuhilfenahme der bislang zur Verfügung stehenden Erkenntnis schwierig miteinander in Verbindung zu bringen sind, dann nimmt man den Begriff „Syndrom" zu Hilfe. Ein solches Syndrom bekommt dann üblicherweise den Namen desjenigen, der es als erster beschrieben hat. So kennen wir beispielsweise das Down-Syndrom, eine Abnormität, bei der Kinder mongoloid geboren werden. Man sprach früher von mongoloider Idiotie, weil diese Kinder geistig gestört sind und beide Augen die sogenannte „Mongolenfalte" hatten. Später fand man die Ursache, nämlich eine Verdopplung des 21. menschlichen Chromosoms (ein Chromosom ist der stoffliche Träger erblicher Eigenschaften). Der Schwachsinn und die Mongolenfalte konnten aus einem gemeinsamen Ursprung erklärt werden. Ebenfalls die anderen Erscheinungen dieses Syndroms, u. a. die Schädelform, die dicke Zunge und manchmal Herz- und Augenanomalien. So wurde der Name geändert in „Trisomie 21". Der Terminus Syndrom ist offenkundig ein angenehmes Wort, um etwas anzudeuten, das man nicht begreift und das man aber als solches wahrnimmt. Wann immer man Beschwerden oder Krankheitserscheinungen in einem bestimmten Zusammenhang auftreten sieht, kann man das insgesamt ein Syndrom nennen, und dann ist man vorläufig aus der Pflicht, eine Erklärung zu geben. Diese Art der Namensgebung ist denn auch sehr populär, das zeigt sich an der enormen Anzahl von Syndromen, die bis heute einen Namen bekommen haben: es gibt Syndrombücher, in denen mehr als 1200 Syndrome aufgezählt sind. Die Probleme in der Namensgebung haben also zu tun mit den Problemen beim Finden der Erklärungen von Erkrankungen. Wir werden sehen, daß die Homöopathie auf eine ganz andere Weise eine Lösung gefunden hat, um die nötigen Erklärungen zu geben.

1.4. Die Ordnung von Krankheitsgruppen.

Das Ordnen und Benennen von Beschwerden und Krankheitserscheinungen ist eine schwierige Angelegenheit. Wenn wir nun verschiedene Krankheitsgruppen (Syndrome) betrachten, die ineinander übergehen können, so wie es bei den Syndromverschiebungen vorkommt, wird es noch schwieriger. Mittlerweile wird deutlich geworden sein, warum hier der Begriff „Syndrom" auftaucht. Auch wieder deshalb, weil die Erklärung dieser Phänomene vollkommen im Dunkeln ist, während sie doch unverkennbar wahrzunehmen sind.
Es ergibt sich die Schwierigkeit, daß wir nicht wissen, wie diese Syndromverschiebungen und -unterdrückungen zustande kommen können. Es ist nicht möglich, biologisch zu erklären, wie Asthma von einem Tag auf den anderen in ein Ekzem umschlagen kann oder wie eine Depression in ein Magengeschwür übergeht. Und dennoch ist es deutlich, daß diese verschiedenen aufeinanderfolgenden Syndrome etwas miteinander zu tun haben müssen. Die Frage ist nur, was haben sie miteinander zu tun? Diese Frage können wir wohl zum Teil beantworten. Bei dem Beispiel des Ekzems, das sich mit Asthma abwechselt, können wir sagen, daß beide Krankheitsbilder eine Äußerung der Allergie sind. Sowohl Asthma als auch Ekzem sind allergische Äußerungsformen. Bei diesem Beispiel ist die allergische Veranlagung als Nährboden, als gemeinschaftlicher Ursprung beider Krankheitsbilder anzusehen. In diesem Fall können wir folgendes sagen: Ekzem und Asthma sind beide allergischen Ursprungs.
Aber wie sieht das bei einer Depression aus, die in ein Magengeschwür übergeht? Oder die Schilddrüsenerkrankung, die in rheumatische Beschwerden übergeht? Hier können wir nicht so eindeutig sagen, was dem zugrunde liegt. Die Frage: „Was sind die Beschwerden"? ist hier nicht so einfach zu beantworten.
1. Am Beginn müssen wir festlegen, welche Beschwerden wir als Krankheitserscheinungen betrachten müssen. Ist alles, was jemanden beeinträchtigt, ein krankhaftes Symptom? Z. B. ist es von Belang, daß jemand

Schweißfüße hat? Viele kennen die Situation, daß man über Beschwerden berichten soll und man weiß nicht, was von Bedeutung ist. Man stelle sich vor, daß man erkältet ist, und dabei hat man Kopfschmerzen und zu gleicher Zeit hat man Schweißausbrüche abwechselnd mit Frostschauern. Auch verträgt man keinen Lärm und mag keine Milch, während man sie sonst gern hat. Was sind dann die Beschwerden?
2. In diesem Zusammenhang ergibt sich ein weiteres Problem: Wie muß man die Beschwerden einordnen? Ist es bei o.a. Beispiel von Belang, daß man eine Abneigung gegen Milch hat? Gehört das zur Erkältung oder nicht? Jemand anders, der erkältet ist, hat damit möglicherweise kein Problem und trinkt die gewohnte Milch, aber dieser hat vielleicht Durchfall während seiner Erkältung. Welche Erscheinungen benutzt man nun bei jedem, um den Sammelnamen „Erkältung" zu benutzen? Zwei Möglichkeiten liegen auf der Hand.
Man nimmt nur die Erscheinungen, die in jedem Fall bei einer Erkältung vorkommen; oder man nimmt alle Erscheinungen, die bei Erkälteten vorkommen können und akzeptiert, daß jemand, der erkältet ist, nicht alle Erscheinungen gleichzeitig hat, sondern nur eine Auswahl davon.
3. Ein weiteres Problem zeigt sich, wenn wir die Verschiebung von Syndromen mit betrachten. Wenn die Syndrome im Laufe der Zeit gegenseitig ihren Platz einnehmen, gehören sie dann zusammen? Wie müssen wir sie dann benennen? Manchmal ist das möglich. Bei einem Ekzem, das auf Asthma folgt, können wir sagen: „Das ist beides Allergie." Aber wenn rheumatische Beschwerden auftreten anstelle einer gestörten Schilddrüsenfunktion, wie nennen wir das dann? Bei der Erscheinung der Syndromunterdrückung ist die Angelegenheit noch verwickelter. Welche Verbindung besteht zwischen einer akuten fiebrigen Erkrankung und einem hohen Blutdruck, der durch das Fieber eine Zeitlang normalisiert werden kann? Solch naheliegende Fragen ergeben sich bei der Beobachtung mancher Krankheitserscheinungen.

1.5. Eine philosophische Frage und eine unerwartete Antwort.

Wir können noch auf eine vierte Weise die Frage stellen „Was sind die Beschwerden?", nämlich auf eine philosophische Weise. Dann bedeutet diese Frage: Was ist das Wesen von Beschwerden, von Krankheit? Wann ist die Rede von Krankheit? Daran ist direkt die Frage geknüpft: Was ist Gesundheit? Und dann folgt die Frage: Was ist Genesung? Eine Beantwortung dieser Fragen ist in knapper Form nicht möglich, aber wir verweilen bei der ersten Frage. Was ist Krankheit? Krankheiten existieren nicht für sich selbst, es gibt nur kranke Menschen, Tiere oder Pflanzen, oder allgemein gesagt: kranke Organismen. Ein Gegenstand, ein Ding kann nicht krank sein. Wir sagen von einem Buchenbrett, das krumm ist, nicht, daß es krank sei. Krankheit ist gebunden an Leben. Das bedeutet, daß Krankheit eine Erscheinung des Lebens selbst ist. Man kann nur krank sein, wenn man lebt. Wollen wir das wahre Wesen von Krankheiten verstehen, dann müssen wir das wahre Wesen der Erscheinung Leben ergründen. Was ist Leben? An welche Gesetzmäßigkeiten ist das Lebendige gebunden? Nun ist das Lebendige etwas ganz Besonderes in dem Sinne, daß wir eigentlich überhaupt nicht wissen, was es ist.

Wir wissen nur, daß das Lebendige sich in lebenden Organismen äußert. Diese Organismen können wir wohl wahrnehmen, das Lebensprinzip selbst jedoch nicht. Man kann sagen: Das Leben benutzt die Materie, um sich ins Werk zu setzen. Materie ist das Substrat des Lebendigen. Wenn wir diesen Gedankengang fortsetzen, können wir bezüglich der Krankheiten dieselbe Feststellung machen. Krankheiten verstehen, heißt das Lebensprinzip kennen. Das bedeutet: Es gelingt uns nicht, die Essenz dessen zu ergründen, was Krankheit ist, weil wir die Essenz des Lebensprinzips nicht ergründen können. Was wir wohl können, ist, dasjenige wahrzunehmen, was sich unseren Sinnen offenbart: die Äußerung der Erkrankung im lebenden Organismus. Die Antwort auf die Frage: „Was ist Krankheit?" bleibt uns vorläufig verwehrt. Wir wissen es nicht.

Syndromverschiebung

Nun zurück zu den Syndromverschiebungen. Die Beispiele, die hierzu gegeben wurden, stammen aus einem Artikel von 1958. Soweit bekannt ist, ist danach nur sehr selten über dieses Thema geschrieben worden. Bei Durchsicht der niederländischen, englischen und deutschen medizinischen Fachliteratur der letzten 25 Jahre zeigt sich, daß die Syndromverschiebung nicht behandelt wird. Diese bedeutsame Erscheinung ist somit außerhalb der Beachtung der offiziellen medizinischen Wissenschaft geblieben. Dies ist auffallend, wenn man bedenkt, daß Hippokrates schon vor Beginn unserer Zeitrechnung diese Erscheinungen beschrieben hat, z.B. in den folgenden Aphorismen: „Es ist gut, wenn bei einem Kranken, der an Schwermut oder Nierenerkrankungen leidet, eine Blutung aus den Venen des Anus auftritt." (Buch 6, Aphorismus 11). „Wenn bei einem Gemütskranken Blutungen aus den Hämorrhoiden auftreten, dann wird die Gemütskrankheit aufgehoben." (Buch 6, 21).

„Es ist ungünstig, wenn sich eine äußerliche Wundrose nach innen wendet, aber gut, wenn diese von innen wieder nach außen tritt." (Buch 6, 25).

„Diejenigen, die an Schmerz in der Lebergegend leiden, werden davon befreit, wenn sich Fieber dabei zeigt." (Buch 7, 52).

„Diejenigen, bei denen Eiterungen mit deutlichen Schwellungen gepaart sind, werden dadurch vor Krampfanfällen und Geisteskrankheiten geschützt. Wenn die Schwellungen plötzlich verschwinden, dann folgen, wenn die Schwellungen sich an der Rückseite befinden, Krämpfe und epileptische Anfälle. Wenn sie sich vorn befinden, Verstandesverwirrung, Rippenfellentzündung oder innere Eiterungen, oder Durchfall, wenn die Schwellungen rot waren." (Buch 5, 65).

„Jemand, der an viertägigem Wechselfieber leidet, bleibt meistens von Krämpfen verschont. Wenn er vorher damit behaftet war, dann ist er hiervon befreit, solange bei ihm das viertägige Wechselfieber erscheint." (Buch 5, 70).

„Diejenigen, die an saurem Aufstoßen leiden, erkranken gewöhnlich nicht an Rippenfellentzündung." (Buch 6, 33).

Dies sind einige der zahllosen Beobachtungen des Hippokrates. Hieraus wird deutlich, daß er davon wußte, daß eine Krankheit eine andere „übernehmen" kann, und daß das Leiden an bestimmten Erkrankungen dagegen schützt, andere zu bekommen. Eine Erklärung für diese Ersatzkrankheiten hat Hippokrates nicht finden können und viele Jahrhunderte nach ihm weiß auch niemand Rat. Bei den alten Griechen sprach man von Metaschematismen, was wörtlich „Veränderungen der Form" bedeutet, wenn eine Krankheit durch eine andere ersetzt wird. Hierbei unterschied man zwei Möglichkeiten. Man sprach von Diadoxis und Diadoche, wörtlich „Nachfolge", wenn eine Krankheit von ganz anderer Art folgte, wie im o.a. Beispiel einer Schilddrüsenerkrankung, auf die eine rheumatische Erkrankung folgt. Wenn eine

Krankheit sich nur von einem auf den anderen Platz verschob, sprach man von Metastase, wörtlich „Transport“, beispielsweise wenn Gicht sich von den Gelenken auf die inneren Eingeweide verlagert. Diese Bedeutung des Wortes Metastase ist übrigens außer Gebrauch gekommen, und gegenwärtig ist dieser Begriff reserviert für die Aussaat von Krebsgeschwülsten. Im 19. Jahrhundert hatte das Wort Metastase noch einen viel allgemeineren Sinn. In einer Schrift von 1840 wird Metastase definiert als: „Jedesmal, wenn das Verschwinden eines physiologischen oder pathologischen Phänomens zusammentrifft mit dem Auftreten neuer Erscheinungen in einem anderen Teil des Organismus“. Etwa am Beginn der Jahrhundertwende findet man noch allerlei Publikationen, in denen die Ersatzkrankheiten Beachtung finden. Mit dem endgültigen Durchbruch der technologischen Heilkunde verschwindet dieses Thema völlig aus dem Blickfeld der Ärzte.

Die einzige Ausnahme hiervon bildet die anthropologische Heilkunde, deren größter Vertreter Viktor von Weizsäcker war. In einem Briefwechsel über diesen Gegenstand antwortete Sigmund Freud 1932 an von Weizsäcker: „Wir sind auf die psychogenen Faktoren organischer Krankheiten aufmerksam geworden, haben verstehen können, daß sich eine Neurose oft durch eine Krankheit ablösen läßt, auch die merkwürdige Immunität mancher Neurotiker gegen Infektionen und Erkältungen und deren Verlust nach psychischer Besserung ist uns nicht unbemerkt geblieben.“ (Gesammelte Schriften, S. 122). Von Weizsäcker schlußfolgert aus seinen Beobachtungen: „Hier erfahren wir etwas Neues, es ist die Ersetzbarkeit eines Symptoms durch ein anderes: das Symptom ist im topografisch-anatomischen Sinne verschieblich, so lautet die Aussage.“ (Gesammelte Schriften, S. 200).

Aus der Besserung einiger Krankheitszustände durch das Auftreten von Blutungen, wie in einigen der obenstehenden Beobachtungen beschrieben ist, glaubte man schließen zu können, daß Blutabsonderungen selbst bereits heilsam wären. Diese Ansicht führte zu der Praxis des Aderlassens, das viele Jahrhunderte angewendet wurde, ohne daß man begriff, warum es manchmal half, aber manchmal auch tödlich ausging.

In der psychosomatischen Theorie gibt es Versuche, die Ersatzkrankheiten zu erklären aus der Symbolik der Krankheitsäußerungen. Man stellt z. B. eine Verbindung her zwischen juckendem Hautausschlag und dem Vorhandensein von exhibitionistischen Neigungen oder zwischen Kopfschmerz und dem Versuch, sich mit dem Vater zu identifizieren. Weiterhin versuchte man Erklärungen zu geben durch das Heranziehen der Wirkung der Nebennierenrindenhormone. Dies stammte aus der Zeit, in der die eindrucksvolle Wirkung dieser Hormone auf alle Regelsysteme im Organismus deutlich wurde und man glaubte, ein Wundermittel für alle Krankheiten gefunden zu haben. Alle diese Erklärungsversuche haben zu nichts geführt. Glücklicherweise gab es Wissenschaftler von Format, die sich intensiv mit dem Phänomen der Ersatzkrankheiten beschäftigt haben. Das Lebenswerk von Samuel Hahnemann, dem Begründer der Homöopathie, ist eine einzige große Suche nach der Erklärung und Anwendung dieser wundersamen Erscheinung. Davon, von der Homöopathie und der Syndromverschiebung, handelt dieses Buch. Wir werden sehen, daß auf die Fragen, die wir in diesem Kapitel aufgeworfen haben, aus der Sicht der Homöopathie unerwartete Antworten gefunden worden sind und daß wir als Therapeuten – trotz der enttäuschenden Antwort auf die Frage „Was ist Krankheit?" – doch nicht mit leeren Händen dastehen.

Kapitel 2

Die therapeutische Anwendung der Syndromverschiebung und die Entstehung der Homöopathie

„Aber als die Menschen weiter dachten, mußten sie wohl die Frage stellen, wie es kommt, daß alles Werden und Vergehen sich im Stofflichen abspielt. Nicht das Substrat selbst verursacht seine eigene Veränderung: das Holz macht kein Brett, Bronze macht kein Standbild; etwas anderes verursacht die Veränderung." Aristoteles

„Das mächtige Wirken der Seele auf den Körper zwingt uns zu erkennen, daß am Schluß für das Lebendige, für die Krankheit und Gesundheit nichtmechanische Momente übrigbleiben." Boerhaave

2.1. Zufällige Anwendungen.

Wenn wir sagen, daß die Syndromverschiebung in der gängigen Heilkunde in Vergessenheit geraten ist, dann ist es nicht ganz richtig. Von Zeit zu Zeit sind Therapien im Schwange, die von dieser Erscheinung Gebrauch machen. So wurden beispielsweise Warzen mit Dinitrochlorbenzol behandelt, einer Substanz, die bei fast jedem Menschen ein Ekzem verursacht. Wenn wir diesen Stoff nun auf die Warze bringen, entsteht dort ein Ekzem und die Warze verschwindet. Das Ekzem ersetzt also die Warze. Wenn das Ekzem danach ausheilt, ist die Warze (vorläufig) verschwunden. Ein anderes Beispiel einer Anwendung der Syndromverschiebung war das Behandeln von bestimmten depressiven Zuständen (die endogene Depression) mit Hilfe der Elektroschock-Therapie. Hierbei wurde der Kopf des Patienten einem elektrischen Schlag ausgesetzt, wodurch ähnliche Krämpfe auftraten wie bei Anfallsleiden (Epilepsie). Endogene Depressionen pflegten auf diese Behandlung günstig zu reagieren. Wir sehen hier, daß die Depression für eine gewisse Zeit verschwindet, nachdem Krampfanfälle auftreten. Auf dieselbe Weise verbesserte sich das Krankheitsbild der sogenannten Dementia paralytica (Syphilis des Zentralnervensystems) für eine gewisse Zeit, wenn der Patient künstlich mit Malaria infiziert war und einige Fieberanfälle durchgemacht hatte.

Bei bestimmten Formen von Schizophrenie wurde den Patienten soviel Insulin gegeben, daß sie in ein Koma fielen. Wenn sie daraus wieder erwachten, traten Krampfanfälle auf. Nach 10 oder 15 Krampfanfällen folgte eine länger dauernde Besserung des schizophrenen Krankheitsbildes. Der Spanier De Meduna behandelte die Schizophrenie mit Cardiazol. Dies

ist ein Campherpräparat, das bei Herzkranken angewendet wird und das bei Überdosierung auch Krampfanfälle verursachen kann. De Meduna hatte beobachtet, daß Epilepsie und Schizophrenie nicht zusammen vorkommen, und er leitete daraus die Vorstellung ab, daß epileptische Anfälle offensichtlich eine Schutzfunktion gegen das Erkranken an Schizophrenie erfüllen. So kam er auf die Idee, schizophrene Patienten dadurch zu behandeln, daß er bei ihnen Krampfanfälle hervorrief, und das schien zu glücken. Diese Behandlung ergab bei den Patienten eine Besserung der Gefühls- und Denkstörungen, die zu diesem Krankheitsbild gehören.
Andere Anwendungen der Syndromverschiebung finden wir bei Therapiemethoden, die die sogenannte „Ableitung auf die Haut" anwenden. Eine solche Methode ist die Technik von Baunscheidt: hierbei werden bestimmte Hautgebiete künstlich zur Entzündung gebracht, indem die Haut oberflächlich verletzt und mit Reizstoffen eingerieben wird. In Abhängigkeit von den Beschwerden werden verschiedene Hautgebiete behandelt. Auch hiermit hat man Erfolge. Am Beginn dieses Jahrhunderts hat man auch mit wechselndem Erfolg Impfungen benutzt, um Syndromverschiebungen zustande zu bringen, nachdem man entdeckt hatte, daß langwierige Erkrankungen manchmal gebessert wurden, nachdem man gegen eine ganz andere Krankheit geimpft hatte.
Von Seiten der psychosomatischen Medizin, in der man die Syndromverschiebung in Verbindung gebracht hatte mit symbolischen Krankheitsausformungen, sind Versuche gemacht worden, mit Hilfe der Hypnose das Verschieben von Syndromen zu steuern, ebenfalls mit wechselndem Erfolg.
Aus alledem wird deutlich, daß Syndromverschiebungen spontan auftreten, aber auch künstlich erzeugt werden können. Man kann deshalb unterscheiden zwischen „natürlichen" und „angewendeten" Syndromverschiebungen.
Alle diese Versuche, Syndromverschiebung und Syndromunterdrückung therapeutisch anzuwenden, sind bislang noch durch kein methodisches Vorgehen weiterentwickelt worden. Es ist eher bei zufälligen Entdeckungen geblieben.

2.2. Der historische Entwicklungsweg der Homöopathie.

Es bedurfte eines genialen Verstandes, um den Zusammenhang zwischen den Erscheinungen der Syndromverschiebung und -unterdrückung zu entdecken, und darüber hinaus eine therapeutische Technik zu entwickeln, die nicht nur in Einzelfällen, sondern allgemein brauchbar und außerdem unschädlich bei der Behandlung von Erkrankungen ist. Dieses Genie war der sächsische Arzt Samuel Hahnemann. Er wurde 1755 in Meissen als Sohn eines Porzellanmalers geboren.

Während seiner ersten Schuljahre wurde einer seiner Lehrer, Johann Müller, auf ihn aufmerksam und sorgte dafür, daß Samuel die höhere Schule in Meissen besuchen konnte. Der Leitspruch dieser Schule war ein Vers des römischen Dichters Horaz: „Sapere aude", wage es, weise zu sein. Freier übersetzt: Habe den Mut, den gesunden Verstand zu gebrauchen. Hahnemann machte diese Devise später zu seinem Leitspruch und hat ihn Zeit seines Lebens praktiziert. Dies wurde ihm von seinen Arztkollegen verübelt, mit denen er unablässig Streit führte, da er fand, daß sie unsinnige Theorien verkündeten und sinnlose und gefährliche Therapiemethoden anwendeten. Auch von den Apothekern, die an ihrer herkömmlichen Medizin wesentlich mehr verdienten als an den einfachen und preiswerten Mitteln von Hahnemann, wurde die neue Methode nicht mit Jubel aufgenommen. Wir wollen an dieser Stelle nicht weiter auf Hahnemanns spannende Lebensgeschichte eingehen. Wir folgen ihm nur in seiner Gedankenwelt bei der Entwicklung der homöopathischen Methode.
Nach fünfjähriger Tätigkeit als praktizierender Arzt gab Hahnemann seine Praxis auf, weil er enttäuscht war von den Ergebnissen der medizinischen Verfahren, die er gelernt hatte. Um seinen Lebensunterhalt zu verdienen, begann er sich als Übersetzer zu betätigen (er war sehr sprachbegabt und beherrschte sieben Sprachen, darunter Arabisch und Hebräisch). Es lag auf der Hand, daß er sich mit der Übersetzung medizinischer Literatur beschäftigte. Er hat ein riesiges Übersetzungswerk vollbracht; in seinen ersten 30 Lebensjahren waren es 12.000 Seiten. Durch das Lesen und Übersetzen aller dieser medizinischen Texte konnte er ein umfangreiches Material überblicken und dieses mit eigenen Wahrnehmungen und Untersuchungen in Verbindung bringen. So zitiert er viele Fälle von Syndromverschiebung und -unterdrückung. Aus seinem Hauptwerk „Organon der Heilkunst" folgen hier einige Beispiele (§ 37 des Organon).
„Zwei mit einer Art Fallsucht behaftete Kinder blieben nach Ansteckung mit dem Grindkopfe (tinea) von epileptischen Anfällen frei; sobald aber der Kopfausschlag wieder verging, war die Fallsucht eben so wieder da, wie zuvor, nach Tulpius Beobachtung. Die Krätze, wie Schöpf sah, verschwand, als der Scharbock eintrat, kam aber nach Heilung desselben wieder zum Vorscheine. So stand die geschwürige Lungensucht still, wie der Kranke von einem heftigem Typhus ergriffen ward, ging aber nach dessen Verlaufe wieder ihren Gang fort. Tritt eine Manie zur Lungensucht, so wird diese mit allen ihren Symptomen von ersterer hinweg genommen; vergeht aber der Wahnsinn, so kehrt die Lungensucht gleich zurück und tödtet. Wenn die Masern und Menschenpocken zugleich herrschen und beide dasselbe Kind angesteckt haben, so werden gewöhnlich die ausgebrochenen Masern von den etwas später hervorbrechenden Menschenpocken in ihrem Verlaufe

aufgehalten, den sie nicht eher wieder fortsetzen, bis die Kindblattern abgeheilt sind."
Die hier von Hahnemann beschriebenen Fälle sind eindeutige Beispiele dessen, was wir als Syndromunterdrückung definiert haben. Hier wird angegeben, daß die erste Erkrankung immer dann zurückkam, nachdem der hinzugekommene zweite Krankheitsprozeß abgelaufen war. Wenn wir das letzte Beispiel in einem Schema wiedergeben, sieht das folgendermaßen aus.

Abbildung 2: Symptomunterdrückung

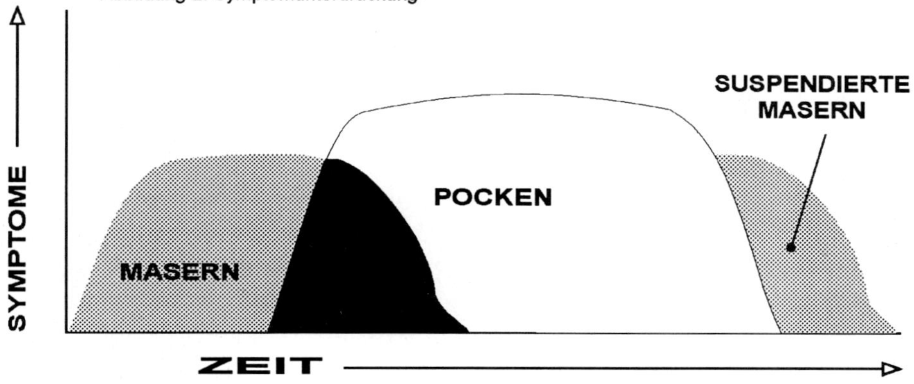

Es kann auch vorkommen, daß die erste Krankheit nach dem Aufhören der zweiten Erkrankung wegbleibt. Hahnemann sagt in seinem ursprünglichen Text, daß die eine Erkrankung die andere heilt. Am passendsten wäre es, hierfür einen neuen Begriff einzuführen: Syndromauslöschung. Hier ist es nicht gerechtfertigt, von Unterdrückung zu sprechen, da es offensichtlich zu einer Auflösung kommt. Im Schema sieht dieser Verlauf folgendermaßen aus:

Im Schema sieht der Verlauf so aus:

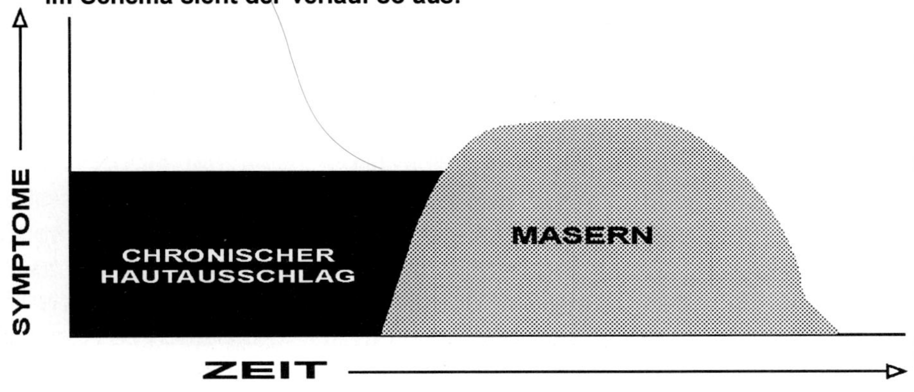

Wie kommt es nun, daß in einigen Fällen die erste Krankheit wieder auftritt, während sie in anderen Fällen geheilt zu sein schien? Die Antwort auf diese schwierige Frage hat Hahnemann gefunden. Die erste Erkrankung pflegt dann wegzubleiben, wenn die zweite Erkrankung in ihrer Äußerungsform der ersten stark ähnelt. Anders gesagt, wenn eine Syndromunterdrückung bei zwei Erkrankungen auftritt, die sich in ihrer Äußerungsform gleichen, dann verschwindet die zuerst vorhandene Erkrankung, nachdem die zweite Erkrankung geheilt ist. Deshalb ist es besser, hier von „Syndromauslöschung“ zu sprechen.
Diese Gesetzmäßigkeit ist bekannt geworden als das „Ähnlichkeitsgesetz“. Der volle Wortlaut ist: Similia similibus curentur – Gleiches möge durch Gleiches geheilt werden.
Es wird behauptet, daß das Ähnlichkeitsgesetz (und auch das später in diesem Buch zu behandelnde Gesetz von Hering) keine Gesetze seien, sondern „Regeln“. In diesem Buch wird ausdrücklich von Gesetzen gesprochen aus den folgenden Gründen: Zunächst müssen wir uns klarmachen, daß in der modernen Wissenschaftsphilosophie keine Einstimmigkeit über die Frage herrscht, wann eine Beobachtung mit regelmäßigem Charakter den Begriff Gesetz verdient. Dieses Problem existiert in der Philosophie bereits seit den englischen Empiristen (besonders Hume hat sich hiermit beschäftigt) und ist bis heute nicht gelöst. Die Philosophen sprechen, um dieses Problem zu umgehen, auch häufig von „gesetzmäßigen Vorgängen“ oder „Regelmäßigkeiten“. Es ist fruchtlos, diese Diskussion innerhalb der Homöopathie ausfechten zu wollen. Ein viel wichtigerer Gesichtspunkt ist der, daß jeder Homöopath diese Gesetze in der Praxis als Gesetze anwendet. Der erste war natürlich Hahnemann selbst. Im „Organon“ gebraucht auch er den Begriff „Naturgesetz“, u. a. in § 26, wo das Ähnlichkeitsgesetz eingeführt wird. Auch in „Die chronischen Krankheiten“ betont er nachdrücklich den gesetzmäßigen Charakter des Ähnlichkeitsgesetzes, und als er die Gesetzmäßigkeit des Similia-Gesetzes in Zweifel gezogen hatte, war er der Behandlung der chronischen Krankheiten noch nicht auf die Spur gekommen (– „bei der unumstößlichen Wahrheit des homöopathischen Heilgesetzes...“ – man lese die „Die chronischen Krankheiten“ S. 5 und 6). Hierauf wird noch im Kapitel 4.1. eingegangen. Auch James Tyler Kent, immer noch Hahnemanns bedeutendster Nachfolger, hat in seinem, von jedem Homöopathen studiertem Buch „Lectures on homoeopathic philosophy“ den Begriff „Gesetz“ benutzt, als er vom Heringschen Gesetz spricht: „This means law, it means fixed principles, it means a law as certain as that of gravitation...“ In der deutschen Übersetzung von Jost Künzli von Fimmelsberg (Zur Theorie der Homöopathie) liest man denn auch zu Recht den Text: „Das bedeutet Gesetz, fest gegründete Prinzipien, ein Gesetz, so wohl fundiert und eindeutig wie das Gravitationsgesetz.“ Es ist merkwürdig, daß

Kent hier die Schwerkraftgesetze erwähnt, weil diese in der Wissenschaftstheorie immer als Beispiel von Gesetzen angeführt werden, von denen philosophisch gesehen nicht unumstößlich feststeht, daß sie tatsächlich echte Gesetze genannt werden dürfen, während in der Praxis jeder Ingenieur, der eine Brücke entwirft, sie täglich mit Erfolg als Gesetze gebraucht. (What ist a law of nature? D. M. Armstrong; Cambridge University Press 1985).
Hahnemann hat das Ähnlichkeitsgesetz als eine allgemeine Gesetzmäßigkeit entdeckt. Zunächst ist noch nicht die Rede von einer Heilmethode. Das Ähnlichkeitsgesetz ist in erster Linie als eine allgemeine Regel zu betrachten, die von der Homöopathie losgelöst besteht. Mit der Erkenntnis dieser Gesetzmäßigkeit war Hahnemann bereits weiter als seine späteren Kollegen, die mit plumper Gewalt (z. B. durch Erzeugen von Krampfanfällen) Krankheitserscheinungen zeitweilig unterdrückten, aber die Verbindung zwischen der einen und der anderen nicht erkannten. Es war nur noch ein kleiner Schritt nötig, und er konnte das Ähnlichkeitsgesetz therapeutisch anwenden. Diesen Schritt konnte er dank einer Anzahl von Beobachtungen vollziehen.
Hahnemann war nicht nur Arzt, sondern auch Chemiker, und die Chemie seiner Zeit bestand noch zu einem großen Teil aus der Toxikologie. Von da her war er gut vertraut mit allen möglichen Vergiftungserscheinungen. Es war ihm aufgefallen, daß der Organismus eines jeden Menschen vergiftet werden kann. Der eine benötigt mehr Gift als der andere, aber früher oder später bekommt jeder Vergiftungserscheinungen. Dieser Tatsache stand seine Feststellung gegenüber, daß Erkrankungen nicht immer jeden befallen. Es gab Epidemien, in denen einige Menschen keine Krankheitserscheinungen bekamen. Nicht deshalb, weil sie diese Erkrankungen bereits durchgemacht hatten, sondern sie waren dagegen resistent, oder sie waren in einer besseren Kondition als andere. Jeder weiß, daß manche Menschen empfänglicher gegen Erkältungen sind als andere. Durch Vergiftungen wird allerdings jeder krank, durch natürliche Krankheiten nicht. Die Schlußfolgerung, die Hahnemann hiermit verband, war, daß natürliche Krankheiten offensichtlich in ihrer Art weniger kräftig sind, als die Arzneimittelkrankheiten, wie er die Vergiftungen nannte.
Nun müssen wir einige schnelle Gedankensprünge machen, um Hahnemann auf seiner Entdeckungsreise zu folgen. Es gibt so etwas wie eine Syndromunterdrückung, in dem eine mächtigere Erkrankung eine schwächere „wegdrücken“ kann. Arzneimittelkrankheiten (Vergiftungen) sind in ihrer Erscheinung stärker als natürliche Krankheiten. Es muß folglich so sein, daß man mit den stärkeren Arzneimittelkrankheiten die schwächeren natürlichen Krankheiten unterdrücken kann. Wenn man hierbei nun auch noch Arzneimittelkrankheiten wählt, die den natürlichen Krankheiten, die man unterdrücken will, ähneln, dann kommt die anfängliche Krankheit

nicht wieder zurück. Mit anderen Worten: dann hat man die Krankheit geheilt (ausgelöscht). Mit diesem Gedankengang war die Homöopathie als therapeutische Methode geboren. Abbildung 4 zeigt eine Übersicht über diese Gedankengänge.

Abbildung 4
Dieses Schema zeigt, wie Hahnemann schrittweise seine Beobachtungen und Hypothesen miteinander in Verbindung brachte

Beobachtung
Durch Symptomunterdrückung wird eine Krankheit durch eine zweite ausgeschaltet

Beobachtung
Natürliche Krankheiten machen nicht jeden krank. Einige Individuen sind ihnen gewachsen (z. B. während einer Grippe-Epidemie)

Beobachtung
"Arzneimittelkrankheiten" machen jeden krank

Schlußfolgerung
Offensichtlich haben einige Krankheiten mehr Kraft, einen Organismus zu affizieren, als andere Krankheiten

Schlußfolgerung
Offensichtlich sind "Arzneimittelkrankheiten" in ihrer Art kräftiger als natürliche Krankheiten

Hypothese
"Arzneimittelkrankheiten" können natürliche Krankheiten verdrängen

Beobachtung
Wenn eine Symptomunterdrückung auftritt bei zwei Erkrankungen, die sich in ihrem Erscheinungsbild ähnlich sind, dann verschwindet die zuerst vorhandene Erkrankung. Sie bleibt auch weg, nachdem die zweite genesen ist.
(Simile-Gesetz)

Hypothese
Eine "Arzneimittelkrankheit" kann eine natürliche Erkrankung dauerhaft verdrängen, wenn diese ihr in ihrer Erscheinungsform gleicht

Dieses Schema zeigt, wie Hahnemann schrittweise seine Beobachtungen und Hypothesen miteinander in Verbindung brachte.

2.3. Die Heilmittel, das erste Experiment.

Wie kommt jemand nun darauf, solche schwierigen, wenn auch auf der Hand liegenden Beziehungen zu entdecken? Das ist naturgemäß schwierig zu erklären, denn wie kommt es zustande, daß Menschen neue Dinge finden? Das Auffinden neuer Zusammenhänge, durch die die menschliche Erkenntnis zunimmt und die Menschheit sich weiterentwickelt, ist ein faszinierendes Phänomen. Die Frage: „Wie kommt die menschliche Erkenntnis zustande?", ist die bedeutendste Frage, mit der sich die Wissenschaftstheorie beschäftigt. Wir kommen im Kapitel 7 auf dieses Thema zurück und werden sehen, daß es noch lange nicht deutlich ist, wie neue Ideen genau zustande kommen.
Bei der Entdeckung des Ähnlichkeitsgesetzes ist es ebenso. Eigentlich hat Hahnemann die Ähnlichkeitsregel nicht entdeckt, sondern wiederentdeckt. Bei Hippokrates finden wir folgenden Text:
„Die Beschwerden werden durch das ihnen Entgegengesetzte aufgehoben, jede Krankheit nach ihrer eigenen Art. So kuriert die Wärme Krankheiten, die durch Kälte entstanden sind bei warmblütigen Menschen und umgekehrt. Eine andere Art von Heilung ist die folgende: durch das Gleiche (Homoia) entsteht die Krankheit, und durch Anwendung des Gleichen wird die Krankheit geheilt."
Hippokrates stellt hier zwei Heilmethoden einander gegenüber: das sogenannte Contraria-Prinzip und das Similia-Prinzip. Die Andeutungen „warme" und „kalte" Krankheiten, die hier gebraucht werden, stammen aus der Humoralpathologie, deren Begründer Hippokrates ist, wie wir bereits in Kapitel 1 gesehen haben.
Paracelsus* verwarf die Contraria-Methode. 1565 schrieb er in seinem Buch Paragranum: „Contraria a contraribus curantur, das ist das Warme vertreibt das Kalte, das ist falsch. In der Heilkunde ist das niemals richtig gewesen."
Die ersten deutlichen Hinweise, daß Hahnemann dem Ähnlichkeitsgesetz auf der Spur ist, finden wir im Jahr 1790. In einer Anmerkung seiner Übersetzung der Materia medica (Arzneimittellehre) von W. Cullen schreibt er einen Kommentar über die Erklärung, die dieser Autor für die fiebersenkende Wirkung von Chinarinde heranzieht, nämlich den bitteren Geschmack und die adstringierenden Eigenschaften:
„Man kann durch Vereinigung der stärksten bittern und der stärksten adstringirenden Substanzen eine Zusammensetzung bekommen, welche in

* Theophrastus Bombastus von Hohenheim; 1493 –1541, Arzt und Alchemist, der sich Paracelsus nannte.

kleinerer Gabe weit mehr von beiden Eigenschaften besitzt, als die Rinde hat, und doch wird in Ewigkeit kein Fieberspezifikum aus einer solchen Zusammensetzung. Dies hätte der Verfasser beantworten sollen. Dies uns zur Erklärung ihrer Wirkung noch fehlende Prinzipium der Rinde wird wohl so leicht nicht ausfindig gemacht werden. Man bedenke jedoch folgendes: Substanzen, welche eine Art von Fieber erregen (sehr starker Kaffee, Pfeffer, Wolferlei, Ignazbohne, Arsenik) löschen die Typen des Wechselfiebers aus. Ich nahm des Versuchs halber etliche Tage zweimal täglich jedesmal vier Quentchen gute China ein; die Füsse, die Fingerspitzen usw. wurden mir erst kalt, ich ward matt und schläfrig, dann fing mir das Herz an zu klopfen, mein Puls ward eine unleidliche Ängstlichkeit, ein Zittern (aber ohne Schaudern), eine Abgeschlagenheit durch alle Glieder; dann Klopfen im Kopfe, Röthe der Wangen, Durst, kurz alle mir sonst beim Wechselfieber gewöhnlichen Symptomen erschienen nacheinander, doch ohne eigentlichen Fieberschauder. Mit kurzen: auch die mir bei Wechselfiebern gewöhnlichen besonders charakteristischen Symptomen, die Stumpfheit der Sinne, die Art von Steifigkeit in allen Gelenken, besonders aber die taube widrige Empfindung, welche in dem Periostium über allen Knochen des ganzen Körpers ihren Sitz zu haben scheint – alle erschienen. Dieser Paroxysm dauerte zwei bis drei Stunden jedesmal, und erneuerte sich, wenn ich diese Gabe wiederholte, sonst nicht. Ich hörte auf, und ich ward gesund."

Wir sehen hier, daß Hahnemann das Similia-Prinzip anwendet. Er weist daraufhin, daß beispielsweise Kaffee oder Pfeffer Fieberzuständen abhelfen, die sie andererseits auch erzeugen können. Um nun zu beweisen, daß dies auch eine Erklärung der Chinarinden-Wirkung ist, nahm er selbst Chinarinde zu sich. Es ergab sich, daß er tatsächlich hiervon ein Wechselfieber bekam.

Wir müssen uns deutlich machen, daß dieses Experiment Hahnemanns von ausschlaggebender Bedeutung für die Entwicklung der Homöopathie gewesen ist. Gleichzeitig kennzeichnet es Hahnemann als einen Vorläufer der modernen Heilkunde in dem Sinne, daß er das Experiment zu Hilfe nimmt als Gegengewicht zur Theorie. Das Chinarinden-Experiment kann als die Geburt der Homöopathie betrachtet werden. Dieses ist nämlich die erste sogenannte Arzneimittelprüfung am Gesunden. Die Arzneimittelprüfung ist ein Experiment, in dem eine gesunde Person einen Stoff einnimmt und genau beobachtet und registriert, welchen Effekt dieser Stoff auf die Funktionen seines Organismus hat. Nachdem einmal diese Prinzipien bekannt waren, ging es darum, von möglichst vielen Stoffen die Erscheinungen zu registrieren, die bei ihrer Einnahme auftreten.

Hahnemann, seine Familie und seine Freunde begannen, im großen Umfang alle möglichen Stoffe, einen nach dem anderen einzunehmen und exakt in ihren Tagebüchern festzuhalten, welche Erscheinungen sie beobachteten. Berichte unterschiedlicher Prüfpersonen, die denselben Stoff eingenommen hatten, wurden verglichen, und so bekam man eine gute Vorstellung von den Erscheinungen, die zu der betreffenden Substanz gehörten. Eine derartige Übersicht von Zeichen und Symptomen nennen wir das „Arzneimittelbild“ dieses Stoffes. Selbstverständlich konnten bei Behandlungen und bei Arzneimittelprüfungen giftiger Stoffe nur sehr kleine Mengen eingenommen werden. Der Patient mußte immer nur so wenig „vergiftet“ werden, daß eine Syndromauslöschung zustande kam.

Auch während der Arzneimittelprüfung durfte nur soviel eingenommen werden, daß die Prüfperson spürte, wie eine Beeinflussung ihrer körperlichen Funktionen zustande kam. Um die Mengen präzise bestimmen zu können, gebrauchte man Verdünnungstechniken, wobei man Verdünnungen von 1:100 herstellte. Auf irgendeine Weise, nehmen wir an, zufälligerweise, wurde entdeckt, daß der Effekt der Symptomunterdrückung selbst bei sehr großen Verdünnungen erhalten bleibt, vorausgesetzt, daß man bei jedem Verdünnungsschritt die Lösungsflüssigkeit kräftig und rhythmisch auf eine harte Unterlage aufstößt. Man kann auf diese Weise solange weitermachen mit dem Verdünnen, bis der Ausgangsstoff völlig „wegverdünnt“ ist. Und doch nimmt die Wirkung dadurch noch zu! Wie das möglich ist, ist nur schwer zu erklären. Man vermutet, daß es mit der Oberflächenvergrößerung zu tun hat (nämlich das Verdünnen) und mit der Energiezufuhr (nämlich das kräftige Schütteln). Diese Zubereitung, das Verdünnen und das jedesmalige Schütteln, nannte man Potenzieren, weil es offensichtlich so war, daß die stoffliche Materie Raum gab für etwas anderes, das die Potenz (die Kraft) in sich hatte, in einem menschlichen Organismus Reaktionen hervorzurufen.

Bei der Rekonstruktion dieser Entwicklung kommen wir wieder auf das Problem, daß man nicht genau durchleuchten kann, wie man auf die Idee kommt, etwas Neues zu tun. So absolut neu war das Potenzieren nicht. Paracelsus kannte eine ähnliche Herstellungsmethode, die von Crollius beschrieben wurde. Hierbei wird Salz mit Lehm und Wasser vermengt und diese Mischung wird durch ein Sieb gestampft, danach werden Kügelchen davon gemacht. Diese werden destilliert und der Dampf wird aufgefangen. Einen Stoff, der auf diese Weise bereitet wird, nennt man Arcanum. Über das Arcanum von Salz schreibt Crollius: „Nun ist es erstaunlich, wie dieser Dampf eine eigenartige Gegenüberstellung bildet mit dem gewöhnlichen Salz, mit dem er eine Art von Gegensatz bildet. Diese Medizin ist das beste Heilmittel gegen krankhaften Durst. Es ist immer so, daß Salz Durst verursacht. Auch heilt diese Medizin die Wassersucht, während Kochsalz diese erzeugen kann.“

Bei der Bereitung dieses Arcanums spielt einerseits die Oberflächenvergrößerung (das Vermischen und die Herstellung der Kügelchen) und andererseits das Schütteln (das Stampfen durch ein Sieb) eine Rolle. Auch bei den modernen Heilmitteln treffen wir diese gegensätzlichen Wirkungsweisen an. So ist es bekannt, daß man durch die Einnahme von Aspirin Kopfschmerzen bekommen kann, wohingegen es eines der bekanntesten Mittel gegen Kopfschmerzen ist. Von zahlreichen Chemotherapeutica, die zur Behandlung der Krebserkrankung gebraucht werden, ist bekannt, daß sie auch krebserzeugend wirken können.

Hahnemann hat sich natürlich auch den Kopf zerbrochen über die Frage, wie so etwas zustande kommt. Er war Chemiker genug, um diese Beobachtungen zu hinterfragen. Aber er war auch pragmatisch genug, nicht zu sagen: „Es ist nichts darin enthalten, es kann nicht wirken". Seine klinischen Wahrnehmungen belehrten ihn eines Besseren. Er brachte folgende Beobachtung in einen Zusammenhang: Eine Substanz hat auf den menschlichen Organismus eine erste und eine zweite Wirkung, die einander entgegengesetzt sind. In § 65 (Organon) gibt Hahnemann Beispiele. *„Auf starken Kaffee erfolgt Übermunterkeit (Erstwirkung), aber hintennach bleibt lange Trägheit und Schläfrigkeit zurück (Gegenwirkung, Nachwirkung), wenn diese nicht immer wieder durch neues Kaffeetrinken (palliativ, auf kurze Zeit) hinweggenommen wird. Auf von Mohnsaft erzeugten, tiefen Betäubungs-Schlaf (Erstwirkung) wird die nachfolgende Nacht desto schlafloser (Gegenwirkung, Nachwirkung). Nach der durch Mohnsaft erzeugten Leibesverstopfung (Erstwirkung) erfolgt Durchfälligkeit (Nachwirkung) und nach dem mit Darm erregenden Arzneien bewirkten Purgiren (Erstwirkung) erfolgt mehrtägige Leibesverstopfung und Hartleibigkeit (Nachwirkung)".*

Die Vorstellung ist nun, daß die erste Wirkung im Organismus ein direkter Effekt der Substanz ist, während die Zweitwirkung die Reaktion des Organismus auf diese Substanz darstellt. Durch das Potenzieren wird nun offensichtlich auf die eine oder andere Weise das Substantielle im Mittel, das die Reaktionen im Organismus hervorruft, losgelöst von der Materie des Ausgangsstoffes. Beim Anwenden potenzierter Mittel wird die Erstwirkung dann überschlagen und direkt eine Reaktion in Gang gesetzt. Hierdurch ist natürlich nichts erklärt, aber es illustriert die scharfe Beobachtungsgabe von Hahnemann. Es zeigt auch an, daß er sich zu allererst als Arzt fühlte bei seinen Beobachtungen und erst in zweiter Linie als Chemiker. Die Erfahrung ging ihm immer über die Erklärung. Das ist der Inhalt seiner Devise: „Aude sapere".

In diesem Zusammenhang ist folgender Vergleich vielleicht verdeutlichend: Die Veränderung, die beim Potenzieren auftritt, ist das Umsetzen einer Energieform in eine andere Form der Energie. Eine Dampflokomotive kann fahren dank der Steinkohle, mit der der Dampfkessel geheizt wird. Die Steinkohle liefert die Energie in Form von Wärme, wodurch die Dampfma-

schine in Bewegung gesetzt wird. Man muß dafür sorgen, daß man genügend Steinkohle mitführt. Vergleichen wir dies mit einer elektrischen Lokomotive. Diese kann aufgrund der Tatsache fahren, daß sie über die Oberleitung aus dem Elektrizitätswerk Strom bekommt. Im Elektrizitätswerk wird Elektrizität erzeugt mit Hilfe der Wärme, die die Steinkohle liefert. Die Energie für die elektrische Lokomotive kommt insofern zwar aus der Steinkohle, aber sie wird umgesetzt in eine andere Form und in dieser Form transportiert (nämlich als Elektrizität). Es geht nun darum, daß man keine Steinkohlenasche im Elektromotor antrifft. In einem hochpotenzierten Mittel wird man auch vergebens nach Molekülen des Ausgangsstoffes suchen. Das einzige, was tatsächlich nötig ist, ist ein Träger für die Energie. Im Fall der elektrischen Lokomotive ist dies der Draht der Oberleitung, bei einer homöopathischen Potenz ist es das Lösungsmittel. Dieser Vergleich stammt aus dem Buch von Adolf Voegeli „Heilkunst in neuer Sicht". Dieser Autor definiert homöopathische Mittel als substanzfreie biologische Energieeinheiten.
Der entscheidende Fortschritt in dieser Reihe von Entdeckungen war, daß mit potenzierten Mitteln ebenfalls Arzneimittelprüfungen angestellt werden konnten, bei denen verläßliche Arzneimittelbilder erhalten werden konnten. Eine noch erstaunlichere, fast unglaubliche Beobachtung setzt der ganzen Sache die Krone auf: Substanzen, die aus sich selbst keine Wirkung (keine erste Wirkung) haben bei der Einnahme, wie z. B. Kochsalz oder Bärlappsporen, können in potenzierter Form dennoch Erscheinungen bei Probanden (arzneimittelprüfenden Personen) hervorrufen. Und hierbei entstehen Arzneimittelbilder, die mit Hilfe des Ähnlichkeitsgesetzes sehr gut anwendbar sind. Das Potenzieren spricht im allgemeinen sehr die Vorstellungskraft an und es ist sehr verführerisch, darüber zu spekulieren. Aber wir sollten es dabei bewenden lassen; früher oder später wird sicher jemand eine Erklärung dafür finden.

Gedankengang beim Potenzieren

Beobachtung

Arzneimittel haben bei der Einwirkung auf einen menschlichen Organismus eine erste und eine zweite beobachtbare Wirkung, die einander entgegengesetzt sind (z. B. Alkohol wirkt erst anregend und danach betäubend)

Beobachtung

Die zweite Wirkung tritt auch dann auf, wenn der Arzneistoff bereits aus dem Organismus ausgeschieden ist (z. B. nach Gebrauch von Abführmitteln folgt später eine Verstopfung).

Hypothese

Die erste Wirkung ist ein direkter Effekt der Substanz, die zweite Wirkung ist die Reaktion des Organismus darauf.

Beobachtung

Wenn Arzneimittel potenziert werden, nimmt die erste Wirkung ab und die Zweitwirkung nimmt zu.

Hypothese

Potenzieren trennt die Prinzipien, die verantwortlich sind für die erste Wirkung und die zweite Wirkung.

Beobachtung

Wenn man die Potenzierung und Verdünnung soweit treibt, daß die Materie des Ausgangsstoffes "wegverdünnt" ist, bleibt doch der zweite Effekt und nimmt noch weiter zu.

Hypothese

Mit diesen hochpotenzierten Mitteln kann bei Pobanden (unter Standardbedingungen) eine Arzneimittelreaktion (Arzneimittelbild) erhalten werden. Auch Mittel ohne deutliche Erstwirkung ergaben ein Arzneimittelbild (z. B. Kochsalz).

Schlußfolgerung (in hypothetischer Form):

Durch das Potenzieren wird das nichtmaterielle Wirkungsprinzip des Ausgangsstoffes, das für die Wirkung verantwortlich ist, isoliert.
Anders gesagt: Potenzierte Mittel sind substanzfreie, biologische Energieeinheiten.

Inzwischen hatte Hahnemann an sich selbst mehr als 100 Arzneimittelprüfungen durchgeführt und durch die Unterstützung vieler anderer nahm die Kenntnis von Arzneimittelbildern schnell zu. Alle diese Beschreibungen von Arzneimittelbildern zusammengenommen nennen wir die homöopathische Materia medica, die Arzneimittellehre. Diese bildet noch immer die Grundlage für die tägliche Praxis des homöopathischen Arztes.

2.4. Was ist Krankheit?

Wir haben uns am Ende des ersten Kapitels die Frage gestellt: „Was ist das Wesen der Krankheit?" Wir sind dann zu dem Schluß gekommen, daß wir das nicht wissen. Hahnemann hat auch intensiv über diese Frage nachgedacht und den Niederschlag davon finden wir in seinen Schriften.
Im Folgenden soll wiedergegeben werden, inwieweit Hahnemanns Ideen zur Frage, was Krankheit und Heilung ist, in seinen Entdeckungen begründet liegen. Es muß nachdrücklich darauf hingewiesen werden, daß dies Modelle sind, nicht etwa Beobachtungen wie jene, die wir bislang besprochen haben. Wir nehmen als Ausgangspunkt an, daß der Mensch als lebendes Wesen eine funktionelle Einheit bildet aus Körper, Geist und Seele. Diese funktionierende Einheit wird im Schema (Abbildung 5a) dargestellt durch den untersten Kreis (F). Nun ist ein wesentliches Kennzeichen eines (funktionierenden) Menschen, daß er lebt. Wenn er nicht lebt, funktioniert er nicht mehr und der Körper unterliegt ausschließlich den Gesetzen der Materie, er stirbt.

Abbildung 5a

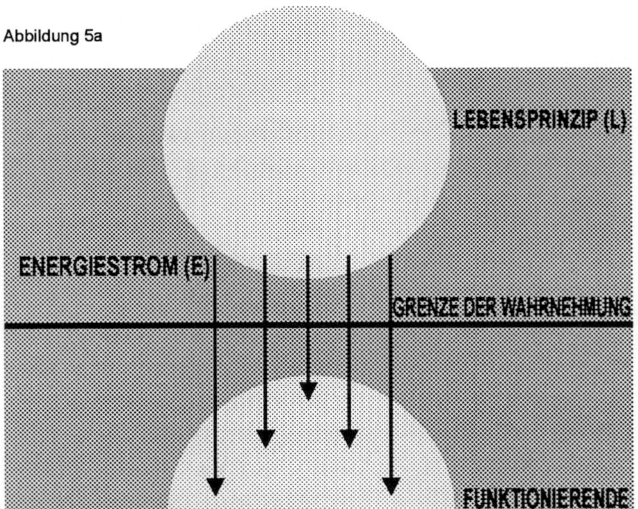

Die Tatsache, daß ein Mensch nicht nur den Gesetzen der Materie unterliegt (jedenfalls nicht allein diesen Gesetzen), kommt dadurch zustande, daß er lebt: durch die Tatsache, daß er lebt, ist er anderen Gesetzen unterworfen, die nicht die Gesetze der Materie sind. Wir können deshalb annehmen, daß außerhalb der materiellen Instanz des untersten Kreises (F) ein zweiter existiert, angedeutet durch den Kreis L, das Lebensprinzip (L), welches das Leben in F unterhält. Fällt L weg, dann wird F ausschließlich den Gesetzen der Materie unterworfen sein, das bedeutet: Es lebt nicht mehr und vergeht. Die Instanz L ist deshalb von höherer Ordnung als F und steuert dieses. Was wir uns unter dieser Instanz vorstellen müssen, ist nicht ohne weiteres klar, aber daß sie existiert, ist unverkennbar. Wir nennen diese Instanz das Lebensprinzip (Hahnemann nennt sie in seinem Organon der Heilkunde auch die Autokratie oder Selbststeuerung).

Die Instanz L, das Lebensprinzip, unterliegt nicht den Gesetzen der Materie, sondern anderen Gesetzen; sie mögen „Gesetze des Lebensprinzips" heißen. Diese Gesetze sind für uns Menschen nicht erkennbar, wir können sie nicht wahrnehmen. Darum ist in dem Schema (Abbildung 5a) eine Grenze zwischen beiden gezogen. Die Pfeile geben die Richtung an, in die die Lebenskraft (Energie) strömt, die den lebenden Menschen in seinen Funktionen unterhält. In Wirklichkeit liegen L und F und der Energiestrom (E) so, daß sie als lebendige Einheit sich gegenseitig durchdringen. Nun betrachten wir, was sich ereignet, wenn sich eine Störung in diesem System ereignet, z. B. eine Störung der Funktion auf der materiellen Ebene (Abbildung 5b).

Jemand stößt sich und bekommt einen blauen Fleck, eine Beule (B). Das Lebensprinzip registriert dieses. Nun kommt ein korrigierender, energetischer Strom von L nach F in Gang, der bestimmte Prozesse anregt.

Abbildung 5b

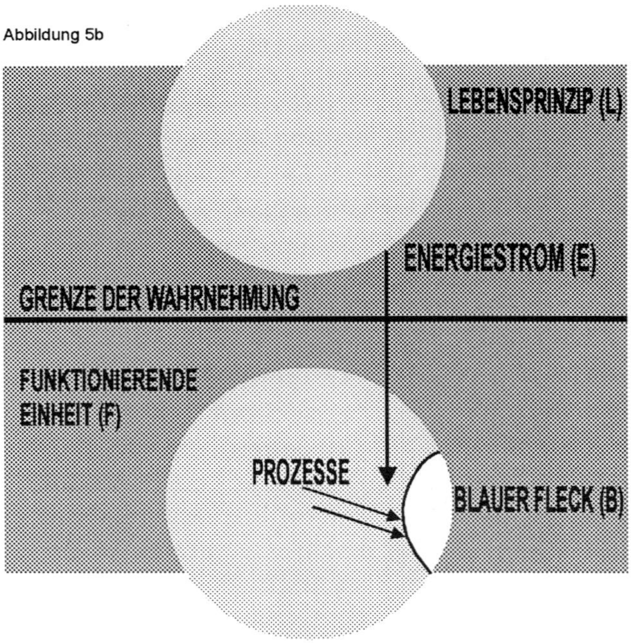

Diese beginnen, den blauen Fleck „aufzuräumen", und stellen am Ende die normalen Verhältnisse wieder her. Es ist schwer einzusehen, daß diese Prozesse nicht durch die Einschaltung eines Energiestroms zustande kommen. Immerhin, wie sollte ein blauer Fleck verschwinden und normale Verhältnisse wiederhergestellt werden bei jemandem, dessen Lebensprinzip nicht mehr anwesend ist? Nun nehmen wir als Ausgangspunkt eine chronische Krankheit (Abbildung 5c), d. h. eine Erkrankung, die nicht die Neigung hat, von selbst auszuheilen.

Abbildung 5c

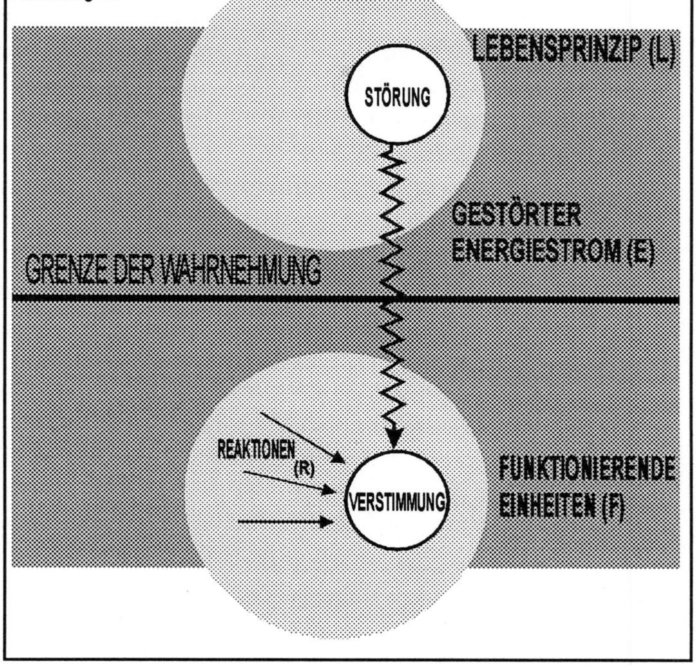

Hierbei tritt eine Störung in unseren Funktionen auf, die wir aus eigener Kraft nicht wiederherstellen können (das deutet auf den chronischen Charakter hin). In diesem Fall müssen wir annehmen, daß der Energiestrom des Lebensprinzips gestört ist. Dies kann nur stattfinden, wenn eine Störung des Lebensprinzips selbst vorliegt. Mit anderen Worten: die Erkrankung entsteht, weil im Lebensprinzip eine Störung oder ein Defekt vorhanden ist. Der Energiestrom geht nämlich von L nach F, so daß Störungen im Bereich von F immer als Folge von Defekten in L auftreten und nicht umgekehrt.

Hiermit ist dann vorläufig eine Definition von Krankheit gegeben: Krankheit ist eine Störung des Lebendigen. Krankheit ist so wie das Leben in erster Linie ein dynamischer, energetischer Vorgang und kein materieller Prozeß. Was bedeutet das?

Einmal bedeutet es, daß Erkrankungen und die Gesetzmäßigkeiten, denen Erkrankungen unterliegen, sich abspielen auf der Ebene des Lebensprinzips. Mit anderen Worten: Die Gesetzmäßigkeiten des Krankseins sind verwandt mit den Gesetzmäßigkeiten des Lebensprinzips oder stimmen damit überein. Wir sagten bereits, daß diese Gesetzmäßigkeiten für uns nicht erkennbar sind.

Das bedeutet andererseits, daß die Gesetze, nach denen Erkrankungen sich abspielen, für uns ebenfalls nicht erkennbar sind!

In welchen Engpaß geraten wir jetzt? Wie können wir heilen, ohne daß wir die Heilung wahrnehmen können? Die Antwort wissen wir bereits: Wir können von dem ausgehen, was wir erkennen, nämlich den Symptomen. Der gestörte Energiestrom gibt einen Anstoß für Reaktionen in unserem Orga-

nismus, die normale Verhältnisse wiederherzustellen (R in Abbildung 5c). Diese Reaktionen werden sichtbar als Veränderungen der Funktionen auf der geistigen, seelischen und körperlichen Ebene. Diese Reaktionen nennen wir Symptome.
Ein Symptom ist die erkennbare, sichtbar gewordene Anstrengung unseres Organismus, die darauf gerichtet ist, normale Verhältnisse wiederherzustellen, die vorher durch einen defekten Energiestrom gestört wurden. Wir sind bisher ausgegangen von einer chronischen Erkrankung (Abbildung 5c). Gilt dieselbe Betrachtungsweise nun auch für akute Krankheiten? Und wie steht es dann mit unseren Krankheitserregern: Viren und Bakterien? Sind diese denn nicht die Ursachen unserer akuten Erkrankungen?

Abbildung 5d

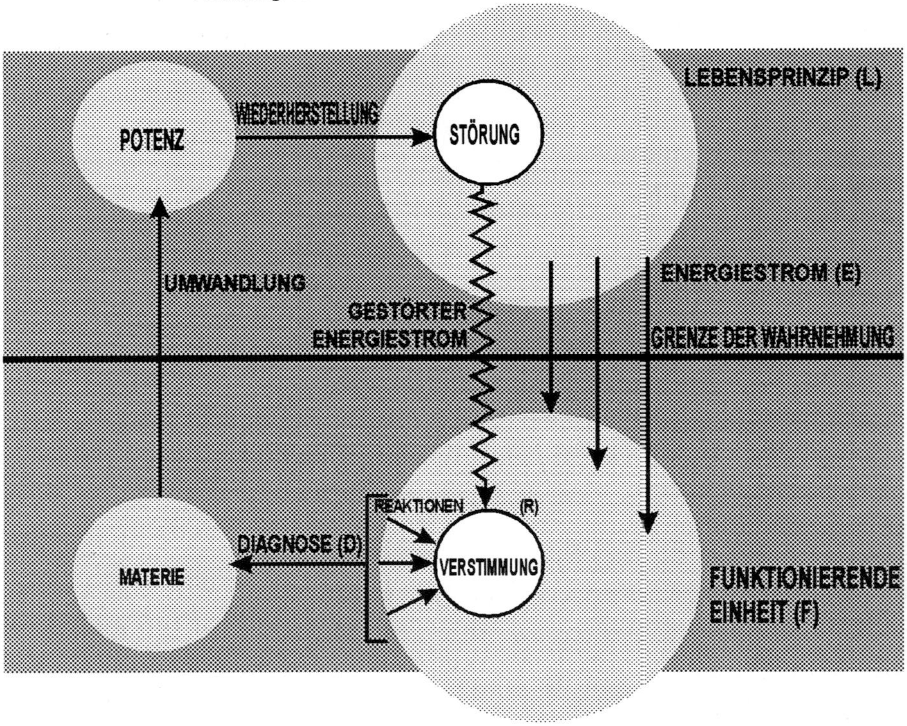

Nein. In dieser Krankheitsauffassung sind die Bakterien – oder besser gesagt ist der Bakteriennährboden in unserem Körper – nicht die Ursache, sondern die Folge einer Störung. Oder: Gibt es eine besondere Empfänglichkeit, die es ermöglicht, daß sich Krankheitserreger in unserem Körper einnisten können? Wir sind immer umgeben von Viren, Bakterien, Larven

und Würmern und allem möglichen. Wir werden nur dann von ihnen beeinträchtigt, wenn die normalen Verhältnisse gestört sind, wenn wir von unserem Lebensprinzip einen gestörten Energiestrom erhalten. Auch für akute Krankheiten ist dieser Gedankengang durchaus anwendbar.
Zweitens geht aus dieser Auffassung über die Krankheit hervor, daß das Krankwerden nur aus einer energetischen, dynamisch wirkenden Ursache geschieht und nicht durch eine materiell wirkende. Es wird deutlich, daß die Homöopathie mit ihren potenzierten Mitteln auf dieser energetischen Ebene arbeitet. Zusammenfassend vollzieht sich Folgendes (Abbildung 5d):
Es existiert ein Lebensprinzip (Kreis L), das durch Vermittlung eines energetischen Stromes (E) den lebenden Organismus (F) in seiner Funktion unterhält. Das Lebensprinzip ist nicht wahrnehmbar (Grenze der Wahrnehmung). Erkrankungen sind Störungen dieses Lebensprinzips, die einen gestörten Energiestrom zur Folge haben. Diese gestörte Energie führt in F zu Reaktionen, die das Ziel haben, den Normalzustand wieder herzustellen: die Symptome (R). Das Einzige, das wir an einer Erkrankung wahrnehmen können, sind die Symptome, und die einzige Möglichkeit, um eine Krankheit zu beeinflussen, ist das Eingreifen auf dem Niveau des Lebensprinzips.
Samuel Hahnemann hat eine Methode entdeckt, wodurch es möglich ist, die Materie in eine Potenz umzuwandeln. Diese Potenz ist offensichtlich imstande, die ursprüngliche Störung des Lebensprinzips rückgängig zu machen. Dadurch wird der gestörte energetische Strom normalisiert. Danach sind die Reaktionen, die dazu dienen, den Normalzustand wieder herzustellen, nicht mehr nötig. Die Symptome verschwinden: Das ist Heilung. Sind die Veränderungen soweit fortgeschritten, daß ein normales Funktionieren nicht mehr möglich ist, bleibt ein Restzustand (Defektheilung). Hahnemann hat nun als Weiteres eine Methode entdeckt, nach der man aus der Menge der Symptome eine Auswahl treffen kann, um das passende Mittel zu finden (nämlich dem Ähnlichkeitsgesetz folgend): die homöopathische Diagnose (D).
In aller Deutlichkeit sei darauf hingewiesen, daß nicht jede Störung unseres Wohlbefindens eine Krankheit ist in dem hier geschilderten energetischen Sinne. So fallen hierunter z. B. nicht (oder nicht ganz) Erkrankungen, die durch Ernährungsfehler oder jahrelange falsche Ernährungs- und Lebensgewohnheiten, Vergiftungen (Alkohol, Tabak, Kaffee, Arzneimittel u. a. chemische Stoffe) entstehen oder mechanische Störungen (Haltungsfehler, Knochenbrüche und dergleichen) und angeborene Defekte.
Wir müssen uns klarmachen, daß diese Ideen zwar aufgrund von Beobachtungen formuliert wurden, daß sie aber nicht mit diesen Beobachtungen verwechselt werden dürfen. Es sind Theorien, Modelle. Niemand hat bis jetzt ein Lebensprinzip wahrgenommen. Doch bis heute sind die Beobachtungen in Übereinstimmung mit der Theorie geblieben. Dennoch sind diese

Denkmodelle von Hahnemann nun bereits beinahe zweihundert Jahre lang Gegenstand von (heftigen) Diskussionen gewesen, konnten aber keineswegs aufgrund von Beobachtungen widerlegt werden. Über seine Auffassung des Lebensprinzips hat Hahnemann wenig geäußert. Als Therapeut nahm er einen pragmatischen Standpunkt ein: „Es soll mit diesem Ausdrucke nur angedeutet werden, was die Krankheiten erwiesenermaßen nicht sind, und nicht sein können, nicht mechanische oder chemische Veränderungen der materiellen Körpersubstanz und nicht von einem materiellen Krankheits-Stoffe abhängig – sondern bloß geistartige, dynamische Verstimmung des Lebens“. (Organon der Heilkunst, S. 31, Fußnote).
Hahnemanns bedeutendster Kommentator, J. T. Kent, hat diese Gedanken weiter ausgearbeitet. Ihm ging es um die Beantwortung der Frage: „Was ist der Unterschied zwischen einem gesunden, einem kranken und einem toten Organismus?“ Kent: „Der Mensch ist ein wollendes und denkendes Wesen, ein Leichnam hat weder Willen noch Verstand. Die Kombination dieser beiden, Wille und Verstand, sind das Wesen des Menschen. Zusammengenommen verursachen sie Leben und Bewegung, sie machen den Organismus aus und verursachen alle Abläufe im Körper. Wenn Wille und Verstand gut funktionieren, haben wir einen gesunden Menschen.“ Diese beiden „Wille und Verstand“ nennt Kent den „inneren Menschen“, den immateriellen Menschen.

Kapitel 3

Die Behandlung einer akuten Erkrankung

„Jedes Mittel hat so viele Aspekte, daß es sehr schwierig ist, das Mittel in seiner ganzen Tiefe zu erkennen..." Alfons Geukens

„...jemand sagt etwas und man merkt: das ist dieses oder jenes Mittel und man stellt einige Fragen, um es zu bestätigen."

Alfons Geukens

3.1. Die Indikationsstellung für die homöopathische Methode.

Nahezu jeder kennt in seiner Umgebung jemanden, der Beschwerden hat und daraufhin untersucht worden ist, bei dem jedoch nichts gefunden wurde. Das bedeutet, daß die Krankheitserscheinungen, unter denen dieser Mensch leidet, nicht mit den bis dahin bekannt gewordenen Erfahrungen in den Mechanismus des Zustandekommens von Erkrankungen in Einklang gebracht werden können. Im günstigsten Fall bekommt dieser Mensch zu hören: „Es tut uns leid, aber wir können nichts finden, deshalb können wir Dir auch nicht helfen." In vielen Fällen bekommt man den Rat, daß man eben „damit leben muß". Im schlechtesten Fall bekommt man zu hören, daß man sich nicht so anstellen soll, freundlicher ausgedrückt, daß es seelisch bedingt ist. In dem Maße, in dem die Wissenschaftler mehr Einsicht gewinnen hinsichtlich der Mechanismen, die Krankheiten entstehen lassen, können neue Untersuchungs- und Behandlungsmethoden entwickelt werden. Wir können deshalb sagen, daß der Ausgangspunkt der Behandlungen dieser Art von Heilkunde „das Verständnis der Dinge" ist. Wo sich keine Erklärung der Mechanismen finden läßt, ist keine Therapie möglich. Das Indikationsgebiet der technologischen Heilkunde beginnt erst da, wo im Körper Veränderungen auftreten, in der Struktur der Organe oder der Zusammensetzung der Körperflüssigkeiten, die mit physikalisch-chemischen Tests nachgewiesen werden können; allgemein ausgedrückt, wenn Veränderungen im materiellen Bereich des Körpers auftreten. Nahezu alle Veränderungen, die diesen vorausgehen – und das sind Veränderungen, die Beschwerden verursachen, bei denen „nichts" zu finden ist – kann die technologische Heilkunde nicht interpretieren, weil sie diese nicht auf ihre Weise erklären kann. Man verweist hier auf andere Wissenschaften. Es wird dann in den Bereich des Psychischen oder Psychosozialen verwiesen. Nun kann die Homöopathie die Erscheinungen auch nicht immer erklären, sie kann sie aber wohl interpretieren. Durch das Anwenden des Ähnlichkeits-

gesetzes ist es möglich, Krankheitsbilder zu erkennen, noch bevor sie Strukturveränderungen im Organismus verursacht haben. Ohne zu verstehen, wie es geschieht (Verständnis der Dinge), können wir mit Hilfe der Homöopathie eine Heilung zuwege bringen, indem wir dasjenige, das wir sehen und wissen (der Stand der Dinge), im Rahmen einer therapeutischen Methode nutzen. Mit anderen Worten, die Homöopathie interpretiert die Lebensäußerungen auf eine phänomenologische Art und Weise. Das Ähnlichkeitsgesetz macht es möglich, bei gestörten Lebensverrichtungen treffsichere Maßnahmen zu ergreifen. Dieses ermöglicht es uns, daß wir in vielen Fällen den Strukturveränderungen zuvorkommen können, und daß wir nicht angewiesen sind auf das, was man unerbittlich „die Ruinendiagnostik" nennt. Der Stand der Dinge, wie er dem Ähnlichkeitsgesetz folgend erfaßt wird, beinhaltet offensichtlich Informationen, die von solcher Qualität sind, daß darauf eine Behandlung aufgebaut werden kann. Das klingt sehr merkwürdig. Man behandelt doch keine Beschwerden, bevor man weiß, wie sie zustande gekommen sind und wodurch sie ausgelöst wurden? In der Homöopathie tut man gerade das, und dieses bietet einen enormen Vorteil. Drehen wir die Frage einfach um: Man wartet doch nicht mit einer Behandlung, bis man die Erklärung der Erscheinungen gefunden hat? In Gedanken könnte man getrost hinzufügen: Das könnte wohl zu lange dauern!
Wir kommen im Kapitel 4 und 5 ausgiebig auf den Unterschied der beiden Betrachtungsweisen „Stand der Dinge" und „Verständnis der Dinge" zurück. Und wie erkennt nun die Homöopathie eine Erkrankung, bevor sich die Struktur des Organismus verändert hat? Durch die Anwendung des Ähnlichkeitsgesetzes. Dieses Gesetz ist nichts anderes als das Vergleichen zweier Serien von wahrgenommenen Symptomen. Die eine Serie bildet das Krankheitsbild, die andere das Arzneimittelbild. Dies beinhaltet die Aussage: „Die Homöopathie geht aus vom Stand der Dinge und nicht vom Verständnis der Dinge." Noch eine bedeutende Anmerkung: Wenn unser Erkenntnisstand uns veranlaßt, eine andere Behandlung als die Homöopathie zu wählen, dann wählen wir diese andere Therapie. Das erste, was ein homöopathischer Arzt denn auch zunächst tut, wenn ein Patient ihn um Rat bittet: Er legt sich die Frage vor, ob hier die homöopathische Behandlung angezeigt ist. Und damit sind wir dann im Sprechzimmer des homöopathischen Arztes angekommen.

3.2. Eine akute Erkrankung.

Wie erkennt ein Arzt mit Hilfe der homöopathischen Methode den Stand der Dinge? Da Sie nun bei mir im Sprechzimmer sind, lassen Sie mich einmal die Frage stellen: „Welches sind die Beschwerden?" Stellen Sie sich folgende Situation vor: Sie konsultieren mich, weil Sie sich in der vorigen

Woche erkältet haben und nun eine akute Bronchitis aufgetreten ist. Sie husten, Sie haben Fieber, Sie schwitzen und sind nicht in bester Stimmung. Eigentlich bedauern Sie es schon, daß Sie in meine Sprechstunde gekommen sind und denken, daß Sie besser zu Hause im Bett hätten bleiben können. Allein mit Ruhe sollte es sich auch schon bessern. Hier wird nun zunächst der Verlauf einer Konsultation wiedergegeben, wie er sich nach dem allgemein gängigen medizinischen Denken abspielt. Danach wird derselbe Fall auf homöopathische Weise „durchgespielt". Zur Verdeutlichung werde ich hier und da laut denken.
Sie kommen herein, nehmen nach meiner Aufforderung Platz und seufzen erst einmal tief. Ich: „Nun, welche Beschwerden haben Sie?" Sie: „Ich habe mich vorige Woche erkältet und nun habe ich Fieber und Husten." Ich hole mein Stethoskop zum Vorschein: „Machen Sie bitte den Oberkörper frei, damit ich Sie abhören kann. Atmen Sie einmal tief." Sie: machen tiefe Atemzüge. Ich: „Ja und nun noch am Rücken." Sie: Machen wieder tiefe Atemzüge. Ich denke: Aha, bronchitische Geräusche, da unten rechts hört man eine Krepitation. (Einige Sprachen beherrscht man so gut, daß man in dieser Sprache denkt. Die Sprache, in der ich nun denke, ist das sogenannte Medizinerlatein. „Krepitation" bedeutet „Knarren, Reibegeräusch" und erscheint vor dem Beginn und am Ende einer Lungenentzündung). Ich: „Ja, eine ausgeprägte Bronchitis. Vielleicht auch schon eine beginnende Lungenentzündung. Ich werde Ihnen eine Penicillinkur verschreiben und davon werden die Bakterien abgetötet. Sie bekommen auch Tropfen, damit Sie den Schleim besser abhusten können. Gehen Sie nun wieder ins Bett, und wenn innerhalb von zwei Tagen die Temperatur nicht gefallen ist, melden Sie sich bitte. Und denken Sie daran, die Tabletten bis zu Ende einnehmen!" Sie und ich: Händedruck. Sie: tiefer Seufzer.
Und nun homöopathisch. Sie kommen herein, nehmen auf meine Aufforderung hin Platz und seufzen tief. Ich: „So, das war ein tiefer Seufzer." (Offensichtlich hat der Patient das Bedürfnis, tief durchzuatmen.) Sie (einigermaßen irritiert): „Ja, ich mußte ziemlich lange warten. Ich glaube, daß ich besser im Bett aufgehoben bin." Ich: „Wieso? Was haben Sie denn für Beschwerden?" (Fühlt sich offensichtlich schnell irritiert.) Sie: „Ich habe mich vorige Woche erkältet und nun habe ich Fieber und Husten." Ich: „Wie haben Sie sich erkältet? Können Sie sich daran erinnern?" Sie: „Ich denke durch den kalten Wind, vorige Woche." (Ursache ist kalter Wind.) Ich: „Wann macht Ihnen der Husten am meisten zu schaffen?" Sie: „Was meinen Sie?" Ich: „Gibt es bestimmte Umstände, worauf der Husten reagiert?" Sie: „Als ich aus der Kälte hier herein kam, mußte ich schrecklich husten. Wenn ich ruhig sitzen bleibe, dann geht es mir gut." Ich: „Können Sie Schleim abhusten?" Sie: „Ja, besonders morgens." Ich: „Wonach schmeckt der Auswurf?" Sie: „Ein bißchen bitter." Ich: „Gibt es noch andere zusätzli-

che Beschwerden zu berichten?“ Sie: „Wenn ich aufstehe, wird mir schwindelig, das habe ich sonst nicht. Und meine Verdauungstätigkeit funktioniert in den letzten Tagen nicht so gut, der Stuhl ist so trocken.“ Ich: „Machen Sie bitte den Oberkörper frei, damit ich Sie abhören kann. Atmen Sie einmal tief.“ Sie: machen tiefe Atemzüge. (Aha, bronchitisches Geräusch, da unten rechts hört man wohl eine Krepitation. Kalter Wind, Husten am Morgen, bitteres Sputum, Reizbarkeit, Schwindel beim Aufrichten, Verstopfung: Das gleicht einem Bryonia-Bild.) Ich: „Ist der Husten schmerzhaft?“ Sie: „Ja, wenn ich richtig durchhuste, dann sticht es hier rechts.“ Ich trete hinter Sie und drücke mit meiner rechten Hand kräftig auf die Stelle in der Flanke, wo sich die schmerzhafte Stelle befindet. Ich: „Husten Sie nun einmal.“ Sie: husten. Ich: „Haben Sie jetzt auch Schmerzen?“ Sie (überrascht): „Nein.“ (Ich denke: tatsächlich Bryonia.) Ich: „Sie sind sicher sehr durstig?“ Sie: „Ja, woher wissen Sie das?“

Länger sollen wir dieses Spielchen nicht dauern lassen. Es ist nicht so aufregend, bei einer Partie Schach zuzusehen, wenn man die Regeln des Spiels nicht kennt. Wir müssen deshalb erst die Spielregeln einer homöopathischen Konsultation erläutern. Warum diese Regeln so sind, wird im weiteren Verlauf dieses Buches deutlich werden. Aus unserem Gespräch von eben ergibt sich, daß bei einem homöopathischen Gespräch andere Informationen von Belang sind als bei einer gängigen Konsultation, und daß aus dieser Information Schlußfolgerungen anderer Art gezogen werden. Offensichtlich ist die andere Information nötig, um das Ähnlichkeitsgesetz anwenden zu können. Andere Merkmale des Krankheitsbildes werden als charakterisierend benutzt, um das Krankheitsbild zu beschreiben und zu erkennen. Es geht nun darum, was wir unter charakteristisch verstehen. Welche Symptome geben den eigenen Charakter dieses Krankheitsbildes insofern wieder, daß sie das Vergleichen mit einem Arzneimittelbild (dem Ähnlichkeitsgesetz folgend) treffsicher machen? Am deutlichsten wurde das durch zwei Nachfolger Hahnemanns dargelegt, Clemens Maria von Boenninghausen und James Tylor Kent.

C. M. von Boenninghausen war ein Zeitgenosse Hahnemanns. Er wurde 1785 auf dem Landgut Heringhaven bei Tubbergen in Overijssel geboren und entwickelte sich zu einem erfolgreichen Juristen in verantwortungsvoller Position in Westfalen. Sein großes Hobby war die Botanik und hierüber publizierte er bedeutende Werke. Im Zusammenhang mit seinem Beruf mußte er viele Reisen unternehmen und er hatte dadurch die Gelegenheit, die Flora eines großen Gebiets zu untersuchen und zu beschreiben. Seine erfolgreiche Karriere schien zu Ende zu sein, als er im Herbst 1827 ernstlich erkrankte. Zwei berühmte Ärzte seiner Zeit stellten fest, daß er an „eitriger Tuberkulose“ litt. Im Frühjahr 1828 schrieb er, da er sein Ende kommen sah, einen Abschiedsbrief an seinen Pflanzenkunde-Freund, den Arzt

August Weihe in Herford, von dem er jedoch nicht wußte, daß dieser sich seit einiger Zeit mit der Homöopathie beschäftigte. Weihe schlug vor, seinen Freund mit dieser neuen Methode, der Homöopathie, zu behandeln. Von Boenninghausen empfand seine Wiederherstellung als eine wunderbare Heilung und bemühte sich, die Ärzte in seiner Umgebung für diese Methode zu interessieren. Da das nicht glückte, beschloß er, sich selbst in diese Behandlungsmethode zu vertiefen. Er entwickelte sich zu Hahnemanns bedeutendstem Schüler und zwischen ihnen entstand eine bleibende Freundschaft. Obwohl er Jurist gewesen war, hatte er bald eine blühende homöopathische Praxis und konnte viele bedeutende und hochstehende Persönlichkeiten zu seinen Patienten rechnen. Die Ärzte seiner Umgebung verübelten ihm dies und bestritten ihm das Recht, Patienten zu behandeln, da er kein Arzt war. Verschiedene Versuche, ihm das Recht auf Ausübung der Heilkunde zu entziehen, wurden durch den preußischen König Friedrich Wilhelm III. abgewiesen. Durch Friedrich Wilhelm IV. bekam von Boenninghausen nach Fürsprache einer seiner Patienten, der mit dem König befreundet war, die Erlaubnis zu praktizieren. Von Boenninghausen hat viel über die Homöopathie geforscht und publiziert. Die Bedeutung seiner Werke wurde allgemein anerkannt, und alle homöopathisch arbeitenden Ärzte aus jener Zeit besaßen seine Bücher. Er ist der Erfinder des „Repertoriums", eines Symptomenindex, in dem, ähnlich wie in einem botanischen Lexikon, die Kennzeichen und Eigenschaften verschiedener Mittel systematisch geordnet wurden. Ein anderer bedeutender Beitrag bildet von Boenninghausens Charakteristik der Symptome. Damit sind wir nach diesem historischen Ausflug wieder im Sprechzimmer angekommen.
Um die Symptome des Patienten nach dem Ähnlichkeitsgesetz korrekt mit dem Arzneimittelbild vergleichen zu können, müssen von einem Symptom folgende Kennzeichen bekannt sein:

- Wie ist die Empfindung?
- Wo (an welcher Stelle) befindet es sich?
- Strahlt es möglicherweise aus?
- Gibt es eine eindeutige Ursache oder Veranlassung?
- Gibt es Umstände, auf die die Beschwerden reagieren?
- Gibt es andere Beschwerden, die gleichzeitig auftreten?

Ein vollständiges Symptom, daß diese Kriterien erfüllt, wäre folgendes:

- Schmerzen im Rücken, als ob der Rücken gebrochen ist;
- Ausstrahlung in die Oberschenkel;
- Als Folge von Verkühlung, nachdem man durch körperliche Anstrengung in Schweiß geraten war;

- Die Schmerzen bessern sich durch Liegen auf einer harten Unterlage und durch Wärme, die Schmerzen verschlimmern sich zu Beginn der Bewegung, bessern sich aber wieder, wenn man sich fortgesetzt bewegt;
- Der Schmerz ist vergesellschaftet mit einem Benommenheitsgefühl.

Wenn wir nun betrachten, was bei unserem Rollenspiel von eben zum Vorschein kam, sehen wir, daß dabei auch eine Beschreibung des Krankheitsbildes auf diese Weise ins Spiel gebracht wurde. Mit Fragen wie: Wodurch haben Sie sich erkältet? Gibt es besondere Umstände, worauf der Husten reagiert? Haben Sie noch andere Klagen neben dieser Erkrankung? – bekommt die Diagnose „Bronchitis“ durch farbige Einzelheiten eine Besonderheit, die diese Bronchitis von anderen unterscheidet. Wenn man sich bemüht, eine Anzahl sehr charakteristischer Kennzeichen zu sammeln, entsteht ein Bild, das so vollständig ist, daß ein Vergleich nach dem Ähnlichkeitsgesetz möglich wird. In unserem Beispiel sind es folgende Erscheinungen, die zur Wahl von Bryonia führen:

- Ursache: kalter Wind
- Umwelteinfluß: Husten, der sich beim Betreten eines warmen Zimmers verschlimmert, der Schmerz läßt nach bei Pressen der schmerzhaften Stelle.
- Lokalisation: der rechte Brustkorb. Empfindungen: stechende Schmerzen, bitterer Auswurf.
- Begleitende Erscheinungen: Schmerzen beim Husten, Verstopfung, trockener Stuhl, Durst, Schwindel beim Aufstehen.

Eines der bedeutendsten Merkmale von Bryonia ist es, daß starker Druck eine Besserung hervorruft (während Sie versuchten, zu husten, drückte ich auf Ihre schmerzhafte Seite). Jemand, der „Bryonia-Schmerzen“ hat, hat die Neigung, auf der schmerzhaften Seite zu liegen. Das Merkwürdige ist, daß ein solches charakteristisches Zeichen, wie diese Besserung durch Druck, nicht an den Ort der Beschwerden gebunden ist oder an die Art des Krankheitsprozesses. Wenn jemand rheumatische Beschwerden hat, die durch Druck vermindert werden oder wenn sich Kopfschmerzen durch starken Druck bessern, dann ist es ebenfalls ein Hinweis für das Mittel Bryonia. Diese Umstände, die die Beschwerden beeinflussen, nennt man Modalitäten.

Wir sagen: Besserung durch starken Druck ist eine Modalität des Bryonia-Bildes. Mit „Bild“ ist einerseits das Arzneimittelbild und andererseits das Krankheitsbild gemeint. Um einen Einblick in diese Modalitäten zu geben, hier eine Übersicht aller Modalitäten des Arzneimittels Bryonia:

- Verschlimmerung durch Wärme, durch die geringste Bewegung, morgens, durch Essen, durch heißes Wetter, durch körperliche Anspan-

- nung und durch leichte Berührung. Durch Aufrichten entsteht Schwindel und Übelkeit.
- Besserung durch Liegen auf der schmerzhaften Seite, durch starken Druck, Ruhe und Essen von kalten Nahrungsmitteln.

Die Modalität „besser durch starken Druck" kommt bei mehreren Arzneimitteln vor. Es ist deshalb immer nötig, mehrere charakteristische Zeichen einer Erkrankung zu finden. Das Bild muß so vollständig wie möglich sein. Wenn man nun einen beliebigen Homöopathen irgendwo auf der Welt fragt, welches Mittel jemand nötig hat, der unter Schmerzen mit folgenden Kennzeichen leidet: stechender Charakter, schlimmer bei der geringsten Bewegung, Besserung durch starken Druck, und man berichtet zusätzlich, daß der Betreffende sehr durstig ist und einen harten trockenen Stuhlgang hat – dann wird die Antwort immer lauten: „Diese Person hat Bryonia nötig." Wenn man dieselben Informationen einem beliebigen nicht homöopathisch tätigen Arzt gibt, wird die Frage lauten: „Ja aber, was hat denn dieser Pati-

Abb.6

BRUST

Empfindungen, stechend
Husten, beim: Acon., Am-c., Am-m., Ant-c., Arg-m., *Arn., Ars., Asaf.,* Asc-t. Aur., **Bell.**, Berb., **Bor., Bry.,** Cact.-, Calc., Calc-p., Cann-s., Caps., Carb-an., Carb-v., Card-m., Caust., *Chel., Chin.,* Chin-a., Clem., *Coff.,* Con., Corn., Crot-h., Cupr., Cur., **Dros.,** Culc., *Ferr.,* Ferr-ar., Ferr-j., *Ferr*-m., Guaj., **Jod.,** Kali-ar., *Kali-bi.,* Kali-c., Kali-n., Kali-p., *Kreos.,* Lach., Lyc., **Merc.,** Mez., Myric., Nat-m., Nat-s., Nit-ac., Nux-m., Nux-v., Petr., *Phos.,* Psor., *Puls.,* Ran-b., Rhus-t., Rumx., Ruta, Sabad., Scil., Sel., Seneg., *Sep.,* Sil., **Squil.,** Stann., Stront., *Sulf.,* Verat., Zinc.
kalte Getränke, durch: Staph., Thuj.
kalter Luft, in: *Kali-c.*
Lachen, beim: Acon., Mez., Nicc.
Laufen verschlechtert: Bor., Lyc.
Lesen, beim: Euph.
Liegen, im: Asaf., Bry., Chel., Kali-n., Psor.
auf dem Gesicht liegen bessert: Bry.
kann nur auf dem Rücken liegen: *Acon., Bry., Phos.,* Plat.
auf dem Rücken liegen verschlechtert: Rumx., Sulf.
Menses, vor: *Kali-c.*
während: Bor., Croc., Kali-n, Puls.
Mittagessen, nach dem: Carb-s.
Niesen verschlechtert: Acon., *Bor., Bry.,* Chel., **Dros., Merc**. Rhus-t.
periodisch: Acon., Aloe.
Räuspern, nach: Asaf.

Empfindungen, stechend
Reden, beim: Bor., Cann-s., Carb-an., Rhus-t.
Reiben bessert: Calc., *Phos.*
rhythmisch: *Calc.,* Cocc.
Schlafengehen, beim: Carb-v.
Schlucksen, bei: Am-m.
Schreiben, beim: Carb-an., Rumx., Spig.
Seite, auf der S. liegen verschlechtert: Acon.
auf der gesunden S. liegen verschlechtert: Stann.
links liegen verschlechtert: Am-c., Calad., **Phos., Spig.,** *Stann.*
rechts liegen verschlechtert: *Bor.,* Rumx., Seneg.
nur rechts liegen bessert: **Spig.**
auf der kranken S. liegen verschlechtert: *Calc., Kali-c.,* Sabad.
auf der schmerzhaften S. liegen verschlechtert: Am-c. Stann.
bessert: Calad., **Bry.**
Singen verschlechtert: Am-c.
Sitzen verschlechtert: Agar., *Con.,* Indg., Phos.
bessert: Asaf., Chel.
gekrümmt S. verschlechtert: Am-m., Chel., *Rhus-t.*
Treppensteigen, beim: Bor., Rat., Stram.
Treppen-Heruntersteigen, beim: Alum.
Umdrehen, beim: Caust., Phos., **Ran-b.,** Staph.
wandernder Schmerz: Acon., Carb-s., *Ferr.,* **Puls.,** *Sulf.*
Warmwerden im Bett, beim: Rhus-v.
Wetterwechsel, bei: **Ran-b.**
Zorn, nach: Arg-n., Caust.

ent überhaupt?“ Die Homöopathie geht aus vom Stand der Dinge, von der Kombination der Symptome und nicht vom Verständnis oder dem Namen der Sache.
Diese praktische Übung gibt uns Anweisungen, eine Antwort auf die Frage zu finden: „Welches sind die Beschwerden?“ Wir müssen nicht nur versuchen, mehr Informationen über ein Krankheitsbild zu bekommen, sondern wir müssen versuchen, andere, zusätzliche Informationen zu erhalten. Diese Informationen sind so andersartig, daß die klinische Diagnose offensichtlich von untergeordneter Bedeutung ist. Sie sind von einer völlig anderen Ordnung. Was diese andere Ordnung beinhaltet, wird im Kapitel 6 beschrieben.

3.3. Das Repertorium.

Ein genauer Vergleich von Symptomen erfordert einerseits ein neugieriges Aufspüren dieser Symptome, aber andererseits müssen wir auch eine detaillierte Auflistung haben, in der systematisch alle möglichen bekannten Symptome von Arzneimittelprüfungen vorhanden sind, auf die wir zurückgreifen können. Eine derartige Aufstellung ist, wie wir bereits sagten, zum ersten Mal durch den Botaniker von Boenninghausen erstellt worden. Wir nennen es ein Repertorium der homöopathischen Materia medica.
Das Repertorium von Boenninghausens ist später durch verschiedene Autoren erweitert und verbessert worden. Das bekannteste Repertorium ist dasjenige von James Tyler Kent aus dem Jahr 1910. Die vorausgehende Abbildung gibt einen Einblick in die Genauigkeit und Detailliertheit dieses Repertoriums.

Erläuterung des Repertoriums

Das Repertorium von Kent umfaßt 1423 Seiten. Die hier abgebildete Seite ergibt ein sehr unvollständiges Bild. Sie vermittelt dennoch einen Eindruck, wie sehr es in die Einzelheiten geht. Die Seite stammt aus dem Kapitel über den Körperteil Brust (die Haupteinteilung des Repertoriums folgt den Körperteilen). Aus dem Kapitel Brust behandelt dieser Ausschnitt den Bereich, der sich mit Schmerzen und hier speziell mit den stechenden Schmerzen beschäftigt. Jeder Hauptteil und jeder Paragraph und jeder Unterparagraph sind wiederum alphabetisch unterteilt nach den Symptomen. Wir befinden uns alphabetisch im Bereich der Brust bei „S“ Schmerz und im Alphabet der Schmerzrubrik bei „S“ (stechender Schmerz). Das zweite Symptom dieser Seite ist stechender Schmerz im Brustkorb, wenn man etwas Kaltes trinkt.
Das erste Symptom auf dieser Seite ist: stechende Schmerzen beim Husten. Dieses Symptom wurde bei 76 Arzneimitteln gefunden. Weiterhin werden noch einige detailliertere Symptome genannt: stechender Schmerz beim Treppensteigen usw.

In der linken Reihe sehen wir, wie unter dem Symptom (stechende Schmerzen in der Brust) „im Liegen“ wieder eine neue alphabetische Unterteilung folgt: 1. Auf dem Gesicht liegen bessert (das bedeutet Besserung der stechenden Brustschmerzen durch Liegen auf dem Gesicht). 2. Kann nur auf dem Rücken liegen. 3. Auf dem Rücken liegen verschlechtert.
Auf diese Weise geht es in immer weitere Einzelheiten. In der rechten Spalte finden wir auf diese Weise das Symptom: Brust – Schmerz – stechend – im Liegen auf der schmerzhaften Seite – besser. Über sieben Schritte ist dieses Symptom endgültig spezifiziert. Unter diesem Symptom befindet sich als eines von zwei Mitteln (Fettdruck) Bryonia. Sie erinnern sich, daß uns diese Modalität von Bryonia bereits früher begegnet ist.
Gegenwärtig bemüht man sich, diese enorme Vielfalt an Informationen mit Hilfe des Computers neu zu ordnen und leichter zugänglich zu machen. Wenn wir im Repertorium von Kent die Rubrik „Bronchitis“ aufsuchen, finden wir die stattliche Anzahl von 86 Mitteln. Es geht nun darum, aus dieser Anzahl ein Mittel auszuwählen, indem wir die Symptome näher präzisieren und mit anderen Symptomen kombinieren. Das Repertorium ist somit ein Nachschlagewerk für die Einzelheiten der Symptome und für das Rekonstruieren von Symptomkombinationen verschiedener Arzneimittel.

3.4. Unterschiedliche Potenz-Reihen.

Wir sind nun am Ende unserer Konsultation, und die Schlußfolgerung heißt: Wir haben hier ein Bryonia-Bild. Das heißt, Bryonia ist das passende Mittel, und wenn der Patient es einnimmt, wird sich die Bronchitis bessern. Aber was nimmt man jetzt ein?
Beim Verschreiben eines Mittels gibt es verschiedene Möglichkeiten. Es bestehen unterschiedliche Varianten des Potenzierens. Wie bereits gesagt, besteht das Potenzieren aus Verdünnen und Schütteln. Die Verdünnungsstufen und die Anzahl der Schüttelschläge können wir nach Belieben variieren. Wir können beispielsweise 1:10 oder 1:12 oder 1:87 verdünnen. Und wir können pro Verdünnungsschritt dreimal, fünfzigmal oder hundertmal schütteln. Im Laufe der Zeit sind allerlei Varianten ausprobiert worden und es sind sogar Potenziermaschinen konstruiert worden. Hahnemann hat sein ganzes Leben mit unterschiedlichen Varianten des Potenzierens experimentiert. Den größten Teil seines Lebens arbeitete er mit Mitteln, die er in Verdünnungsschritten von 1:100 potenzierte.
Wie hoch ein Mittel potenziert ist, wird auf dem Etikett nach dem Namen des Mittels angegeben. Für die Verdünnung 1:100 wird die Abkürzung C (für Centesimal) gebraucht. Nach diesem Buchstaben gibt man die Anzahl der Verdünnungsstufen an, die beim Potenzieren ausgeführt wurden. Bryonia C 30 ist somit ein Extrakt aus der Zaunrübe, der 30mal in Verdünnungsstufen

von 1:100 potenziert wurde. In seinen letzten Lebensjahren hat Hahnemann eine andere Verdünnungsreihe benutzt, wobei er die Verdünnungsstufen wesentlich größer wählte, nämlich 1:50.000. Dies sind die sogenannten LM-Potenzen. LM ist eine ungenaue Bezeichnung für 50.000 in römischen Ziffern: L ist 50, M ist 1000. Einige Hersteller nennen dieselbe Zubereitung Q-Potenzen, von Quinquagintamilia (= 50.000), aber der Name LM-Potenzen hat sich allgemein eingebürgert. Mit diesen LM-Potenzen hat es eine merkwürdige Bewandtnis.
Hahnemann hat diese Potenzierung erst in seinen letzten Lebensjahren entwickelt. Er lebte und arbeitete zu dieser Zeit in Paris mit seiner 30 Jahre jüngeren zweiten Frau Melanie, die ihn bei seiner Arbeit anregte und ihm half. Sie hatte eine sachliche Einstellung und ihre Geschäftstüchtigkeit führte dazu, daß sie für die letzte Ausgabe von Hahnemanns Buch „Organon der Heilkunst" (worin er die Zubereitung und den Gebrauch seiner neuen LM-Potenzen beschrieb) eine ansehnliche Summe Geldes verlangte. Da niemand darauf einging, landete das Buch auf dem Speicher und kam erst 1920 wieder zum Vorschein.
In der Zwischenzeit hatte die Homöopathie eine großartige Blütezeit durchgemacht, insbesondere in Nordamerika, wo die Zubereitung der C-Potenzen weiter untersucht und angewendet worden war. Mit Hilfe von Potenziermaschinen führte man die C-Potenzen zu einer astronomischen Höhe. Mit diesen sehr hohen Potenzen schienen Effekte erreicht worden zu sein, die man vorher nicht für möglich gehalten hatte. Hahnemann gebrauchte selbst keine höheren Potenzen als C 30. Im Jahre 1920 kam nach einigen Umwegen Hahnemanns letzte Organon-Ausgabe in die Hände des Schweizer Arztes Rudolf Flury. Dieser staunte darüber, daß der alte Hahnemann noch eine völlig andere Zubereitungs-Methode entwickelt hatte. Weil Hahnemann diese Methode in seinem Text als überlegen beschrieb, stellte Flury eine Serie dieser LM-Potenzen her und wendete sie mit auffallend guten Ergebnissen an. Auf die besonderen Eigenschaften dieser Verdünnungen kommen wir noch zurück. Es gibt noch eine dezimale Verdünnungsreihe, abgekürzt durch den Buchstaben D: Potenzierung in Schritten von 1:10. Diese Potenzen wurden durch die sogenannte „kritischwissenschaftliche" homöopathische Schule entwickelt. Man benutzte die kleineren Verdünnungsschritte, um Zwischenschritte der C-Potenzen zu bekommen. Über die unterschiedlichen Zubereitungsformen läßt sich eigentlich nicht sinnvoll urteilen. Denn was beim Potenzieren geschieht, ist immer noch unbekannt. Die unterschiedlichen Verdünnungsreihen und ihre Anwendung sind im Laufe der Zeit aus der Erfahrung entwickelt worden. Um die Wirkungen der verschiedenen Zubereitungen übersehen zu können, sollte man folgendes wissen:
a) Höhere Potenzen wirken in der Regel länger als niedrige Potenzen.

Was durch die Potenzierung geschieht, ist bis heute nicht erklärbar.

b) Die Hauptregel für das Dosieren homöopathischer Mittel ist: nach jeder Dosis die Wirkung abwarten und erst wiederholen, wenn die Wirkung nachläßt.

c) Bei akuten Erkrankungen kann man die Mittel eher wiederholen als bei chronischen Erkrankungen. Niedrige Potenzen können kurzfristig wiederholt werden.

d) Niedrige Potenzen wirken im allgemeinen mehr an der Oberfläche als höhere, d. h., daß tief im Organismus festsitzende oder chronische Prozesse hoher Potenzen bedürfen. Was unter „tief innen“ verstanden werden soll, wird im folgenden Kapitel besprochen, wenn es um die Behandlung von chronischen Krankheiten geht.

e) Nach der Einnahme eines homöopathischen Mittels kann eine sogenannte „Erstverschlimmerung“ auftreten, d. h., daß die Beschwerden zeitweise zunehmen können, bevor eine Besserung eintritt. Bei akuten Erkrankungen tritt in der Regel keine Erstverschlimmerung auf.

f) Wenn man ein Mittel (viel) zu oft einnimmt, treten Symptome dieses Mittels auf. Man unterzieht sich dann unfreiwillig einer Arzneimittelprüfung.

g) Wie diese Mittel wirken, ist unbekannt. Wir können beobachten, daß ein Wiederherstellungsprozeß in Gang kommt, wobei der Organismus selbst Heilreaktionen in Gang setzt. Darum spricht man auch von „Reiztherapie“: Das Mittel setzt einen Reiz, worauf der Organismus mit einer Aktivität reagiert, die zur Wiederherstellung führt. Wir sagen auch, daß diese Mittel regulierend wirken, im Gegensatz zu den gewaltsamen Wirkungen chemischer Mittel.

h) Wenn man ein nicht passendes Mittel einnimmt, geschieht nichts, es sei denn, man setzt die Einnahme solange fort, bis es zu einer Arzneimittelprüfung kommt.

i) Nebenwirkungen, wie sie bei den chemischen Mitteln vorkommen, sind in der Homöopathie nicht bekannt.

Die unterschiedlichen Effekte der einzelnen Potenzierverfahren betreffen die Wirkungsdauer, den Tiefgang der Wirkung im Organismus und das Auftreten einer Erstverschlimmerung. In der Praxis ergibt sich das folgende Spektrum an Möglichkeiten:
Dezimalpotenzen wirken kurz, man kann sie kurzfristig wiederholen, ohne Gefahr zu laufen, eine unfreiwillige Arzneimittelprüfung durchzuführen. Sie geben mäßige und kurzdauernde Erstverschlimmerungen, wenn sie für chronische Krankheiten gebraucht werden. Die Kombination dieser Eigenschaften ist wahrscheinlich die Erklärung dafür, warum die Dezimalverdünnungen zur Selbstbehandlung so beliebt sind. Man nimmt diese Mittel meist nach einer festen Regel: D 6 3x täglich, D 12 2x täglich, D 30 1x täglich, D 200 einmal pro Woche. Die Wirkungsdauer hängt ab vom betreffenden Mittel und vom Reaktionsvermögen des Patienten.
Centesimalpotenzen wirken lange bis sehr lange (Wochen bis Monate) und ergeben meist eine deutliche Erstverschlimmerung. Sie wirken tief auf den Organismus ein.
LM-Potenzen wirken kurz und werden einmal täglich oder einige Male pro Woche eingenommen. Man sieht nur sehr selten eine Erstverschlimmerung. Die Wirkung auf den Organismus ist tiefgreifend.
Am Ende dieser Konsultation kann nun das Mittel auf verschiedene Weise angewendet werden. Hier die wichtigsten Varianten:
Sie bekommen ein Rezept für Bryonia D 6, 3–6x täglich 5 Kügelchen.
Ihr Arzt gibt Ihnen einige Kügelchen Bryonia C 30, die sie in einem Glas Wasser auflösen und hiervon halbstündlich einen Eßlöffel nehmen sollen.
Sie bekommen ein Rezept für Bryonia LM 6, wovon sie 2 Kügelchen in ein Glas Wasser auflösen und den Inhalt über 2–6 Portionen verteilt zu sich nehmen.
Es bestehen also verschiedene Möglichkeiten und die Wahl hängt vorrangig mit der Art der Erkrankung zusammen. Die Anwendung homöopathischer Mittel beruht auf praktischen Erfahrungen. Es gibt verschiedene Wege, die zum Erfolg führen, und man ist noch nicht so weit, daß diese verschiedenartigen Möglichkeiten systematisch untersucht worden sind. Es kommt darauf an, daß man die Methode des erfolgreichsten Lehrmeisters übernimmt. Was dies anbetrifft, bewegt sich die Homöopathie im Stadium der Wissensweitergabe vom Lehrmeister zum Schüler. Abschließend noch einige praktische Dinge, die den Gebrauch der Arzneimittel betreffen. Folgende verschiedene Dispensierformen sind im Handel: Dilutionen (flüssig),

Streukügelchen und Tabletten (gepreßter Milchzucker). Man nimmt die Tropfen in einem kleinen Gefäß mit Wasser, in der Regel eine halbe Stunde vor den Mahlzeiten oder zwei Stunden danach. Die Streukügelchen kann man unter der Zunge zergehen lassen oder in etwas Wasser auflösen und dies dann trinken. Die Tabletten läßt man im Mund zergehen.
Im allgemeinen sind Potenzen über C 30, D 30 oder LM 6 unbegrenzt haltbar, vorausgesetzt, daß man sie nicht mit den Händen berührt hat. Aufgrund einer gesetzlichen Verpflichtung wird dennoch ein Verfallsdatum auf der Verpackung angegeben. Die Mittel müssen gegen Erwärmung über 60 bis 70 Grad geschützt werden, auch gegen Feuchtigkeit und gegen starke Gerüche. Ein Arzneischrank, in dem auch chemische Mittel oder Hustentropfen stehen, ist hierfür ein ungünstiger Platz. Die Größe einer Dosis scheint merkwürdigerweise nicht maßgebend zu sein. Eine Tablette oder ein bis zwei Kügelchen sind gewöhnlich ausreichend, um eine Wirkung zustande zu bringen. Nimmt man davon mehr ein, nimmt der Effekt dadurch nicht zu. Wenn wir eine Zunahme der Wirkung beabsichtigen, müssen wir das Mittel häufiger einnehmen. So hat die Einnahme von einmal 20 Streukügelchen pro Tag ebenso viel Wirkung wie 1x 2 Kügelchen. Aber 10x 2 Streukügelchen pro Tag ergibt eine Zunahme der Wirkung. Bei einigen Mitteln ist es günstiger, sie häufiger zu wiederholen als bei anderen. Bei chronischen Krankheiten ist es nicht ratsam, hohe Potenzen öfter zu wiederholen. Wir bewegen uns hier auf dem Gebiet, wo Sachkenntnis, abgestimmt auf die besondere Situation, am Platze ist. Bei einer Anzahl homöopathischer Mittel gilt dies ganz besonders.

Kapitel 4

Chronische Krankheiten

Ein neues Verständnis von Krankheit und Gesundheit

„Wenn er einen derartigen äußerlichen Hautausschlag vertreibt, lädt er sich ein ähnliches Unglück auf den Hals und handelt genau so unsinnig wie jemand, der um sich schnell von seiner Armut zu befreien (wie er meint) und des Glückes zu bemächtigen, eine große Summe Geldes raubt und dadurch Kerker und Galgen riskiert.“ Hahnemann

4.1. Weitere Beobachtungen: die chronischen Krankheiten.

Bei der Anwendung seiner von ihm entdeckten Heilmittel konnte Hahnemann einige wichtige Beobachtungen machen. Zum ersten sah er Patienten, bei denen nach einer erfolgreichen homöopathischen Behandlung die Erscheinungen nach einer gewissen Zeit zurückkamen (Rezidive). Das passende Arzneimittel hatte dann danach einen immer geringeren Effekt. Zum zweiten gab es Patienten, bei denen die Beschwerden jedesmal ein wenig verändert zurückkamen, so daß immer nach einem neuen passenden Mittel gesucht werden mußte, ohne daß eine bleibende Heilung eintrat. Und dennoch wußte Hahnemann aus Erfahrung mit der homöopathischen Methode, daß – wenn das Gesamtbild der Krankheitserscheinungen mit dem Totalbild der Arzneimittelcharakteristik übereinstimmte – die Krankheit völlig und bleibend ausheilen mußte (das Ähnlichkeitsgesetz). Durch diese Gegebenheiten war nur eine Schlußfolgerung möglich: Was man bei dieser Art Krankheitsfälle als Gesamtbild der Erscheinungen ansah, war in Wirklichkeit nicht das Gesamtbild. Die beobachteten Erscheinungen stellten nur ein Teil der Erkrankung dar, und deshalb konnte das dazu passende Mittel diese Erkrankungen nur teilweise beeinflussen und nicht wirklich heilen. Mit anderen Worten, es mußten noch andere bis dahin nicht bemerkte Erscheinungen zu diesen Erkrankungen gehören. Dieser Gedankengang wird im folgenden Schema zusammengefaßt:
Hahnemann beobachtete, daß bei den Patienten, bei denen die Beschwerden immer ein wenig verändert wiederkamen, eine derartige Veränderung auch immer eine Verschlechterung beinhaltete. Die Patienten bekamen eine Erkrankung, die ihnen mehr Beschwerden machte oder die ihren Organismus stärker beeinträchtigte. Das ließ ihn an den Verlauf von Infektionskrankheiten denken, beispielsweise an die Geschlechtskrankheit Syphilis (Lues). Hierbei entsteht nach Ansteckung ein Geschwür an den Geschlechtsorganen oder anderen Schleimhäuten. Nachfolgend durchläuft

Gedankengang chronische Krankheiten	
1. Beobachtung	Trotz korrekter Behandlung kam es doch zu Rückfällen.
2. Beobachtung	Nach korrekter Behandlung kehrten die Beschwerden in jedesmal etwas veränderter Form zurück.
3. Beobachtung	Ein gut gewähltes Mittel, das der Gesamtheit der Symptome gleicht, heilt vollständig und dauerhaft.
Hypothese	Offensichtlich wird bei diesen chronischen Erkrankungen nicht die Gesamtheit der Symptome in Betracht gezogen.

die Erkrankung eine Anzahl von Stadien, wobei die Haut und nachfolgend alle inneren Organe angegriffen werden können. Die Erkrankung endet in einer Form von Irrsinn (Dementia paralytica). Ein solcher chronischer Verlauf, bei dem immer lebenswichtigere Organsysteme beeinträchtigt werden, beobachtete Hahnemann bei seinen chronischen Patienten, obwohl sie nicht an irgendeiner bekannten Erkrankung litten, von der eine derartige Aufeinanderfolge von Zuständen geläufig war. Hahnemann vermutete, daß diese aufeinanderfolgenden Zustände doch auf die eine oder andere Weise miteinander in Verbindung standen, und er äußerte die Vorstellung, daß es sich um eine bis dahin unbekannte Infektion handeln könne, die einen vergleichbaren Verlauf von Krankheitsstadien hat. Diese Vermutung baute Hahnemann zu seiner sogenannten „Miasma-Theorie" aus. Auf diese kommen wir am Ende des Kapitels 6 zurück.
Vorläufig verlassen wir Hahnemann, denn unsere Kenntnis von Syndromverschiebungen macht es uns möglich, Einsichten in die Art der chronischen Krankheiten zu bekommen. Hierzu kehren wir zurück zum Schema, das wir im Kapitel 2 entworfen haben (s. Abb. 5d).
Wir erinnern uns: Eine Störung des Lebensprinzips hat einen gestörten Energiefluß zur Folge. Welchem Weg dieser Energiefluß folgt, hängt von verschiedenen Faktoren ab. Man kann sich vorstellen, daß unser Organismus versucht, diese gestörte Energie in die am wenigsten ungünstige Richtung zu kanalisieren. Hierbei spielen sich besondere Prozesse (Reaktionen) ab, die die Symptome oder Schäden auf weniger wichtige Organstrukturen begrenzen. Insofern haben diese Reaktionen einen regulierenden Charakter. Wenn nun die Reaktionen unseres Organismus unzureichend sind, wird der gestörte Energiestrom die lebenswichtigeren Strukturen unseres Organismus beeinträchtigen; so als würde eine tiefere Schicht angebohrt. Wenn in dieser tieferen Schicht die Reaktionen endgültig abgeschlossen sind, kommt der Prozeß dort zum Stillstand, solange die Kraft des Organismus ausreichend ist, dieses Gleichgewicht zu halten. Wenn nicht, geht die

Störung weiter nach innen. Nehmen wir als Beispiel jemanden, der sich an seiner Hand verletzt hat. Wenn er gesund ist, heilt die Wunde und läßt allenfalls eine Narbe zurück. Wenn sein Abwehrzustand nicht gut ist, wird sich die Wunde entzünden, und es tritt eine Rötung, Eiterbildung und Temperaturerhöhung auf. Der Verlauf kann immer noch so sein, daß die Wunde aus diesem Zustand heilt. Es kann auch passieren, daß die Abwehr nicht ausreicht, um den Prozeß an Ort und Stelle zu halten. Die Entzündung setzt sich dann entlang der Lymphbahnen fort und es entsteht eine sogenannte „Blutvergiftung“ mit Fieber und allgemeinen Krankheitserscheinungen. Diese Infektion kann dann wiederum in den Lymphknoten der Achselhöhlen zum Stillstand gebracht werden, woraufhin ebenfalls noch Heilung eintritt. Wenn auch auf diesem Niveau der Abwehrmechanismus nicht ausreicht, dann wird sich die Infektion in die Blutbahn fortsetzen und eventuell Entzündungen in anderen Organen verursachen. Am Ende kann dies zum Tode führen.

Nun betrifft dies ein Beispiel, wo die Störung durch einen mechanischen Defekt entsteht, nämlich durch eine Wunde. Bei einem energetischen Defekt tritt ein vergleichbarer Verlauf auf. Wir sind bei diesem Beispiel davon ausgegangen, daß die Abwehrlage zu schwach ist, um fortschreitende krankmachende Entwicklungen zu stoppen, so daß immer tiefer liegende Abwehrsysteme tätig werden müssen. Wenn wir nun die Symptome unterdrücken, geschieht genau dasselbe: Die Reaktionen, die unser Körper auswählt um einen gestörten Energiestrom zu bremsen, werden durch die Gegenwirkung in eine tieferliegende Schicht gelenkt. Um noch einmal auf unser Beispiel zurückzukommen: Wenn man im Stadium der entzündeten Wunde der auftretenden Temperaturerhöhung entgegentritt (mit fiebersenkenden Mitteln), dann wird die Entzündung sich schneller ausbreiten. Dies ist etwa folgendermaßen zu erklären: Bakterien und Viren gedeihen am besten bei einer bestimmten Temperatur. Wenn die Temperatur steigt, wird ihr Wachstum gehemmt. Mit anderen Worten: Fieber als Reaktion des Organismus begrenzt die Ausbreitung der Infektion. Erzwingen wir (z. B. mit chemischen Mitteln) eine Senkung der Körpertemperatur, dann wirkt dies entgegengesetzt. Bei einem einfachen Prozeß wie in diesem Beispiel (eine entzündete Wunde) können wir noch leicht überblicken, welche Prozesse im Organismus stattfinden.

Bei den meisten Krankheitsprozessen können wir das nicht so leicht, wenngleich die moderne Heilkunde manchmal den Eindruck erweckt, als sei dies so. Wie man es auch dreht und wendet, das Unterdrücken unserer Körperreaktionen ist immer ungünstig, weil es den Weg freimacht für das Eindringen des Krankheitsprozesses in tiefere Bereiche. Ein Beispiel, bei dem eine Erklärung bereits kaum mehr zu geben ist, ist das Entstehen von Asthma nach der Unterdrückung eines Hautausschlages. Wenn die Körperabwehr unzureichend ist oder unterdrückt wird, geht der Krankheitsprozeß weiter und wählt sich eine andere Form der Äußerung (andere Symptome), aber im Wesen bleibt der Prozeß derselbe. Asthma und Ekzem sind verschiedene Erscheinungsformen ein und desselben Prozesses. Wenn sowohl Asthma als auch Ekzem unterdrückt werden, wird eine andere Organstruktur „angebohrt" und es wird möglicherweise eine Störung im Magen-Darm-Trakt auftreten. Wenn dieser Prozeß auftritt durch Unterdrückung, (obschon unbeabsichtigt), spricht man von einer „Ersatzkrankheit". Wenn die Krankheit sich von selbst in tiefere Bereiche hineinentwickelt, sprechen wir von „unterschiedlichen Stadien einer Erkrankung."

bildung 7

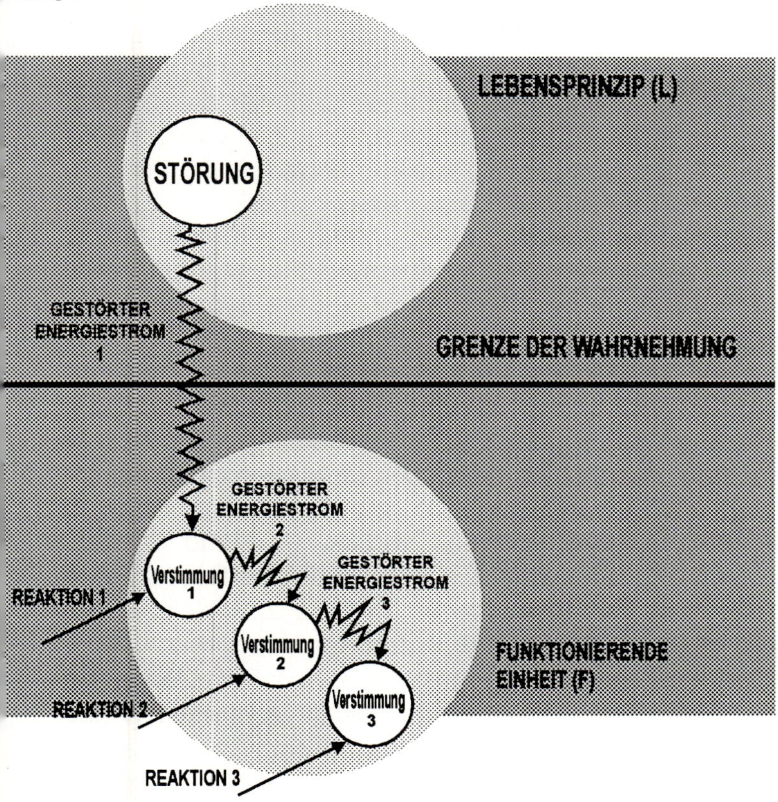

Bringen wir dies nun in ein Schema, dann sehen wir folgendes: ein gestörter energetischer Strom (1) hat zu einer Störung mit dazugehörigen Symptomen geführt.

Nach einer Unterdrückung weicht der Energiestrom aus (2) und gibt Anlaß für eine Störung in einer tieferen Schicht mit entsprechenden dazugehörigen Symptomen usw.

4.2. Das Heringsche Gesetz.

Daß diese Beziehungen bestehen, ergibt sich auch aus der Beobachtung, daß dieser Prozeß bei einer Heilung umgekehrt verläuft. Erstmalig hat dies Constantin Hering (1800–1880) deutlich beschrieben. Er hatte beobachtet, daß es chronisch kranke Patienten gab, die letztendlich genasen, und daß eine solche Wiederherstellung durch einen besonderen Verlauf gekennzeichnet war. Patienten, die bleibend wiederhergestellt wurden, bekamen nämlich häufig frühere Krankheitserscheinungen noch einmal. Das ist eine merkwürdige Beobachtung. Wir sagten, daß Hahnemann mit Patienten konfrontiert war, die immer wieder kamen, weil sie durch das Fortschreiten ihrer Erkrankung immer ernstere Erscheinungen bekamen. Hering hatte offensichtlich die Idee, auch einmal diejenigen Patienten zu beobachten, die nicht zurückkamen (weil es ihnen besser ging). Nun zeigte es sich, daß diese Menschen bei ihrer Wiederherstellung Stadien durchmachten, in denen sie alte Beschwerden wieder bekamen. Diese Beobachtung paßt genau in unsere Kenntnis über Syndromverschiebung. Immer dann, wenn wir verschiedene Zustände einer chronischen Erkrankung nicht als „zufällig aufeinanderfolgend" betrachten, sondern als zusammenhängend, dann lautet die Interpretation folgendermaßen. Im Verlauf einer chronischen Erkrankung sieht sich der Organismus genötigt, einen störenden Einfluß immer weiter in vitalere Organsysteme oder Lebensprozesse eindringen zu lassen. Hierbei entstehen auf der entsprechenden Schicht andere Symptomgruppen (Syndrome). Klinisch äußert sich dies als Syndromverschiebung. Bei der Wiederherstellung der Gesundheit, z. B. dadurch, daß die Umstände günstiger werden, durch die Wirkung einer Behandlung oder die Änderung der Lebensweise, sollte die Anstrengung des Organismus, den störenden Impuls zu vertreiben, Erfolg haben. Die Störung wird wiederum abgeleitet auf eine äußerlich liegende Schicht, einschließlich der dazugehörenden Symptome. Die alten Beschwerden kommen zurück. An Hand unseres Schemas können wir diese Syndromverschiebung zurück verfolgen. Beim Entstehen der Störungen ist die Reihenfolge V 1, V 2, V 3 mit den zugehörenden Symptomen R 1, R 2 und R 3. Bei der Wiederherstellung entwickeln sich die Symptome in der Reihenfolge R 3, R 2, R 1. Hering hat diese Beobachtungen in einen größeren Rahmen gestellt. Aus seinen eigenen Worten wird dies deutlich. Zur amerikanischen Ausgabe von Hahnemanns Werk „Die chronischen Krankheiten" schrieb Hering 1845 ein Vorwort. Darin lesen wir: *„Ebenso, wie akute Erkrankungen mit einem Hautausschlag enden, der sich ausbreitet, eintrocknet und danach abheilt, so verhält es sich mit vielen chronischen Krankheiten. Alle Erkrankungen nehmen an Intensität ab, bessern sich und heilen, indem der innere Organismus sich selbst von ihnen nach und nach befreit; die anfänglich innen gelegene Erkrankung nähert sich mehr und mehr äußeren Gewebsstrukturen, bis sie schließlich die Haut erreicht. Jeder homöopathische Arzt muß beobachtet haben, daß die Linderung der Schmerzerscheinung von oben nach unten verläuft; und bei Erkrankungen von innen nach außen. Aus diesem Grund enden chronische Krankheiten, wenn sie sorgfältig geheilt werden,* *immer in irgendeiner Hauterscheinung, die sich individuell unterscheidet in Abhängigkeit zur Konstitution des Patienten. Diese Hauterscheinung kann selbst dann beobachtet werden, wenn eine Heilung unmöglich ist, und selbst wenn ein falsches Mittel gewählt wurde. Die Haut als die am weitesten äußerlich gelegene Schicht des Körpers nimmt das allerletzte Stadium der Erkrankung auf sich. Diese Hauteruption ist nicht nur eine krankhafte Absonderung, die der innere Organismus auf chemischem Wege in Form von Gas, Flüssigkeit oder festen Bestandteilen absondert; sie stellt die Gesamtheit des Krankheitsprozesses dar, der sich von innen nach außen bewegt und ist das Kennzeichen einer wirklich durch und durch heilsam wirkenden Behandlung. Der Krankheitsprozeß im Inneren des Organismus kann ganz oder teilweise weiter fortschreiten trotz dieser Hauteruption. Dennoch ist diese Hauterscheinung immer ein günstiges Zeichen; sie erleichtert das Leiden des Patienten und verhindert allgemein gefährlichere Erkrankungen. Die gründliche Heilung einer im Organismus weit verzweigten Erkrankung wird dadurch deutlich, daß die wichtigsten Organe sich zuerst bessern. Die Erkrankung zieht sich in der selben Reihenfolge zurück, in der sie zuvor die Organe befallen hatte, die lebenswichtigeren werden zuerst befreit, die weniger wichtigen danach und die Haut zuletzt. Sogar der oberflächliche Beobachter wird diese Gesetzmäßigkeit in ihrer Reihenfolge erkennen. Auf eine Besserung, die in einer anderen Reihenfolge verläuft, kann man sich nicht verlassen.“*

Dieses sogenannte Gesetz von Hering wird meistens in vier Feststellungen zusammengefaßt:

1. Eine Heilung verläuft in zeitlicher Umkehr hinsichtlich des Ablaufs der Erkrankung.
2. Eine Heilung verläuft von innen nach außen. Das kann wörtlich verstanden werden: Die Schleimhaut heilt eher als die Haut. Es kann auch im übertragenden Sinne aufgefaßt werden: Die Gemütsverfassung bessert sich eher als die körperlichen Erscheinungen.
3. Schmerzzustände bessern sich von oben nach unten.
4. Während des Heilungsprozesses bessern sich die lebenswichtigen Strukturen zuerst, die weniger wichtigen zuletzt.

Man beachte, daß die ersten drei dieser Feststellungen auf Beobachtungen beruhen, während die letzte einen theoretischen Inhalt hat. Sie erfordert eine Bewertung dessen, was als wichtigste Struktur des Organismus angesehen wird. Eine der wichtigsten Besserungen, die bei der Genesung auftreten, finden wir in diesem Zitat von Hering nicht. Es betrifft die Beobachtung, daß ein günstiger Verlauf (d.h. günstig nach dem Gesetz von Hering) durch eine Besserung des allgemeinen Wohlbefindens eingeleitet wird. Diese Wahrnehmung ist schwierig zu umschreiben. Die Wortwahl richtet sich nach dem Wortschatz des entsprechenden Patienten: „Ich fühle mich viel ruhiger, bin gesammelt, ich sehe mehr Sinn in den Dingen, die ich tue, ich fühle mich sicherer, ich kann besser für mich selbst sorgen, ich fühle mich wieder so wie früher, ich fühle mich freier...". Es scheint der Mühe wert, hier das Organon der Heilkunst einmal aufzuschlagen, um zu lesen, wie Hahnemann diese Veränderungen beobachtet hat (§ 253).

„Unter den Zeichen, die in allen, vorzüglich in den schnell entstandenen (acuten) Krankheiten, einen kleinen, nicht jedermann sichtbaren Anfang von Besserung oder Verschlimmerung zeigen, ist der Zustand des Gemüths und des ganzen Benehmens des Kranken das sicherste und einleuchtendste. Im Falle des, auch noch so kleinen Anfanges von Besserung – eine größere Behaglichkeit, eine zunehmende Gelassenheit, Freiheit des Geistes, erhöhter Muth, eine Art wiederkehrender Natürlichkeit. Im Falle des, auch noch so kleinen Anfangs von Verschlimmerung aber, das Gegentheil – ein befangener, unbehülflicher, mehr Mitleid auf sich ziehender Zustand des Gemüthes, des Geistes, des ganzen Benehmens und aller Stellungen, Lagen und Verrichtungen, was bei genauer Aufmerksamkeit sich leicht sehen oder zeigen, nicht aber in Worten beschreiben läßt."

Wenn wir das Gesetz von Hering durch diese Beobachtung von Hahnemann ergänzen und eine Formulierung in den Begriffen der Syndromverschiebung wählen, kommen wir zu folgender Zusammenfassung: Das Gesetz von Hering besagt, daß Behandlungen, die Syndromverschiebungen im zeitlichen Ablauf nach rückwärts zustande bringen, als heilend zu betrachten sind. Das Auftreten von Syndromverschiebungen in dieser Richtung ist gepaart mit einer Besserung des existentiellen Wohlbefindens. Diese existentielle Besserung kann als Ausgangspunkt einer Serie von Syndromverschiebungen betrachtet werden. Eine derartige Serie findet ihren Endpunkt auf der Haut und kann im Organismus verschiedene Zwischenstationen durchmachen, d. h.: verschiedene Organsysteme oder Funktionen der Lebensverrichtung der Reihe nach stören. Diese Versetzung von existentiell nach körperlich und im körperlichen Bereich schließlich in Richtung Haut nimmt also den Verlauf von „innen nach außen". Das bedeutet: von innen nach außen, von seelisch-geistig nach körperlich und im Körper von innen zur Oberfläche. Was nun genau die existentielle Verbesserung beinhaltet, ist für die meisten Menschen schwierig zu formulieren.

Meist werden hier Worte gewählt wie „ruhiger", „mehr Sinn in den Dingen", „besser mit sich selbst zurechtkommen", „ich fühle mich besser" oder „ich fühle mich freier". Diese letzte Formulierung ist sehr zutreffend. Über den Begriff „Freiheit" sind Bibliotheken vollgeschrieben worden und es ist weiter nichts hinzuzufügen, als daß es auffallend ist, daß Patienten dieses Wort wählen, um ihr Gefühl einer Besserung in ihrem inneren Wesen wiederzugeben. An dieser Stelle kann nicht verzichtet werden, den § 9 aus Hahnemanns Organon der Heilkunde zu zitieren: *„Im gesunden Zustande des Menschen waltet die geistartige, als Dynamis den materiellen Körper (Organism) belebende Lebenskraft (Autocratie) unumschränkt und hält alle seine Theile in bewundernswürdig harmonischem Lebensgange in Gefühlen und Thätigkeiten, so daß unser inwohnende, vernünftige Geist sich dieses lebendigen, gesunden Werkzeugs frei zu dem höhern Zwecke unsers Daseins bedienen kann."*

Die Reihenfolge „von innen nach außen", wie sie sich im Körper vollzieht, ist noch nicht soweit erforscht, daß hierfür ein allgemein gültiges Muster bekannt ist. Der griechische Homöopath George Vithoulkas hat eine globale Vorstellung entwickelt für die Hierarchie der verschiedenen Organsysteme: Nervensystem, Herz- und Gefäßsystem, endokrines System, Magen-Darm-Trakt, lymphatisches System, Atemwegssystem, Harnwegstrakt, Fortpflanzungsorgane, Skelettsystem, Muskelgewebe, Schleimhäute und Haut. Frühere Beobachtungen stammen von Kent; dieser gibt beispielsweise an, daß Störungen des Willens (z. B. der Wille zu leben) besser werden im Austausch mit Herzbeschwerden, daß z. B. Störungen in der intellektuellen Leistungsfähigkeit sich bessern im Austausch mit Magen-Darm-Beschwerden. Mehr kann und sollte hierüber eigentlich nicht gesagt werden, weil man sonst mehr Fragen aufwirft als jemand in diesem Moment beantworten kann. Es würde sich aber die Mühe lohnen, in größerem Maße klinische Untersuchungen durchzuführen über die Muster, denen die Syndromverschiebungen folgen. Das könnte möglicherweise eine ganz andere Sicht über die Funktionen des menschlichen Organismus ermöglichen.

Es ist (glücklicherweise) nicht so, daß die Besserung von innen nach außen immer nur Schritt für Schritt vor sich geht. Es ist bemerkenswert, wie direkt diese Syndromverschiebungen bis auf die Haut herauskommen können. Bei Asthma, das in ein Ekzem umschlägt, ist es bemerkenswert, wie schnell der Wechsel von den Atemwegen zur Haut stattfindet: häufig in wenigen Stunden! Psychische Erscheinungen können auch direkt in Richtung Haut gehen. So begab sich ein Mann in meine Behandlung, der unter Furunkeln litt. Er hatte diese bekommen, nachdem er sich mit großem Erfolg einer psychotherapeutischen Behandlung unterzogen hatte, die zur Behandlung seiner Arbeitsstörung notwendig geworden war.

Es schien, als hätten die Furunkeln das psychische Problem übernommen. Ich erinnere mich noch sehr lebendig an die Erzählung einer jungen Frau, die mir berichtete, daß sie „so wahnsinnig nervös" geworden war, nachdem sie gegen Ende ihrer Schwangerschaft von ihrem Partner zu hören bekam, daß er entdeckt habe, daß er doch nichts von ihr hielt. Dieses „wahnsinnig nervös" war etwas schwach ausgedrückt, denn es führte dazu, daß sie kurze Zeit nach diesem Vorfall mit dem Brotmesser in ihrer Küche bereit stand, um sich die Pulsadern durchzuschneiden. In diesem Moment begann ihr Kind zu schreien und sie beschloß, sich nicht umzubringen und für ihr neugeborenes Kind zu sorgen. „Danach wurde ich viel ruhiger", erzählte sie, „aber am folgenden Tag hatte ich plötzlich überall Ausschlag. Es schien als ob alles nach außen herauskam."

Späte, nach außen leitende Schritte in den Serien der Syndromverschiebung sind die Körperausscheidungen. Ausscheidungen im folgenden Sinn: Abhusten von Schleim bei Lungenerkrankungen, Ausscheidungen von eitrigem Material aus den Mandeln oder das Auftreten von Weißfluß bei Beeinträchtigungen der weiblichen Geschlechtsorgane. In der Volksheilkunde heißt es: „Das Übel kommt heraus." Tatsächlich ist es verführerisch, diese Ausscheidung als Schritt in der Syndromverschiebung zu interpretieren und nicht nur als eine physiologische Ausscheidung unter vielen anderen. In dieser Interpretation wäre die Ausscheidung das Resultat der Erkrankung. In der Terminologie der Syndromverschiebung müssen wir sagen, daß es die Krankheit selbst in einer anderen Erscheinungsform ist. In seinem Vorwort zu den chronischen Krankheiten hat Hering die Ausschläge auf der Haut ebenso bewertet.

Vielleicht finden Sie, daß dies alles sehr phantastisch klingt, und das ist auch das beste Wort dafür. Das Entdecken und Formulieren der Gesetze von Hering ist ein phantastischer Schritt in der Geschichte der Heilkunde. Ein Schritt, der noch nicht ganz nachvollzogen ist, aber die Heilkunde ist dabei, ihn zu tun. Constantin Hering verdient in der Geschichte der Heilkunde seinen Platz neben den Allergrößten wie Pasteur und Boerhaave und Hufeland.

Ein kurzer Eindruck von Herings Lebenslauf soll Ihnen nicht vorenthalten werden. Constantin Hering (1800–1880), ebenso wie Hahnemann in Sachsen geboren, begann seine medizinischen Studien im Jahr 1821 an der Universität Leipzig. In seinem letzten Studienjahr bekam er von seinem Mentor, Dr. Robbi, den Auftrag, einen Artikel zu schreiben, in dem die Prinzipien der Homöopathie widerlegt werden sollten. Gleichwohl kam er bei dieser Unternehmung zu dem Schluß, daß es sich um eine wertvolle Methode handelt. Er schrieb einen Brief an Hahnemann, in dem er ihn um nähere Erläuterungen ersuchte und sich für Arzneimittelprüfungen anbot. Hahnemann antwortete ihm am 31. Dezember 1824, daß er seine Einstellung der Homöopathie gegenüber besser nicht ruchbar werden ließe, da er sonst mit Problemen zu rechnen habe: *„Da Sie im kommenden Frühjahr Ihr Doktorexamen ablegen wollen, bitte ich Sie und rate Ihnen, den allopathischen Ärzten in Leipzig nichts von Ihren homöopathischen Einsichten merken zu lassen, jedenfalls sicher nicht dem ärgsten aller Allopathen, Clarus, wenn Sie nicht wollen, daß man Ihnen bei Ihrem Examen entgegenarbeitet oder daß Sie sogar von der Teilnahme am Examen ausgeschlossen werden. Aber wenn Sie Ihren Doktorgrad einmal besitzen und Ihren Platz einge-*

nommen haben, dann brauchen Sie die Hindernisse nicht mehr zu fürchten, die die Clique von Apothekern Ihnen in den Weg legt... Ich vertraue darauf, daß Sie einer der wenigen sind, die im Stande sind, die göttliche Kunst sauber und mit Enthusiasmus auszuüben.“
Hahnemann hat es richtig vorausgesehen, sowohl das Examen betreffend, als auch die Prognose, daß Hering ein großer homöopathischer Arzt werden würde. Hering verschwieg es nicht, daß er zu einer positiven Auffassung über die Homöopathie gekommen war, weigerte sich, den verlangten Artikel zu schreiben und sah sich tatsächlich genötigt, an einer anderen Universität weiter zu studieren. Kurz darauf reiste er mit einer zoologischen Expedition nach Südamerika, wobei man ihn mehr oder weniger ausschloß, da er sich mehr mit homöopathischen Arzneimittelprüfungen beschäftigte, als ihm seine Arbeit eigentlich zuließ. Im Jahr 1833 wanderte er in die Vereinigten Staaten aus, wo er maßgeblich daran beteiligt war, die Homöopathie zur Blüte zu bringen. Er stiftete u. a. das amerikanische Institut für Homöopathie und das Hahnemann Medical College in Philadelphia, wo er bis zu seinem Tode im Jahr 1880 praktizierte und lehrte. Die Initiativen von Hering haben den Nährboden gelegt für eine enorme Blüte, die die Homöopathie am Ende des vorigen Jahrhunderts in den Vereinigten Staaten erleben konnte. Um die Jahrhundertwende praktizierten 20 bis 25 % aller Ärzte in den Vereinigten Staaten die Homöopathie. Es gab 22 homöopathische „Medical Colleges“ und mehr als hundert homöopathische Krankenhäuser.

4.3. Die Haut, mehr als nur eine Hülle.

Wir haben am Beginn dieses Kapitels Hahnemann verlassen, als er die chronischen Krankheiten mit der Syphilis in Verbindung gebracht hatte und die Vermutung äußerte, daß es sich bei den chronischen Krankheiten ebenfalls um eine unbekannte Infektions-Erkrankung handeln könnte. Seine Vermutung war, daß alle chronischen Krankheiten auf einem nach innen gerichteten Angriff beruhen, der seinen Anfang auf der Haut nimmt. Er hat sich intensiv mit dieser Frage auseinandergesetzt und dabei mancherlei Beobachtungen gemacht und Literatur-Studien verrichtet. Am Ende kam er zu der Schlußfolgerung, daß seine Hypothese richtig war und daß es hier einen Übeltäter aus einer unerwarteten Richtung gab, nämlich: die Ansteckung an der Krätze sollte immer der Beginn allen chronischen Elends sein. Die Unterdrückung von Krätzeausschlag solle innerliche Erkrankungen hervorrufen.
Nun wissen wir heute, daß Krätze durch die Krätzmilbe verursacht wird und für uns klingt es doch sehr unwahrscheinlich, daß diese Milben alle chronischen Krankheiten auf ihrem Gewissen haben sollen. Hahnemann gibt in seinem Buch „Die chronischen Krankheiten“ zahllose Literatur-Hinweise

über innere Erkrankungen, die nach der Unterdrückung von Krätzeausschlag entstanden sind. Bevor nun einige dieser Fälle aus diesem Buch zitiert werden, hier noch einige Anmerkungen. Hahnemann wußte von der Existenz der Krätzmilbe, aber er erwähnt dies nicht in seinen Texten über die Erkrankungen, die durch Unterdrückung des Krätzeausschlags entstehen. Der Begriff „Krätze“ wurde in jener Zeit – und das wird auch aus den von Hahnemann zitierten Fällen deutlich – nicht nur für die Erkrankung durch die Krätzmilbe gebraucht, sondern auch für andere Formen von Hautausschlag. Hahnemann gibt nicht nur Beispiele innerer Erkrankungen durch unterdrückte Krätze, sondern auch von anderen Hauterkrankungen wie Tinea capitis (Kopfgrind). Beim Lesen der beschriebenen Fälle dürfen wir uns dann auch nicht daran stören, daß hier mit der Benennung „Krätze“ geschummelt wurde, sondern müssen uns an der Tatsache orientieren, daß in zeitlicher Folge nach dem Verschwinden eines Hautausschlags innere Krankheiten entstehen. Besondere Beachtung verdient die Tatsache, daß alle möglichen verschiedenen Erkrankungen nach der Unterdrückung von ziemlich gleichartigen Hautstörungen entstehen. Lassen wir jetzt Hahnemann zu Wort kommen mit einem Zitat, worin es um die Unterdrückung der Krätze geht:

„Eine kurze Übersicht des davon erfolgenden vielfachen Unglücks trägt der erfahrungsreiche, redliche Ludwig Christian Juncker in Diss. de damno ex scabie repulsa, Hal. 1750. S. 15–18. vor. Er beobachtete, daß bei sanguinischen jungen Personen, Lungensucht, bei Sanguinischen überhaupt, Hämorrhoiden, Hämorrhoidal-Koliken und Nierenstein, bei Sanguinisch-cholerischen, Schooßdrüsen-Geschwülste, Gelenksteifigkeit und bösartige Geschwüre (Todtenbrüche genannt), bei fetten Personen, Stick-Katarrh und Schleim-Schwindsucht, auch Entzündungsfieber, hitziger Seitenstich und Lungenentzündung davon entstanden. In Leichenöffnungen habe man die Lungen verhärtet und voll Eitersäcke angetroffen; auch andre Verhärtungen, Knochen-Geschwülste und Geschwüre sah er von dieser Ausschlags-Unterdrückung entstehen; Phlegmatische litten davon vorzüglich an Wassersuchten; der Monatfluß werde verzögert, und wenn während des monatlichen Blutflusses die Krätze vertrieben werde, so trete an seine Stelle monatlicher Bluthusten, zur Melancholie geneigte Personen würden zuweilen wahnsinnig, und wären sie schwanger, so sterbe die Frucht gemeiniglich; zuweilen verursache die Unterdrückung der Krätze Unfruchtbarkeit; bei Säugenden fehle gewöhnlich die Milch; es entstehe davon vorzeitiges Verschwinden der Regeln; bei ältern Frauen gehe die Bährmutter in Verschwärung über, unter tiefen, brennenden Schmerzen und Abzehrung (Mutterkrebs).“

Diesen Ausschnitt beschließt Hahnemann mit der Anmerkung: „Seine Erfahrungen sind häufig durch andere bestätigt worden.“ Und dann folgen 97 Zitate von Publikationen über dieses Unterdrückungs-Phänomen, wovon hier einige als Text-Illustrationen aufgenommen wurden. Die Quellenangabe wurde hier weggelassen, man kann die Zitate in „Die chronischen Krankheiten“ wiederfinden.

1. *Ein 13jähriger Knabe, von Kindheit an mit Kopfgrinde beladen, ließ sich ihn von seiner Mutter vertreiben, worauf er binnen 8, 10 Tagen an Engbrüstigkeit, heftigen Glieder-, Rücken- und Knieschmerzen sehr krank ward und nicht eher genas, als bis nach einem Monate der Krätz-Ausschlag über den ganzen Körper ausbrach.*
2. *Ein Mädchen hatte einen starken Krätz-Ausschlag an den Beinen mit großen Geschwüren in der Kniekehle. Die hinzugekommenen Menschenpocken unterdrückten ihn. Darauf entstand eine zweijährige, feuchte Entzündung des Augenweißes und der Augenlider mit Jücken und Verschwärung derselben und der Empfindung dunkler, vor den Augen schwebender Körper. Sie zog darauf drei Tage lang wollene Strümpfe von einem krätzigen Kinde an. Am letzten Tage brach ein Fieber aus, mit trocknem Husten und Spannung in der Brust mit Brecherlichkeit. Tags darauf nahm das Fieber und die Brustbeschwerde ab unter Entstehung von Schweiß, bei dessen Zunahme ein Rothlauf an beiden Unterschenkeln entstand, der den Tag darauf in wirkliche Krätze überging. Die Augen wurden besser.*
3. *Ein Student, lange Zeit mit der Krätze geplagt, vertrieb sie durch eine Salbe und bekam dafür Geschwüre an den Armen und Beinen mit Drüsengeschwülsten in den Achselgruben. Die Geschwüre wurden endlich durch äußere Mittel geheilt, worauf er erst in Engbrüstigkeit, dann in Wassersucht verfiel, woran er starb.*
4. *Ein 18jähriger Jüngling vertrieb sich die Krätze mit einer Quecksilbersalbe, und zwei Monate darauf ward er unvermuthet von Krämpfen überfallen, die alle Glieder des Körpers, bald dieses, bald jenes, befielen mit schmerzhafter Zuschnürung der Brust und des Halses, Kälte der Gliedmaßen und großer Schwäche. Den vierten Tag darauf entstand Fallsucht mit Schaum vor dem Munde, wobei die Glieder wunderbar verdrehet wurden. Die Fallsucht wich erst dann, als die Krätze wieder erschien.*
5. *Ein fünfzigjähriger Mann, bei welchem nach Vertreibung der Krätze durch Salben, allgemeine Wassersucht entstand, verfiel, als die Krätze wieder erschienen und so die Geschwulst verschwunden war, auf nochmaliges Krätze-Vertreiben durch Einschmieren plötzlich in eine völlig tobende Raserei, wobei Kopf und Hals bis zum Ersticken aufgetrieben ward; zuletzt kam noch Blindheit und gänzliche Harnverhaltung hinzu. Auf künstliche Hautreize und ein starkes Brechmittel erschien der Krätz-Ausschlag wieder und die Zufälle verschwanden alle, nachdem sich der Ausschlag über den ganzen Körper verbreitet hatte.*

Wir sehen in diesen Beschreibungen eine deutliche Illustration des Gesetzes von Hering. Das Unterdrücken äußerer Symptome führt immer zu einem Schaden für den Organismus als Ganzes, wohingegen eine Entwicklung nach außen hin für den gesamten Organismus günstig ist. In der Tat ist Hahnemanns Buch „Die chronischen Krankheiten" ein großes Plädoyer gegen eine Behandlung, die keinen Effekt in die günstige Richtung nach dem Gesetz von Hering hat. Hahnemann kannte nicht allein die Erscheinungen der Syndromverschiebung, er durchschaute sie auch. Die Tatsache, daß seine Ideen nach seiner Auffassung nicht genug Aufmerksamkeit fanden, machte Hahnemann zornig und fanatisch. Die Art und Weise, wie er in seinen Texten die Anhänger der „alten Schule" angreift, zeigt dies. Wenn Sie nachstehendes Zitat aus dem Vorwort der 6. Auflage des „Organon der Heilkunst" lesen, werden Sie verstehen, daß dies von seinen Zeitgenossen nicht in Dankbarkeit aufgenommen wurde.

„Sie verfährt auch, wo sie nur kann, um sich bei dem Kranken beliebt zu erhalten, mit Mitteln, welche die Krankheits-Beschwerden durch Gegensatz (contraria contrariis) zwar sogleich auf kurze Zeit unterdrücken und bemänteln (Palliative), aber den Grund zu diesen Beschwerden (die Krankheit selbst) verstärkt und verschlimmert hinterlassen. Sie hält die, an den Außentheilen des Körpers befindlichen Übel, fälschlich für bloß örtlich, und da allein für sich bestehend, und wähnt sie geheilt zu haben, wenn sie dieselben durch äußere Mittel weggetrieben, so daß das innere Übel nun schlimmer an einer edlern und bedenklichern Stelle auszubrechen genöthigt wird. Wenn sie weiter nicht weiß, was sie mit der nicht weichenden oder sich verschlimmernden Krankheit anfangen soll, unternimmt die alte Arzneischule wenigstens, dieselbe blindhin durch ein von ihr so genanntes alterans zu verändern, z. B. mit dem das Leben unterminirenden Calomel, Aetzsublimat, und mit andern heftigen Mitteln in großen Gaben. Es scheint das unselige Hauptgeschäft der alten Medicin zu sein, die Mehrzahl der Krankheiten, die langwierigen, durch fortwährendes Schwächen und Quälen des ohnehin schon an seiner Krankheitsplage leidenden, schwachen Kranken und durch Hinzufügung neuer, zerstörender Arzneikrankheiten, wo nicht tödtlich, doch wenigstens unheilbar zu machen, – und, wenn man dieß verderbliche Verfahren einmal am Griffe hat, und gegen die Mahnungen des Gewissens gehörig unempfindlich geworden, ist dieß ein sehr leichtes Geschäft! Und doch hat für alle diese schädlichen Operationen, der gewöhnliche Arzt alter Schule seine Gründe vorzubringen, die aber nur auf Vorurtheilen seiner Bücher und Lehrer beruhen, und auf Autorität dieses oder jenes gepriesenen Arztes alter Schule. Auch die entgegengesetztesten und widersinnigsten Verfahrungs-Arten, finden da ihre Vertheidigung, ihre Autorität – der verderbliche Erfolg mag auch noch so sehr dagegen sprechen. Nur dem, von der Verderblichkeit seiner soge-

nannten Kunst, nach vieljährigen Übelthaten, im Stillen endlich überzeugten, alten Arzte, der nur noch mit, zu Wegbreit-Wasser gemischten Erdbeer-Sirup (d. i. mit Nichts) selbst die schwersten Krankheiten behandelt, verderben und sterben noch die Wenigsten.
Diese Unheilkunst, welche seit einer langen Reihe von Jahrhunderten in dem Vorrechte und der Macht, über Leben und Tod der Kranken nach Willkür und Gutdünken zu verfügen, wie eingemauert festsitzt und seitdem einer, wohl zehnmal größeren Anzahl von Menschen das Lebensziel verkürzte, als es je die verderblichsten Kriege gethan, und viele Millionen Kranke kränker und elender machte, als sie ursprünglich waren."
Wir sehen, daß Hahnemanns Denken sich völlig auf die Erscheinung der Syndromverschiebung konzentrierte. Aber wie hat er nun das Problem der Behandlung chronischer Krankheiten gelöst? Nach allem, was wir in diesem Kapitel besprochen haben, scheint dies nicht möglich zu sein. Kehren wir noch einmal zurück zu unserem Schema. Wir sagten, daß der Störimpuls nachfolgend verschiedene Symptome erzeugen kann, wenn dieser weiter in verschiedene Schichten des Organismus vordringt. Der letzte Schritt in Hahnemanns Denken ist nun, daß er einsah, daß diese aufeinanderfolgenden Stadien zusammen ein und dieselbe Krankheit formen können, in verschiedenen Gestalten. Nachdem er dies einmal eingesehen hatte, wurde ihm auch klar, warum das Ähnlichkeitsgesetz nicht erfolgreich wirkte bei der Behandlung von merkwürdigen aufeinanderfolgenden Krankheitsbildern: Weil das Arzneimittel (Bild) jedesmal ausgewählt wurde für nur einen Teil der Erscheinungsformen der Störung, nämlich das aktuelle Krankheitsbild, lag die Lösung nun auf der Hand: Suche Arzneimittelbilder, die zu dem Gesamtbild passen, d. h. die Gesamtheit der aufeinanderfolgenden Erscheinungsformen.

4.4. Ein neues Verständnis von Krankheit, Gesundheit und Heilung.

Die Erkenntnis, die sich uns bislang eröffnet hat, können wir folgendermaßen zusammenfassen:

- Es existiert eine Syndromverschiebung.
- Syndromverschiebungen erfolgen in einer Reihenfolge.
- Diese Reihenfolge ist noch nicht völlig von der medizinischen Wissenschaft erklärbar, aber es ist deutlich, daß sie einen günstigen und einen ungünstigen Verlauf haben kann.
- Wir unterscheiden eine günstige Richtung „von innen nach außen" und eine ungünstige Richtung „von außen nach innen".

- Der Beginn der Reihenfolge ist eine existentielle Verbesserung des allgemeinen Wohlbefindens und das Ende ist das Auftreten von Hauterscheinungen oder Ausscheidungen über die Schleimhäute.
- Wenn nach dem Ähnlichkeitsgesetz ein Mittel gewählt wird für nur ein Stadium aus einer derartigen Reihenfolge, dann bleibt der Effekt zeitlich begrenzt oder unvollständig.
- Um ein passendes Mittel zu finden, müssen wir alle Symptome einer solchen Reihenfolge heranziehen und dabei nach der Ähnlichkeitsregel ein Mittel wählen.
- Eine gutgewählte Therapie ergibt Syndromverschiebungen in die günstige Richtung, das bedeutet: von innen nach außen, dem Gesetz von Hering folgend.

Behandlungsmethoden, die Symptomverschiebungen in die ungünstige Richtung ergeben, sind aus der Sicht der Heringschen Regel gesehen unrichtig. Der Unterschied zwischen diesen „richtigen“ und „unrichtigen“ Therapien wird durch die Worte „supressiv“ (unterdrückend) und „regulierend“ (entwickelnd) ausgedrückt. Wir nennen eine Therapie supressiv, wenn sie einen Effekt liefert, der im Sinne der Heringschen Regel in die ungünstige Richtung führt. Therapien, die von innen nach außen wirken, nennen wir regulierend (ein guter Ausdruck hierfür könnte sein: befreiend). Am Ende von Kapitel 1 kamen wir zu dem Schluß, daß wir das wahre Wesen von Krankheit nicht kennen, weil wir hierfür die Essenz des Lebendigen erkennen müssen. In Kapitel 2 sahen wir, wie Hahnemann für dieses Problem eine pragmatische Lösung gefunden hat, in dem er sich mit den Krankheitsäußerungen als Studienobjekt begnügte. Wir sehen nun, daß diese Krankheitsäußerungen sich nach bestimmten erkennbaren (aber noch lange nicht in bekannten) Mustern in der zeitlichen Dimension abspielen. Mit anderen Worten: daß diese Muster eine Entwicklung zeigen. Dies bietet uns die Möglichkeit, einen weiteren Schritt auf dem Weg in Richtung des wirklichen Verstehens von Krankheit. Der entscheidende Schritt hierbei ist, daß Krankheit als Entwicklung, als dynamischer Prozeß, definiert werden muß. Das bedeutet, daß jede Definition von Krankheit, die versucht, Erkrankung als einen Zustand zu beschreiben, nicht richtig sein kann. Dies gilt auch für die offizielle WHO-Definition, die folgendermaßen beginnt: „Krankheit ist ein Zustand von...!“ Unter Berücksichtigung des Gesetzes von Hering muß Krankheit definiert werden als ein dynamischer Prozeß in den Termini der Syndromverschiebung. Das beinhaltet, daß in der Beschreibung, was Krankheit ist, die Richtung von jemandes Syndromverschiebung mit aufgenommen sein muß, aber auch der Ausgangspunkt, von dem aus die Syndromverschiebung beginnt. Wenn wir auch noch die Stärke der Verschiebung angeben können, ist dadurch der Gesundheitszustand eines Menschen beschrieben. Diese Kraft äußert sich in dem Abstand, den eine

Syndromverschiebung überbrücken kann. Ein Schema möge dies verdeutlichen. Wir geben die Möglichkeiten von Syndromverschiebungen wieder, als Sequenz von aufeinanderfolgenden Syndromen, ausgehend von einem denkbaren Zustand absoluter Gesundheit bis zu einem denkbaren Zustand von absoluter Krankheit (bezieht sich auf Abb. 8).

Abbildung 8

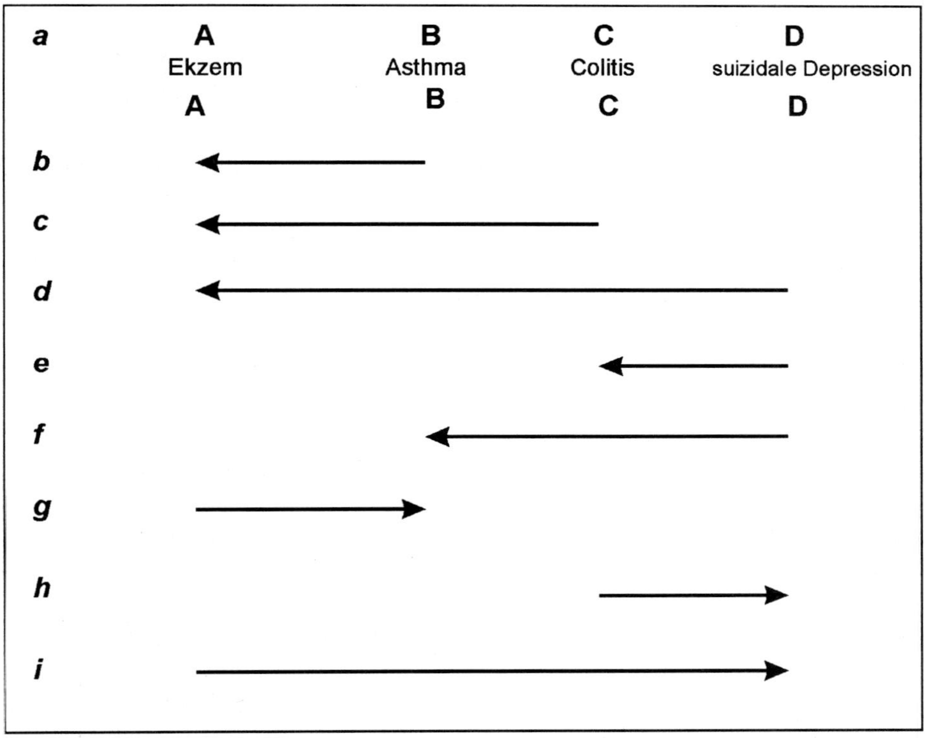

Die verschiedenen Segmente stellen die Syndromreihen dar. Als Beispiel wählen wir folgende Syndrome: Ekzem (A), Asthma (B), Colitis (C) und suizidale Depression (D).

Der Krankheits-Verlauf bei einem Asthma-Patienten, der auf eine Behandlung mit der Ausbildung eines Ekzems reagiert, wird mit Pfeil b beschrieben, um seine Entwicklung zu beschreiben. Wenn eine Colitis ohne Zwischenschaltung von Asthma in ein Ekzem übergeht, wird dies durch Pfeil c dargestellt. Andere Möglichkeiten sind der Übergang von Depression zum Ekzem (d), von Depression zur Colitis (e), von Depression zum Asthma (f) und umgekehrt, z.B. vom Ekzem zum Asthma (g), von Colitis zur Depression (h) oder vom Ekzem zur Depression (i).

In diesem Schema ist die Krankheit durch einen Vektor (Pfeil) wiedergegeben. Um diesen Krankheits-Vektor zeichnen zu können, müssen wir den Ort, die Größe und die Richtung kennen. Es ist nicht beabsichtigt, hierdurch eine Art wissenschaftlicher Beschreibung von Krankheiten zu geben. Durch dieses Modell wird aber nachdrücklich darauf hingewiesen, daß Krankheit nicht nur als ein starrer Zustand beschrieben werden kann. Vergleichen wir Verlauf f mit Verlauf g, dann betrifft es hier in beiden Fällen jemand mit Asthma. Um aber die Bedeutung der Diagnose „Asthma" in diesen Fällen zu durchschauen, müssen wir wissen, was vorangegangen ist. Dem Patienten g geht es schlechter und Patient f ist ein Stück besser geworden. Patient e verglichen mit Patient f zeigt, daß letzterer offensichtlich über mehr Heilkraft verfügt, weil die Verschiebung eine längere Strecke überbrücken kann. Es ist deutlich, daß dies nichts über den weiteren Verlauf aussagt. Patient i ist am Ende; sein Organismus sieht keine Möglichkeit, nach dem Verschwinden des Ekzems den Krankheitsprozeß eher zum Halten zu bringen als bis ein ernster depressiver Zustand entsteht. Dieser Patient ist sicher schlimmer krank als Patient h. Wenn wir einen Patienten wegen seiner Colitis behandeln, haben wir die Pflicht, zu beobachten, welchen Effekt die Behandlung hat. Entwickelt der Patient eine Depression (wie in h) dann ist die Behandlung falsch. Bekommt er Hauterscheinungen (c), dann sind wir auf dem richtigen Weg. Es ist nicht immer so, daß eine Syndromverschiebung direkt auftritt. Es kann eine symptomfreie Periode zwischengeschaltet sein. Dann ist der Wiederherstellungsprozeß „in Arbeit", ohne daß das Resultat bereits sichtbar ist. Übrigens treten nicht immer Hauterscheinungen auf, die Genesung kann auch „auf einen Schlag" auftreten.

4.5. Das Pferd vor oder hinter dem Wagen?

Wir sahen im Kapitel 2, daß nicht jede Störung in unserem Wohlbefinden eine Krankheit im energetischen Sinne ist. Beschwerden können auch als Folge einer Mangelernährung, falscher Lebensgewohnheiten (sitzende Lebensweise, Streß), ungünstiger Lebensumstände (feuchtes Haus), von Umweltvergiftungen oder mechanischer Probleme, wie Knochenbrüche oder dergleichen auftreten. Wenn ein Krankheitsprozeß länger dauert, können in unserem Organismus Strukturveränderungen stattfinden, die dann ihrerseits wieder Beschwerden machen. Wenn jemand z.B. eine gestörte Nierenfunktion hat oder wenn die Nieren abnorme Stoffwechselprodukte ausscheiden müssen, dann können Nierensteine entstehen. Ein solcher Nierenstein kann mechanische Beschwerden verursachen durch Reizung oder Blockierung des Harnleiters, wodurch dann eine Nierenkolik auftritt. Eine derartige Nierenkolik ist die direkte Folge des Zustandes in den Harnwegen, nämlich des Harnleiterverschlusses. Aber dieser Zustand ist wiederum die Folge eines Prozesses, nämlich des Entstehens von Nierensteinen. Anders gesagt: das Problem der Nierensteine ist nicht, daß man sie *hat,* sondern daß man sie überhaupt *bekommt.*

Die Behandlung sollte dann auch nicht nur darin bestehen, dem momentanen Zustand abzuhelfen, nämlich den Harnleiterverschluß zu beseitigen, sondern muß ebenfalls eine Verbesserung der Nierenfunktion beinhalten, und/oder es sollte dafür gesorgt werden, daß keine abnormen Stoffwechselprodukte mehr zirkulieren. Ähnlich wie bei den Nierensteinen kann man von vielen Abweichungen in der Körperfunktion sagen, daß es nicht das größte Problem ist, daß man sie hat, sondern daß man sie bekommt. Man denke an schlechte Durchblutung, Krampfadern, vergrößerte Mandeln, Fisteln, rheumatische Gelenkveränderungen usw. Wir sagen, daß in all diesen Fällen die Krankheit (als Prozeß) zu Veränderungen im materiellen Bereich geführt hat. Das bedeutet, diese Zustände bilden den Niederschlag (wörtlich) gestörter Lebensprozesse in den Strukturen unseres Organismus. Wir nennen diese Formveränderungen Läsionen (Organzerstörung). Läsionen müssen wir betrachten als Folge der Erkrankung und nicht als die Krankheit selbst. Sie sind bereits ein fortgeschrittenes Stadium der Beeinträchtigung unseres Organismus. Streng genommen müssen wir sagen, daß es ein weit fortgeschrittener Anpassungszustand an störende Einflüsse unseres Organismus ist. Man kann sagen, daß Symptome die Antwort unserer Abwehr auf störende Einflüsse sind. Bleibende oder intensiv störende Einflüsse lassen unserem Körper keine andere Wahl, als die Integrität der körperlichen Struktur preiszugeben.

Einige Krankheiten verursachen schnell Läsionen, andere Krankheiten bleiben lange im Stadium dessen, was wir funktionell nennen (gestörte Funktion, ohne daß bereits eine Läsion entsteht). Andererseits haben einige eine Konstitution, die schnell zu Läsionen neigt, während andere eine Konstitution haben, die die Störung länger in einem funktionellen Stadium halten kann. Die moderne Heilkunde ist vornehmlich auf der pathologischen Anatomie gegründet: eine Wissenschaft, die sich beschäftigt mit den Formveränderungen, die im körperlichen Bereich durch eine Krankheit entstehen. Die pathologische Anatomie ist somit die Wissenschaft von Läsionen. Die Störungen in den chemischen oder physikalischen Prozessen, die diesen Läsionen vorausgehen, werden durch die sogenannte Pathophysiologie erforscht. Die pathologische Anatomie und die Pathophysiologie bilden zusammen die Basis für die Erforschung und Einteilung von Krankheiten. Solange nichts über die Struktur unseres Körpers und die physikalischen und chemischen Reaktionen darin bekannt ist, kann aus diesen Wissenschaften keine Behandlungsmöglichkeit abgeleitet werden. Anders gesagt: Nur der materielle Anteil unseres Organismus kann in dieser modernen Heilkunde für einen Behandlungsplan herangezogen werden. Äußerungen

einer gestörten Lebensfunktion, die nicht zu messen sind in den Termini von Läsionen und physikalisch-chemischen Veränderungen unseres Körpers, können durch die technologische Heilkunde nicht gut interpretiert und behandelt werden. In der Homöopathie ist dies (beinahe) genau entgegengesetzt. Beinahe wurde deshalb in Klammern gesetzt, weil viele Läsionen und physikalisch-chemische Veränderungen in der Homöopathie wohl zu interpretieren sind. Obendrein scheint die Homöopathie auch dann noch zu helfen, wenn bereits Läsionen und physikalisch-chemische Veränderungen vorhanden sind. An dieser Stelle ist es wichtig, näher auf die Interpretation von Läsionen und physikalisch-chemischen Veränderungen einzugehen. Für die Anwendung des Ähnlichkeitsgesetzes ist die Homöopathie auf Arzneimittelprüfungen angewiesen. Bei diesen Arzneimittelprüfungen lag der Nachdruck auf dem Registrieren von funktionellen Beschwerden. Man hat Arzneimittelprüfungen natürlich nicht so lange fortgesetzt, bis wirkliche schwere Läsionen entstanden. Dies ist allenfalls durch unglückliche Zufälle geschehen, wie beispielsweise bei der Arzneimittelprüfung von Lapis albus. Dabei entstanden Lymphknotenveränderungen, an denen die Prüfpersonen ihr ganzes Leben lang zu leiden hatten. In unserer naturwissenschaftlichen Heilkunde stehen allerlei Laboratoriumsuntersuchungen und Messungen unserer Körperfunktionen durch Apparaturen wie Röntgengeräte und Scanner im Vordergrund. Diese Art von Untersuchungsmethoden stehen in einer speziellen Relation zur Homöopathie:
a) in den Arzneimittelprüfungen kommt diese Art von Messungen nicht vor und deshalb sind deren Resultate nicht in den Termini des Ähnlichkeitsgesetzes zu interpretieren. Dieses Problem wird dadurch ausgeglichen, daß die Materia medica von Beginn an durch Ergebnisse der klinischen Praxis angefüllt ist. Ein Beispiel ist die Blutarmut. Man kann diese klinisch gut feststellen durch Krankheitserscheinungen wie Blässe, Benommenheit und dergleichen. Darüber hinaus liegt eine vollständige Laboruntersuchung hierfür vor. Diejenigen Heilmittel, die in der Homöopathie für die Heilung der Blutarmut in Betracht kommen, haben jedoch längst nicht bei allen Arzneiprüflingen eine Blutarmut verursacht. Wenn aber in der Praxis eine Blutarmut gut auf ein homöopathisches Mittel reagierte, wurde die Diagnose Blutarmut („Anämie“) in das Arzneimittelbild aufgenommen. Von einigen klinischen Diagnosen, wie beispielsweise Bronchitis oder Harnblasenentzündung sind die Ergebnisse in der Materia medica sehr gut ausgearbeitet und als relativ vollständig zu betrachten. „Moderne“ Diagnosen, die ausschließlich durch Apparaturen zu stellen sind, wie hoher Blutdruck, finden wir in der homöopathischen Materia medica nirgends wieder. Deshalb sind sie in der Materia medica sehr unvollständig vertreten. Sehr moderne Meßergebnisse, wie diejenigen über Cholesterin und Blutfetterhöhung kommen hier überhaupt

nicht vor. Eine der Aufgaben, die die moderne Wissenschaft noch zu erfüllen hat, ist die Eingliederung dieser Ergebnisse in die Materia medica.
b) Weiterhin ist zu berücksichtigen, daß die Ergebnisse, die in den Arzneimittelprüfungen zutage traten, von einer ganz anderen Ordnung sind als die Ergebnisse, die mit einer Meßapparatur gesammelt worden sind. Auch die Diagnostik, die anhand dieser Meßdaten stattfindet, ist von einer ganz anderen Ordnung. Wenn wir im Kapitel 5 das konstitutionelle Denken und im Kapitel 6 das Systemdenken besprechen, wird dies alles deutlich werden.
c) Die Schlußfolgerung ist, daß für die homöopathische Diagnose alle möglichen Apparatur-Diagnostiken nicht brauchbar sind. Der Homöotherapeut sammelt seine Informationen vornehmlich auf andere Weise. Er wird mit den Patienten sprechen und sie eventuell untersuchen, er wird sich ihre Gestalt ansehen und ihre Zunge inspizieren. Für die Auswahl des Mittels könnte es hierbei bleiben, aber ein gewissenhafter homöopathischer Arzt wird selbstverständlich Untersuchungen veranlassen, wenn er vermutet, daß es sich um Organveränderungen handeln könnte, die er auf keine andere Weise feststellen kann. Dafür gibt es mehrere Gründe: Zunächst kann aus den Ergebnissen hervorgehen, daß eine andere Therapie als die homöopathische Methode angezeigt ist. Die Indikation für das therapeutische Vorgehen muß feststehen, bevor man weitere Schritte unternimmt. Ferner kann aus den Resultaten eine Prognose gestellt werden. Wenn beispielsweise jemand mit Magenbeschwerden ein Magengeschwür hat, wird ein anderer Verlauf zu erwarten sein, als wenn jemand nur eine Magenschleimhautreizung hat. Weiterhin sind Untersuchungsergebnisse für eine Verlaufskontrolle von Interesse (Kontrollaufnahmen, um zu sehen, ob ein Magengeschwür abgeheilt ist und ob noch Narbengewebe zurückgeblieben ist). Letztendlich ist jeder Homöotherapeut darauf aus, die Materia medica mit modernen Daten zu ergänzen, damit hieraus nützliche Ratschläge für spätere Patienten gegeben werden können.
Aus dem hier Besprochenen können wir schlußfolgern, daß es nicht die Aufgabe der Heilkunde ist, einen Zustand zu etablieren, in dem der Mensch seine Symptome nicht bemerkt. Es ist vielmehr die Aufgabe der Heilkunde, eine Entwicklung in Gang zu setzen, wobei solange eine Syndromverschiebung im Organismus stattfindet, bis das optimale Gleichgewicht hergestellt wird.

Kapitel 5

Die Praxis und der konstitutionelle Ansatz

„Die Homöopathie ist nicht nur eine nette Alternative; sie zeigt die Fehler der regulären Diagnostik." A. van `t Riet

5.1. Die Grenze zwischen krank und nicht krank.

In diesem Kapitel kehren wir zur Praxis zurück. Zuerst möchte ich, daß Sie, liebe Leser, eine kleine Aufgabe ausführen. Sie finden im Anschluß einen kurzen Fragebogen, der sich auf verschiedene Erscheinungen bezieht, die sich bei jedem Menschen zeigen können. Geben Sie in der rechten Spalte an, ob Sie eine Erscheinung normal (n) oder krankhaft (k) finden. Wenn Sie Zweifel haben, dann wählen Sie die mittlere Möglichkeit (z). Sie können diesen Test noch interessanter machen, wenn Sie jemanden aus Ihrer Umgebung bitten, auch diese Fragen zu beantworten und danach die Resultate vergleichen.

		N	Z	K
1.	Kopfschmerz, einseitig, periodisch auftretend (alle 28, 14 oder weniger Tage)	❒	❒	❒
2.	Benommenheit, übergehend in Bewußtlosigkeit	❒	❒	❒
3.	Den behaarten Kopf voller Schorf mit oder ohne Juckreiz	❒	❒	❒
4.	Ständiges Frieren	❒	❒	❒
5.	Grauer Star	❒	❒	❒
6.	Schielen	❒	❒	❒
7.	Absonderung aus dem Ohr, dünner übelriechender Eiter	❒	❒	❒
8.	Nasenpolypen	❒	❒	❒
9.	Zurückweichendes Zahnfleisch	❒	❒	❒
10.	Zähneknirschen im Schlaf	❒	❒	❒
11.	Stottern	❒	❒	❒
12.	Häufige Halsentzündung	❒	❒	❒
13.	Bitterer Geschmack im Mund, morgens	❒	❒	❒
14.	Zungenbrennen	❒	❒	❒
15.	Abneigung gegen Milch	❒	❒	❒
16.	Heißhunger mit Magenknurren	❒	❒	❒
17.	Rissige Hände im Winter	❒	❒	❒
18.	Schwitzen während des Essens	❒	❒	❒

		N	Z	K
19.	Erbrechen, sofort nach dem Essen	❒	❒	❒
20.	Hämorrhoiden	❒	❒	❒
21.	Leistenbruch	❒	❒	❒
22.	Verhärtung oder Vergrößerung der Prostata	❒	❒	❒
23.	Unregelmäßige Regel	❒	❒	❒
24.	Alpträume	❒	❒	❒
25.	Herzklopfen, mit Angst, besonders nachts	❒	❒	❒
26.	Eiskalte Finger	❒	❒	❒
27.	Hühneraugen	❒	❒	❒
28.	Furunkel	❒	❒	❒
29.	Sommersprossen	❒	❒	❒
30.	Warzen	❒	❒	❒
31.	Erkältungsanfälligkeit	❒	❒	❒
32.	Schmerz in den Narben bei Wetterwechsel	❒	❒	❒
33.	Gelenkknacken beim Bewegen	❒	❒	❒
34.	Schnelles Einschlafen der Gliedmaßen,	❒	❒	❒
	z.B. beim Sitzen mit verschränkten Beinen oder beim Kopfaufstützen auf die Hände	❒	❒	❒
35.	Schlafwandeln	❒	❒	❒
36.	Zuckungen in den Gliedmaßen beim Einschlafen	❒	❒	❒
37.	Wahnvorstellungen verschiedener Art	❒	❒	❒
38.	Nach einer unruhigen Nacht morgens mehr Energie als nach einer guten ruhigen Nacht	❒	❒	❒
39.	Schreckhaftigkeit bei jedem geringsten Geräusch	❒	❒	❒
40.	Schneller Übergang von fröhlicher zu trauriger Stimmung oder Mißstimmung ohne Ursache	❒	❒	❒

Beim Ausfüllen dieses Fragebogens mußte man sich fragen, wo die Grenze zwischen krankhaften und nicht krankhaften Erscheinungen liegt. Versuchen Sie sich klarzumachen, was Sie als Maßstab genommen haben. Hier gibt es viele Möglichkeiten. Krankhaft ist das, wofür ich zum Doktor gehen sollte; wofür ich etwas tun sollte; alles was mich stört; was mich bei meiner Arbeit hindert usw.

Das Überraschende ist, daß die Grenze zwischen krank und gesund nicht für jeden dieselbe ist. Wenn diese Fragen von einer Anzahl Personen beantwortet werden, ergibt es sich, daß nicht jeder die gleiche Ansicht darüber hat, was krankhafte Erscheinungen sind. Man kommt wohl überein,

daß Sommersprossen normal sind und daß Wahnideen wirklich krankhaft sind, darüber besteht auch keine unterschiedliche Meinung. Aber die Meinung ist geteilt bei folgenden Erscheinungen: schläfrig nach dem Essen, Zähneknirschen während des Schlafs, Milchschorf, Gelenkkrachen beim Bewegen, rissige Hände im Winter und Frostigkeit. Fast niemand betrachtet folgende Erscheinungen als krankhaft: Schmerzen im Narbengewebe, wenn sich schlechtes Wetter ankündigt, Abneigung gegen Milch, Zuckungen in den Gliedern beim Einschlafen. Verwirrung (hierbei machen einige ein Fragezeichen) besteht beispielsweise darüber: Nach einer sehr unruhigen Nacht hat man morgens mehr Energie, als nach einem ruhigen Schlaf, Schreckhaftigkeit, schneller Übergang von fröhlicher in traurige Gemütsstimmung oder mißmutige Stimmung ohne Ursache. Einige Ärzte, die diesen Fragebogen vorgelegt bekamen, reagierten mit Anmerkungen wie: „Eine Anzahl dieser Erscheinungen sind natürlich nicht normal, aber soviel ich weiß , muß man nichts daran tun, weil es nicht auf ein anderes bekanntes Krankheitsbild hinweist" und „vielleicht sollte man noch eine Anzahl Laboruntersuchungen vornehmen lassen, aber wenn dabei nichts herauskommt..."
Wenn wir der Frage nachgehen, welche Kriterien von Bedeutung sind, um die Grenze zwischen krank und gesund zu finden, stellen wir fest: Statistische Kriterien:

- Es gibt viele Leute, die es haben (z.B.: „Frostigkeit ist eine Frauenkrankheit").
- Gesellschaftliche Normen: Man kann nicht wegen jeder Kleinigkeit zum Doktor laufen, man kann nicht wegen jeder winzigen Beschwerde zu Hause bleiben (z.B. Frostbeulen).
- Die Interpretierbarkeit: Es gehört nicht zu einem bekannten Krankheitsbild (z.B. Zuckungen beim Einschlafen, Frostigkeit).
- Die Ungefährlichkeit in medizinischer Hinsicht (z.B. Sommersprossen, Abneigung gegen bestimmte Nahrungsmittel).

Wenn wir die ganze Symptomenliste durchsehen, finden wir einen allmählichen Übergang von geringgradigen zu ernsthaften Beschwerden:

- Unschädliche Symptome (Sommersprossen)
- Unverdächtig (Schweißfüße, Schlafwandeln)
- Gestört (Erkältungsneigung, Hämorrhoiden)
- Bedenklich (Ekzem, Husten nachts)
- Schlimm (Abszeß, Angstanfälle)
- Ernst (Knoten in der Brust, Phobien)
- Sehr ernst (affektive und Wahnpsychosen unterschiedlicher Art).

Krankheit und Kranksein scheinen somit nicht für jeden dieselbe Bedeutung zu haben. Die Symptome aus der vorstehenden Sammlung stammen alle aus Hahnemanns Buch „Die chronischen Krankheiten“. In diesem Werk gibt er eine Sammlung einer Vielzahl von Erscheinungen, die nach seiner Ansicht kennzeichnend für die chronischen Krankheiten sind. Diese Aufzählung umfaßt mehr als 30 Seiten. Um Ihnen eine Idee zu vermitteln, wie detailliert diese Symptome sind, werden nachfolgend zwei Seiten dieser Liste abgebildet (Abb. 9).

Kopfschmerz täglich zu gewissen Stunden, z. B. ein Stechen in den Schläfen.*

* Die auch wohl anschwellen, mit Thränen des einen Auges.

Anfälle von pochendem Kopfschmerze (z. B. in der Stirn) mit arger Übelkeit zum Umsinken oder auch Erbrechen von früh bis Abend, alle 14 Tage, oder eher, oder später.

Kopfschmerz, als wenn der Hirnschädel auseinanderginge.

Kopfschmerz, ziehender.*

* In einigen Fällen ein ziehender Schmerz aus dem Genick äußerlich zum Hinterhaupt heran, auch wohl über den ganzen Kopf und das Gesicht, welches davon oft aufgedunsen wird und wobei der Kopf bei Berührung schmerzt, nicht selten mit Übelkeit.

Kopfschmerz, Zucken im Kopfe (zu den Ohren heraus).*

* Gewöhnlich beim Gehen, besonders beim Gehen und Bewegen nach dem Essen.

Kopfschmerz, Stechen im Kopfe (zu den Ohren heraus).*

* Dabei wird es ihr oft ganz schwarz vor den Augen.

Getöse im Gehirn, Singen, Sausen, Lärmen, Donnern usw. Haarkopf voll Schuppen, mit oder ohne Jucken.

Kopf-Ausschläge; Kopfgrind, böser Grind, mit mehr oder weniger dicken Krusten, mit empfindlichen Stichen, wenn eine Stelle nässen will; beim Nässen ein arges Jucken; der ganze Scheitel schmerzhaft empfindlich gegen die freie Luft; dabei harte Drüsen-Geschwülste im Nacken.

Kopfhaare, wie ausgedörrt.

Kopfhaare fallen häufig aus, am meisten am Vorderkopf, am Scheitel und Wirbel (Glatze) oder Kahlwerden einzelner Stellen.

Auf der Kopfhaut schmerzhafte Knollen, kommend und vergehend, wie Beulen und runde Geschwülste.*

* Die wohl auch, in seltenen Fällen, in Eiterung übergehen.

Zusammenziehende Empfindung in der Kopf- und Gesichtshaut. Gesichtsblässe im ersten Schlaf, mit blauen Rändern um die Augen.

Öfters Gesichts-Röte und Hitze.*

* Er wird auch wohl ganz schwach und matt dabei, oder ängstlich und schwitzt über den Oberleib; zuweilen werden dabei die Augen trübe, es wird ihm schwarz vor den Augen, das Gemüt traurig; dabei deuchtet auch wohl der Kopf wie zu voll, mit Brennen in den Schläfen.

Gelbliche, gelbe Gesichtsfarbe.
Erdfahl gelbliche Gesichtsfarbe.
Rotlauf im Gesicht.*

* In einigen Fällen mit vielem Fieber, auch wohl mit brennend-juckend-stechenden Wasserblasen im Gesicht, die zu Schorfen werden (Blatterrose).

Auf die Augen, Druckschmerz, besonders spät abends; er muß sie zudrücken.

Er kann nicht lange auf etwas sehen, sonst flimmert ihm alles; die Gegenstände scheinen sich zu bewegen.

Augenlider, vorzüglich früh, wie verschlossen, er kann sie (Minuten, ja wohl Stunden lang) nicht aufmachen; die Augenlider sind wie lähmig schwer, oder krampfhaft zugezogen.

Augen höchst empfindlich gegen das Tageslicht; sie schmerzen davon und schließen sich unwillkürlich zu.*

* Gewöhnlich mit mehr oder weniger Entzündung.

In den Augen Kälte-Empfindung.
Augenwinkel voll von eitrigem Schleim (Augenbutter).
Augenlid-Ränder voll trockener Schorfe.
An den Augenlid-Rändern Entzündung einzelner (Gerstenkorn) oder mehrerer Meibomschen Drüsen.

Augen-Entzündungen vieler Art.*

* Wohl nie hat die Thränenfistel einen anderen Ursprung als Krätz-Siechtum.

Gelbheit um die Augen herum.
Gilbe des Augenweißes.*

* Oder graue Farbe desselben.

Trübe, undurchsichtige Hornhaut-Flecke.*

* Selbst ohne vorher eine Augen-Entzündung gehabt zu haben.

Wassersucht des Auges.
Verdunkelte Krystall-Linse, grauer Star.
Schielen.

Langsichtigkeit; er sieht weit in die Ferne, kann aber kleine Gegenstände, nahe gehalten, nicht deutlich erkennen.

Kurzsichtigkeit; er kann auch sehr kleine Gegenstände deutlich sehen, wenn er sie nahe hält; je entfernter aber der Gegenstand ist, desto undeutlicher sieht er ihn, in größerer Entfernung gar nicht.

Falsches Sehen; er sieht die Gegenstände doppelt oder vielfach oder nur eine Hälfte derselben.

5.2. Gleitender Übergang.

Aus der Tatsache, daß Hahnemann diese Symptome als Zeichen chronischer Krankheiten in dieselbe Liste aufnimmt, ergibt sich, daß er eine sehr spezielle Idee darüber hatte, was chronische Krankheiten sind. Und nun kommt langsam die Katze aus dem Sack. Die Symptome, die er nennt, bilden eine Skala von Lebensverrichtungen, variierend von (fast) normal bis zu ernsthaft gestört. Was diese Symptome gemeinsam haben, ist, daß sie allesamt Varianten der Lebensverrichtungen und Äußerungsformen des menschlichen Organismus sind (unter Lebensverrichtungen verstehen wir u. a.: Nahrungsmittelverwertung, Atmung, Wärmeregulation, Sexualität und Fortpflanzung, intellektuelle und emotionelle Funktionen).
Wenn wir nun bei einer besonderen Person untersuchen, wie die Auswirkungen ihrer spezifischen Reaktionsweisen im Bereich der allgemeinen menschlichen Lebensverrichtungen sind, dann werden wir dabei auch eine Skala von Erscheinungen finden, variierend von normal bis gestört. Wenn jemand z.B. an Migräne leidet, kann er gleichzeitig Sommersprossen und Schweißfüße haben, er kann Angst im Dunkeln haben, schläfrig nach dem Essen sein, Nägel kauen und nachts von seinen Vorfahren träumen.
Worum es nun geht, ist, daß Hahnemann ein System entdeckt hat, worin prinzipiell alle Varianten der Lebensverrichtungen interpretierbar werden. Dieses Interpretierbarsein spitzt sich auf die Anwendung des Ähnlichkeitsgesetzes zu. Das bedeutet, daß es für die Anwendung des Ähnlichkeitsgesetzes einen Unterschied macht, ob jemand wärmeliebend ist oder nicht, ob er Sommersprossen hat, ob er stark schwitzt (und an welchen Körperteilen), welche Art von Speisen er besonders gern mag, ob jemand viel oder wenig sexuelle Energie und Verlangen hat, in welcher Haltung jemand beim Einschlafen liegt, was jemand träumt usw.
Weil diese Erscheinungen interpretierbar werden und auch therapeutische Konsequenzen haben, verfließt die Grenze zwischen normal und abnormal und man kann von einer totalen Diagnostik sprechen. Hierbei geht man davon aus, daß alle Lebensverrichtungen in einem besonderen Zusammenhang stehen und bestimmen, ob und welche Erkrankungen jemand bekommt (in diesem Zusammenhang verstehen wir unter Krankheiten die Varianten der Lebensverrichtungen, die so sehr in den Vordergrund kommen, daß sie als störend erfahren werden). Zur Therapiefindung sind dann auch alle Varianten dieser Lebensverrichtungen von Bedeutung und nicht nur allein diejenigen, die einen Namen als Krankheitsbild mitbekommen haben. An dieser Stelle sei erinnert an die Bedeutung des Begriffs Metastase, wie er im 19. Jahrhundert verwendet wurde und im Kapitel 1 besprochen worden ist. Hierbei war die Rede von physiologischen oder pathologischen Phänomenen, die verschwanden, wenn eine andere Erscheinung

auftrat. Man nahm eindeutig wahr, daß krankhafte und normale (physiologische) Phänomene sich gegenseitig ersetzen können. Ein bekanntes Beispiel hierfür sind z. B. die sogenannten „vikariierenden Blutungen“: Eine Frau, bei der die Regel ausbleibt, bekommt Nasenbluten. Auch das Auftreten von Weißfluß anstelle der Regel ist beschrieben worden. Daß die Unterdrückung von physiologischen Ausscheidungen Beschwerden verursachen kann, ist schon sehr lange bekannt: Mancherlei Beschwerden wurden nach Unterdrückung von Fußschweiß bemerkt. In Kapitel 1 wurde ausgeführt, daß Hippokrates bereits wahrgenommen hatte, daß Blutungen aus Hämorrhoiden einer Geisteskrankheit ein Ende setzen können. Es gibt zu viele solcher Beobachtungen, um sie dem Zufall zuzuschreiben.

... Körperteile behandeln...

Da nunmehr die Frage, wo die Grenze zwischen normal und unnormal liegt, in den Hintergrund gedrängt wurde, kommt unsere ursprüngliche Frage: „Welches sind Ihre Beschwerden?“ in ein ganz anderes Licht. Aber was sind nun eigentlich die Beschwerden? Offensichtlich bilden Beschwerden einen Teil der Totalität der Lebensprozesse, die zusammen ein Ganzes bilden. Die Gesamtheit der Körperfunktionen streben fortdauernd danach, in Balance zu bleiben, auch wenn eine Störung auftreten sollte.

Wenn Störungen zuviel Einfluß bekommen, kann bei der Bemühung, im Gleichgewicht zu bleiben, eine der Lebensverrichtungen unter Druck geraten und entgleisen. Wenn diese Varianten in den Lebensverrichtungen als störend empfunden werden, sind wir geneigt, sie als „Beschwerden“ zu bezeichnen. Wenn sie unauffällig sind, sind wir geneigt, sie „konstitutionelle Eigenschaften“ zu nennen. Der Übergang zwischen diesen Erscheinungen ist gleitend. Hahnemann hat es in der Tat zustande gebracht, eine differenzierte Form von konstitutioneller Diagnostik und Behandlung zu entwickeln. Das Wort „Konstitution“ bedeutet im Lateinischen „Zusammenstellung“. Im Deutschen gebrauchen wir hierfür das Wort „Veranlagung“. Durch diesen Begriff geben wir an, wie es mit jemandes Lebensverrichtungen bestellt ist, wie diese geordnet und aufeinander abgestimmt sind. Diese Ordnung ist teilweise durch erbliche Eigenschaften bestimmt und wird im Laufe des Lebens modifiziert. So besteht nach einer gewissen Zeit die Konstitution aus einer Mischung von erblichen und erworbenen Reaktionsmöglichkeiten, die der Organismus in Wechselwirkung mit seiner Umgebung zur Entwicklung und zum Ausdruck bringt.

5.3. Wechselwirkung mit der Umgebung.

Wenn jemand empfindlich auf feuchtes Wetter ist und dadurch Muskelschmerzen bekommt, wird er diese Beschwerden nicht im trockenen Klima bekommen. Aber wenn er in feuchtes Klima verreist, entwickeln sich seine Muskelbeschwerden. Während er noch in einem trockenen Klimagebiet wohnte, hatte er bereits die Anlage, Muskelschmerzen zu bekommen, als Möglichkeit in sich. Die konstitutionellen Eigenschaften kommen zum Ausdruck in Abhängigkeit von den Umgebungsfaktoren. Solange die Umgebung bestimmte Funktionen nicht beeinflußt, werden die Kennzeichen dieser Funktionen „verborgen" bleiben (s. Abb. 10).

Abbildung 10

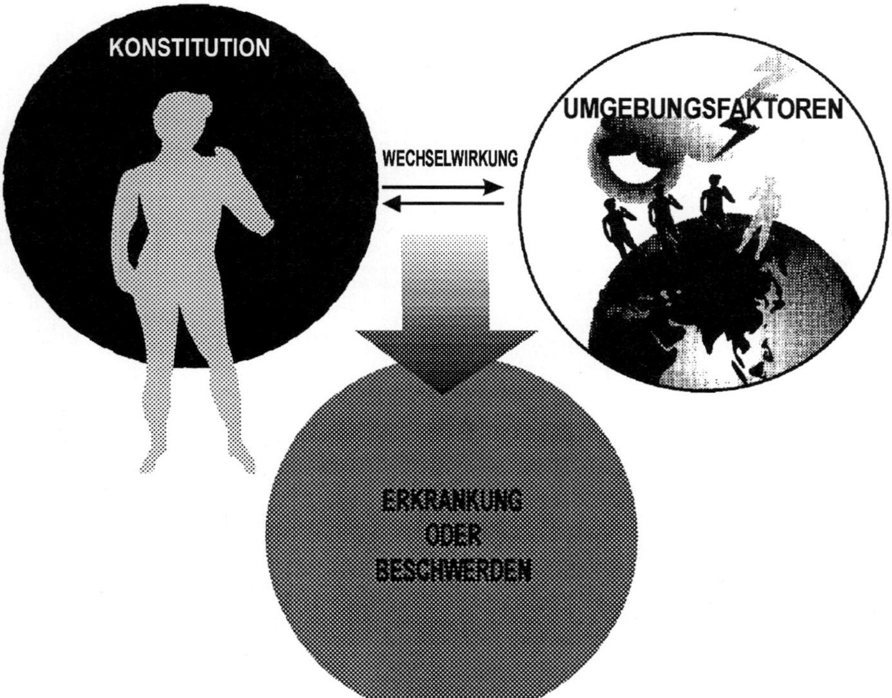

Jede Krankheit oder Beschwerde ist das Ergebnis der Wechselwirkung zwischen den konstitutionellen Eigenschaften einerseits und den Umgebungsfaktoren, denen der Mensch ausgesetzt ist, andererseits.

Wir können sagen, daß jede Beschwerde oder Krankheit das Resultat einer Wechselwirkung zwischen konstitutionellen Eigenschaften einerseits und Umgebungsfaktoren andererseits ist, denen man ausgesetzt wird. Die Konstitution besteht aus der Summe des aktuellen oder potentiellen Seins – und der Reaktionsweisen, die erblich vorgegeben oder im Laufe des Lebens erworben sein können. Anhand eines Beispiels können wir das konstitutionelle Denken noch weiter beleuchten. Nehmen wir als Beispiel das konstitutionelle Ekzem. Angenommen, diese Erkrankung sei erblich, dann müßte in derjenigen Zelle, aus der diese Person entstanden ist, ein spezielles Merkmal existieren, das zu dieser Erkrankung führt. Alle Zellen eines Menschen, die aus dieser Keimzelle hervorgegangen sind, sind durch Teilung entstanden. Mit anderen Worten: Das spezielle Merkmal sollte in jeder einzelnen Zelle vorhanden sein und sich in jeder Zelle äußern können. Ob sich dieses Merkmal wirklich äußern wird und wie, hängt von folgenden Faktoren ab (s. Abb. 11):

Abbildung 11

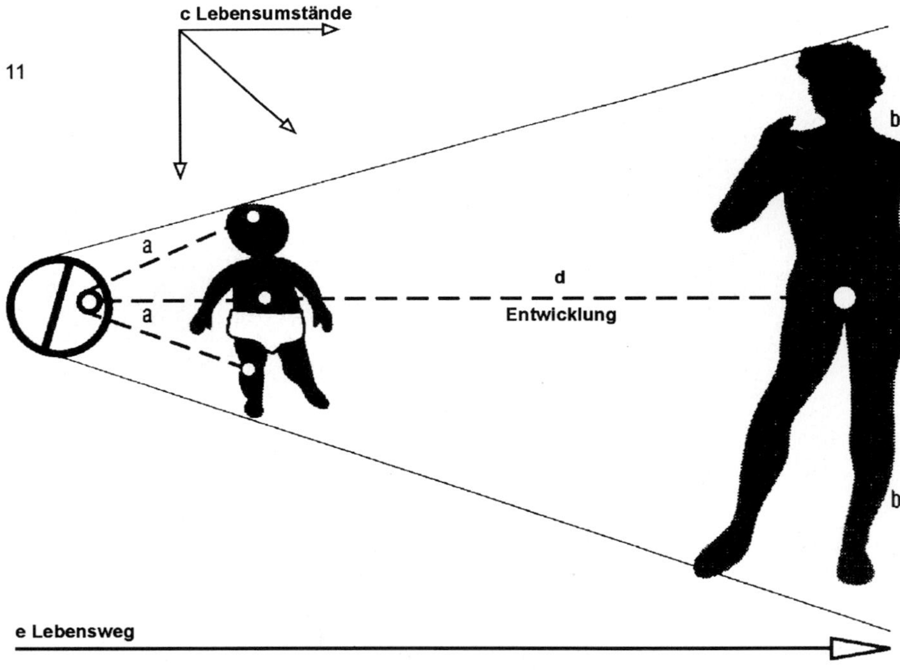

a) Welche Funktion übernimmt diese Zelle im Organismus? Man kann sich vorstellen, daß eine Zelle im Atemwegsbereich eine andere Leistung erfüllen muß, als eine Zelle, die sich mit diesem Defekt zu einer Hautzelle entwickelt.
b) Welche anderen Eigenschaften zeichnen diese Person aus? Jemand, der Asthma hat und die Ruhe selbst ist, bekommt im allgemeinen weniger

schnell Beklemmungsgefühle, als jemand, der sich über die geringste Kleinigkeit aufregt.

c) Unter welchen Umständen bekommt jemand Beschwerden? Klima, Wetterwechsel, emotionale Erschütterungen usw.? Wenn jemand, der an einem Ekzem leidet, in den Tropen wohnt, wird er wahrscheinlich weniger Probleme mit seiner Hauterkrankung haben.

d) Der Lebensphase (Entwicklungsphase), in der sich jemand befindet. Von den Kindern, die an einem Ekzem leiden, wird am Ende der Kinderjahre ein Teil von dieser Krankheit genesen (es wird sich „auswachsen"). In der Pubertät entsteht dann „auf einmal" Asthma.

e) Den Auswirkungen des Lebenswandels und der Eßgewohnheiten (Störung der Nachtruhe, Alkoholmißbrauch usw.). Süßigkeiten belasten unseren Stoffwechsel und verbrauchen viel Vitamine und Mineralien, wodurch schnell wachsende Gewebe wie die Haut hieran Mangel leiden können. Wenn jemand viel Süßigkeiten zu sich nimmt, wird er dann auch mehr Schwierigkeiten mit seinem Ekzem haben.

5.4. Beschwerden entwickeln sich nach einem Muster.

Wie gleitend die Varianten der Körperfunktionen sich von konstitutionellen Merkmalen in Richtung Beschwerden oder Erkrankung entwickeln, möge folgendes Beispiel zeigen. Wenn wir jemanden fragen, der unter Nierensteinen leidet, ob er krank sei, wird er antworten: „Nein, ich habe nur Nierensteine." Mit dieser Antwort hat er zugleich Recht und Unrecht. Das Vorhandensein von Nierensteinen ist nicht die Krankheit selbst, sondern die Folge davon. Die Krankheit selbst macht keine Beschwerden. Aber bedeutet es dann, daß man nicht krank ist? Ein anderes Beispiel sind Gallensteine. Auch hier gilt wieder, daß das größte Problem nicht ist, sie zu haben, sondern sie zu bekommen. Bei Gallensteinen ist es wohl so, daß man bereits lange vor der Entstehung der Steine Beschwerden hat. Diese Beschwerden bekommen meist keinen offiziellen Namen; man spricht von Gallenbeschwerden. Beispiel für diese Beschwerden: Bestimmte Nahrungsmittel werden schlecht vertragen (Fett, Eier, Kaffee), Gefühl der Schwere und der Spannung im Leberbereich und Unwohlsein. Fragen wir diesen Patienten, ob er krank sei, wird er sagen: „Nun ja, krank, ich habe Last mit meiner Gallenblase. Das ist bei uns in der Familie, aber bis vor kurzem merkte ich davon noch nichts." Von Gallen- und Nierensteinen wissen wir, daß es eine erbliche Belastung gibt, diese zu bekommen. Unser Patient aus der „Gallenstein-Familie" hatte in der ersten Periode seines Lebens keine Beschwerden. Danach kam eine Periode mit Beschwerden, aber ohne Steine. Nach Ablauf dieser Zeit folgten die Gallensteine. Nun lautet die erste Frage: „War der Patient schon krank, bevor sich die Beschwerden offenbarten?“ Die zweite Frage lautet: „Wenn er tatsächlich krank war, wie war es dann zu erkennen?“ Mit anderen Worten, wie kann die Veranlagung für Gallensteine aufgespürt werden? Die dritte Frage ist: „Wenn man sie auch aufspüren könnte, ist es möglich, etwas daran zu tun, kann man einer weiteren Entwicklung zuvorkommen?“ Die erste Frage kann dadurch beantwortet werden, daß man sagt: „Was heißt krank? In jenem Fall handelt es sich um eine konstitutionelle Störung.“ Die Antwort auf Frage zwei bekommen wir durch das konstitutionelle Denken: Die Varianten der Lebensverrichtungen, die wir Beschwerden nennen, bilden einen Teil eines größeren Ganzen. Wenn wir die Kennzeichen des Ganzen inventarisieren, bekommen wir Informationen, die uns Einsicht geben in die Entstehung der Entgleisung, die in diesem bestimmten Bereich aufgetreten ist. Anders gesagt: Wir suchen nicht nur nach den Merkmalen dieser einen entgleisten Funktion, die die Beschwerden direkt zur Folge hatte, sondern wir suchen nach der gesamten Konstellation von Eigenschaften und Faktoren, die die Entstehung der Erkrankung möglich gemacht haben. Diese Information benötigen wir, um zu verstehen, warum unterschiedliche Individuen anders auf identische Einwirkungen und Umstände reagieren. Wenn unterschiedliche Personen demselben Umgebungsfaktor ausgesetzt werden, müssen sie nicht notgedrungen gleich reagieren. Aus einer Gruppe von Menschen, die aus einem warmen Raum, verschwitzt und ohne Jacke bekleidet in einen winterlichen Regenschauer hinausgehen, wird sich eine Anzahl von Personen erkälten, aber eine andere Anzahl nicht. Und einige werden Bronchitis oder Blasenentzündung bekommen und wieder andere Muskelbeschwerden. Diese Verschiedenheit der Reaktionsmuster kann gut in der Terminologie der konstitutionellen Eigenschaften beschrieben werden. Der eine hat offensichtlich ein empfindliches Atemwegssystem, ein anderer eine empfindliche Blase oder empfindliche Muskeln. Diejenigen, bei denen sich keine Erkrankung zeigt, bleiben mit ihren Körperfunktionen im Gleichgewicht. Und nun die dritte Frage: Kann man alledem vorbeugen? Gibt es eine Möglichkeit, die Konstitution zu beeinflussen, seine Reaktionsweise (das Gleichgewicht seiner Lebensverrichtungen) besser auszubalancieren, wenn eine Störung auftritt? Die Homöopathie kann diese Art Veränderung zustande bringen durch Auswahl von Mitteln nach der Ähnlichkeitsregel, die auf die Gesamtheit des konstitutionellen „Pakets“ passen.

5.5. Nicht jeder kann alle Symptome bekommen.

Stellen Sie sich ein Kind vor, daß an Halsentzündung leidet. Es ist eine bekannte Tatsache, daß es meistens nicht bei einer einzigen solchen Entzündung bleibt, auch dann nicht, wenn das Kind Penicillin bekommt. Ein solches Kind nennen wir anfällig. Manchmal findet man eine vergleichbare

Anfälligkeit bei den Geschwistern. Vielleicht kennt auch einer der Eltern oder Großeltern dies von sich selbst. Wir haben es hier zu tun mit einem Muster von Beschwerden auf konstitutioneller Basis. Anhand der Abb. 10 wird folgendes deutlich. Die Rolle, die ein konstitutionelles Gebrechen bei einer bestimmten Gewebszelle spielt, hängt davon ab, zu welchem Organgewebe sie sich differenziert. Wenn das Gebrechen eine Funktion stört, die für das betreffende Zellgewebe z.B. eine Leberzelle nicht von Bedeutung ist, dann wird die Leber bei ihrer Arbeit kaum gestört sein. Eine Hautzelle kann jedoch durch dieselbe Störung mehr beeinträchtigt sein. Darüber hinaus werden die verschiedenen Sorten von Zellen und Geweben noch in einem anderen Gesichtspunkt beeinträchtigt. Nehmen wir zum Beispiel an, daß der Kalkstoffwechsel gestört ist. Dabei entstehen Stoffwechselprodukte, die im Organismus nicht korrekt umgesetzt oder eingebaut werden können. Die Folge davon ist, daß diejenigen Strukturen, die vom Kalkstoffwechsel abhängig sind, nicht vollwertig oder nicht schnell genug zur Entwicklung kommen. Die Zähne werden spät durchkommen, die Knochenentwicklung ist verspätet, so daß die Fontanellen lange offen bleiben und die Festigkeit des Skeletts sehr spät zustande kommt. Außerdem ist die Muskelfunktion nicht vollständig ausgebildet, wodurch die Muskeln schlaff bleiben, so daß das Kind erst spät laufen lernt. Gleichzeitig wird der Organismus mit abnormen Stoffwechselprodukten belastet. Diese müssen ausgeschieden werden, und das geschieht zum Beispiel über den Schweiß: Das Kind schwitzt nachts am Kopf. Die Ausscheidung kann auch über die Rachenmandeln stattfinden, die dadurch in ihrer Ausscheidungsfunktion überbelastet und empfindlich für häufige Entzündungen werden (hiermit kommt das Kind dann zum Doktor). Der Urin und die Magen-Darmsäfte verändern ihre Zusammensetzung, so daß eine saure Gärungs-Diarrhoe entsteht. Was hier geschildert wird, ist das Bild eines Calcium carbonicum-Kindes. Man sieht, daß in verschiedenen Regionen des Organismus Erscheinungen von unterschiedlicher Art auftreten, die dadurch untereinander in Verbindung stehen, daß sie einen gemeinsamen Ursprung haben.

Bei vielen Kombinationen von Erscheinungen, von denen wir wissen, daß sie nach dem Ähnlichkeitsgesetz zusammengehören, kann man diese Betrachtungsweise nicht anwenden. Hier sind wir auf reine Erfahrungswerte angewiesen. Wir sehen, daß auf diese Weise eine Verbindung hergestellt wird zwischen verschiedenen Erscheinungsformen einer Störung, die sich an unterschiedlichen Orten im Organismus manifestieren. Auf dieselbe Weise kann eine Verbindung hergestellt werden zwischen Erscheinungen, die zeitlich aufeinander folgen. Wir sahen, wie das Kind in unserem Beispiel eine verzögerte Zahnentwicklung hatte und wie die Fontanellen sich spät schlossen. Wenn dieses Kind sein Schulalter erreicht, wird es vielleicht, durch die Vergrößerung seiner überbelasteten Mandeln häufig Mittelohrentzündungen bekommen. Noch weiter, in der Pubertät, könnte die gestörte Ausscheidungsfunktion zu einer Akne führen. Möglicherweise hat dieser Jugendliche auch Kontaktstörungen. Im 30. Lebensjahr entsteht ein Nierenstein, nämlich durch Überlastung des Urins mit säurehaltigen Stoffwechselprodukten, die ausgeschieden werden müssen. Mit 40 Jahren wird sich die Schwäche seines Bindegewebes in regelmäßigen Anfällen von Kreuzschmerzen oder Hexenschuß äußern. Wieder einige Jahrzehnte später entsteht eine vorzeitige Verkalkung der Blutgefäße. Dies scheint eine düstere Geschichte zu sein, aber es wird deutlich, daß eine Verbindung zwischen Erscheinungen besteht, auch wenn sie zeitlich auseinanderliegen. Übrigens sollte dies nun nicht mehr so sehr überraschen, weil wir gesehen haben, daß Krankheit als ein Prozeß gesehen werden muß, als eine Entwicklung und nicht als ein Zustand. Wir haben auch gesehen, daß die verschiedenen, aufeinanderfolgenden Syndrome durch das Ähnlichkeitsgesetz miteinander in Verbindung zu bringen sind. Zusammenfassend können wir folgendes sagen: Bei einem Menschen können nur die Symptome auftreten, die er hervorbringen kann. Man kann keine Sprachstörungen bekommen, bevor man Sprechen kann. Man kann als kleiner Knirps keinen Hexenschuß bekommen. Gemütsprobleme zeigen sich besonders stark beim Übergang von einer Lebensphase in die andere. Und wenn man in seinem Leben schwer belastet wurde und das Leben einen auf die Probe gestellt hat, dann melden sich die Schwachstellen.

5.6. Der Kern des konstitutionellen Denkens.

In der Homöopathie suchen wir immer nach konstitutionellen Merkmalen, die ein Muster bilden, in das ein Arzneimittelbild paßt. Nun ist es leicht einzusehen, daß man mit einer konstitutionellen Behandlung eine Entwicklung günstig beeinflussen kann. Wenn wir das Calcium carbonicum-Kind von vorhin erfolgreich behandeln können, heilen wir nicht nur seine Halsentzündungen, wir ersparen ihm auch seine Ohrentzündungen als Kindergartenkind und seine Nierensteine und Kreuzschmerzen des späteren Lebensalters. Die Anfälligkeit als konstitutionelle Gegebenheit ist zweifellos eindeutig. Homöopathische Heilmittel haben Einfluß auf konstitutionelle Eigenschaften. Der Kern des konstitutionellen Denkens ist der Ausgangspunkt, daß ein Organismus erbliche und erworbene Eigenschaften hat, die in Wechselwirkung mit den Umgebungsfaktoren eine Krankheit hervorrufen. Die Essenz einer konstitutionell gerichteten Therapie ist, daß konstitutionelle Merkmale betroffen werden durch die Wahl der therapeutischen Maßnahme, ohne daß diese Merkmale als eine Krankheit erfahren wurden und/oder daß auf der Basis dieser Merkmale Krankheiten entstehen könnten. Das Ausheilen einer Serie von Hals- oder Mittelohrentzündungen ohne den Gebrauch von Antibiotika weist darauf hin, daß Bakterien als Verursacher offensichtlich doch nicht die wichtigste Ursache dieser Infektion waren. Das wird auch aus der Tatsache deutlich, daß man bei rezidivierenden Infektionen immer aufs neue Antibiotika geben kann, ohne ein bleibendes Resultat zu erhalten. Es ist eher umgekehrt. Das Wachstum der Bakterien ist nicht die Ursache, sondern die Folge der Erkrankung. Diese konstitutionelle Betrachtungsweise steht im Gegensatz zum technologisch-medizinischen Denken, wo man Infektionen ausschließlich auf das Eindringen von Bakterien und anderer Krankheitserreger zurückführt. Das konstitutionelle Denken bringt hier auf zielsichere Weise die Schwäche der sogenannten „kausalen" Therapie ans Licht. Wenn man einmal die konstitutionellen Verbindungen sieht, wird deutlich, wie irrational es ist, ausschließlich Symptome unterdrücken zu wollen. Auch hinsichtlich der Infektionen scheint das konstitutionelle Denken ein fruchtbares Konzept zu sein. In diesem Sinn müssen wir auch die homöopathischen Therapieansätze für die Behandlung von Defekterkrankungen sehen, wie z. B. die Rachitis (englische Krankheit). Gesetzt den Fall, daß bei Rachitis z. B. Calcium carbonicum, Silicea, Sulfur und Lycopodium angezeigt sein können, dann bedeutet das nicht, daß man mit der Gabe eines solchen passenden Mittels eine Vitamin-D-Behandlung überflüssig machen würde. Nein, es bedeutet, daß unter Personen mit Rachitis-Merkmalen vorgenannte Mittel in hoher Frequenz angetroffen werden können. Bei Menschen, die früher Rachitis gehabt haben, findet man diese Erscheinungen auch. Auch bedeutet das, daß die Empfindlichkeit für ein Vitamin D-Defizit beim Menschen mit den Merkmalen dieser homöopathischen Mittel größer ist. Diese Personen verlieren die Merkmale nicht, wenn man ihnen Vitamin D zuführt. Die Gabe des passenden Mittels ohne Vitamin D-Substitution ist vielleicht nicht ausreichend, um die in Gang befindliche Rachitis zu heilen, aber damit können potentielle Erscheinungen behandelt und verhütet werden. Hieraus folgt, daß das konstitutionelle Denken einen Platz neben dem mechanischen und biochemischen Menschenmodell verdient. Das konstitutionelle Denken finden wir ausführlich dargelegt bei dem französischen homöopathischen Arzt Léon Vannier, hier nicht angewendet auf Mangelerkrankungen, sondern bei einer Infektionskrankheit: Tuberkulose. Sein Gedankengang ist, daß die Empfänglichkeit für Tuberkulose eine konstitutionelle Gegebenheit ist, wobei die Eigenschaften bereits vor Ausbruch der Tbc erkennbar sind. Vannier unterscheidet zwischen sogenannten „Tuberculiniques" und „Tuberculeux". Unter den „Tuberculeux" versteht er diejenigen Personen, die wirklich Tuberkulose hatten oder haben, unter den „Tuberculiniques" hingegen die, die eine derartige Konstitution haben, daß sie Tbc bekommen könnten. Es ist eine bekannte Tatsache, daß nicht jeder Tbc bekommt. Einige Menschen sind dagegen resistent: Sie kommen wohl damit in Berührung, aber sie erkran-

ken nicht. Diese Betrachtungsweise mag Sie in Erstaunen versetzen und vielleicht den Protest der technologisch-medizinischen Ärzte hervorrufen. Es soll an dieser Stelle nicht behauptet werden, daß wir die Tbc von heute an nur homöopathisch behandeln sollen. Es soll hier nur auf ein konstitutionelles Denken hingewiesen werden. Was die beste Therapie für Tbc ist, kann dabei zur Diskussion stehen. Übrigens ist das Zurückdrängen der Tbc größtenteils der Verbesserung der sozialen und hygienischen Verhältnisse zu danken, der Ernährung ebenso wie den Wohnverhältnissen. In den Entwicklungsländern kommt diese Erkrankung noch häufig vor. Und wenn sich bei uns die Umstände durch Krieg oder Mißverhältnisse verschlechtern würden, würde die Tbc wieder zum Vorschein kommen. Die Tuberculiniques werden dann zu Tuberculeux werden.
Die zentrale Frage im konstitutionellen Denken ist: Warum reagiert der eine bei den gegebenen Umständen anders als der andere? In einer schwedischen Untersuchung bei 60jährigen Männern wurden diejenigen, die häufig eine Mittelohrentzündung hatten, verglichen mit denen ohne eine solche Erkrankung in ihrer Vorgeschichte. Beide Gruppen waren betreffs sozialer und ökonomischer Voraussetzungen vergleichbar. Die Gruppe mit Mittelohrentzündungen in der Vorgeschichte hatte in späteren Lebensjahren mehr Gesundheitsprobleme als die Gruppe ohne diese Erkrankung. In der „Mittelohrentzündungs-Gruppe" wurden z. B. mehr Herz- und Gefäßerkrankungen festgestellt und mehr Krankheitsausfall und Ärztebesuche registriert. Dies weist daraufhin, daß das Durchmachen einer Mittelohrentzündung keine Einzelerscheinung ist, sondern eine Äußerungsform einer konstitutionellen Störung. Die Homöopathie behauptet, daß in einem solchen Fall eine konstitutionelle Behandlung der Mittelohrentzündung einen günstigen Einfluß auf die spätere Entwicklung von Herz- und Gefäßerkrankungen haben soll. Diese Behauptung kann momentan nicht durch wissenschaftliche Untersuchungen bewiesen werden. Es wird aber höchste Zeit, daß diese Art Untersuchungen in Gang gesetzt werden. Die Homöopathie stellt sich als eine konstitutionelle Therapie dar. Anhand unseres Modells der Krankheit als Wechselwirkung zwischen Konstitution und Umgebungsfaktoren können wir den konstitutionellen Ansatz mitten unter andere therapeutischen Methoden einordnen, z. B. hygienische Maßnahmen, Diät oder Allergenvermeidung.
Abb. 12

Abbildung 12

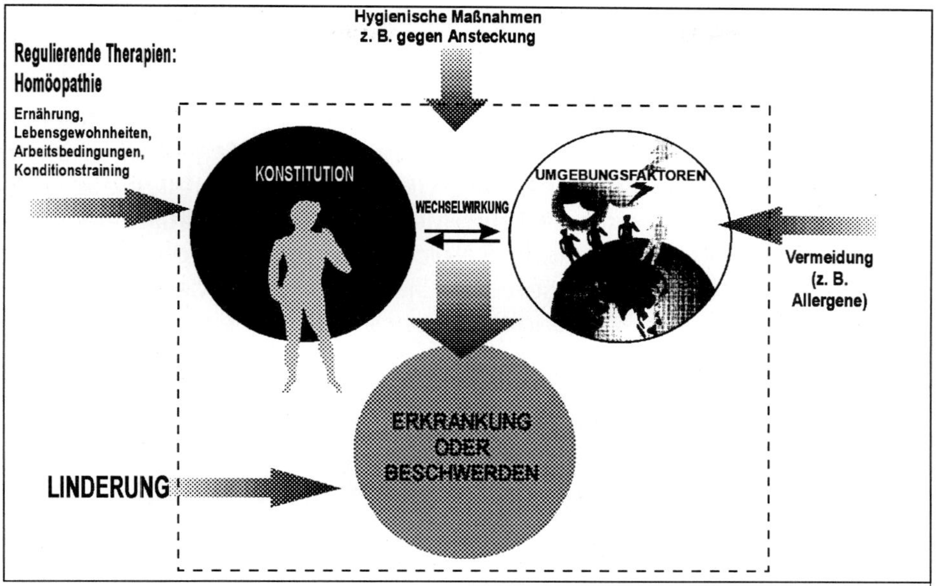

5.7. Doch ein Wundermittel?

Bedeutet dies nun, daß man mit der Homöopathie alles heilen kann? Bedeutet es, daß man eine Veranlagung derartig beeinflussen kann, daß sich beispielsweise der Charakter verändert? Natürlich nicht! Man kann aus Menschen keine Götter machen. Man kann niemanden unverwundbar machen, ebenso wenig, wie man einen Seehund so verändern kann, daß er in der Wüste leben könnte. Was man tun kann, ist, innerhalb der Grenzen, die ein Individuum ausmachen, die Verhältnisse so günstig wie möglich zu gestalten. Der Unterschied zu anderen Therapien ist hierbei, daß Veränderungen nicht durch eingreifende Maßnahmen auftreten (wie durch Schmerzmittel oder Antibiotika), wobei der Organismus keine Wahl hat, sondern durch das Mobilisieren der eigenen Vitalenergie.

Reorganisation

Nun kommen wir zu dem schwierigen Punkt, daß niemand genau weiß, wie homöopathische Mittel wirken. Man hat wohl gewisse Vorstellungen. Den Effekt einer konstitutionellen Behandlung kann man sich vorstellen als Reorganisation eines Hauses. Im Laufe der Zeit etabliert sich in einem Haus eine bestimmte Ordnung; Möbel und Einrichtungsgegenstände stehen auf einem bestimmten Platz. Die Möglichkeiten einer Änderung der Fassade sind außergewöhnlich beschränkt, da es sich um eine besondere Sorte Haus handelt. Aber bei der Inneneinrichtung des Hauses hat man im Prinzip alle Freiheiten. Man kann in einem bestimmten Augenblick die Einrichtung völlig reformieren: alles effizienter machen, Zimmer anders einteilen, eine Matte, auf der man ausrutscht, entfernen, die Beleuchtung in einigen Bereichen verbessern, den Keller aufräumen, die Kisten beiseite räumen usw. Dies alles kommt der Funktion des Hauses zugute. Es wird bewohnbarer, ohne daß es ein anderes Haus geworden ist. Die Tatsache, daß es Schlösser, Villen, Gesindehäuser oder Hütten gibt, verändert sich dadurch nicht. Muß die Konstitution nun als eine Art Schicksal aufgefaßt werden? Die Konstitution muß wohl eher als eine Lebensmöglichkeit gesehen werden. Jede Konstitution hat ihre Möglichkeiten und Beschränkungen. Wir sind an die Idee gewöhnt, daß im Prinzip jeder das Recht auf alles hat. Die technologische Revolution hat die Menschen in ihrer Idee bestärkt, daß alles möglich ist, und daß alles auch für jeden erreichbar sein muß. Das konstitutionelle Denken konfrontiert uns jedoch mit den Beschränkungen der individuellen Möglichkeiten und mit der Unmöglichkeit, alles beanspruchen zu können. Vielleicht ist dies einer der Gründe, warum das konstitutionelle Denken mit dem Aufkommen der technologischen Revolution in den Hintergrund gedrängt worden ist.

5.8. Zweifache Erweiterung der Diagnostik.

Wir sahen im Kapitel 3, wie sich bei der homöopathischen Diagnostik akuter Krankheiten eine Erweiterung der Diagnostik dadurch auftat, daß besondere Merkmale von Beschwerden bestimmend zu sein scheinen für die Wahl des Mittels. Wir besprachen die Modalitäten und die Begleitumstände, die Empfindungen usw. Auch hier, beim konstitutionellen Denken, sehen wir aufs neue eine Erweiterung des diagnostischen Gesichtsfeldes. Durch diesen erweiterten Blick auf die Symptomatologie wird eine Erweiterung und Verfeinerung in die Diagnostik hineingebracht. Die Homöopathie hat auch hier auf die Frage: „Welches sind die Beschwerden?" eine originelle Antwort gefunden. Was ist die Bedeutung dieser erweiterten diagnostischen Möglichkeiten in der Homöopathie? Wir sind davon ausgegangen, daß Krankheiten in ihrem Wesen nicht erkannt werden können, weil sie Merkmale des Lebendigen sind. Wir haben uns zufrieden gegeben mit der pragmatischen Feststellung, daß wir uns mit den Äußerungsformen der Krankheiten begnügen. Hier ein Beispiel, um die Konsequenzen dieses breiten diagnostischen Verfahrens zu verdeutlichen: Wie Sie wissen, können wir mit einer

Antenne Radiosignale aus der Atmosphäre empfangen. Für den Empfang von Signalen, die von sehr weit entfernt kommen, genügt die gewöhnliche Stabantenne nicht. Hierfür haben wir Schüsselantennen entwickelt, die die schwachen Signale in ihrem Brennpunkt verstärken. Mit einer Schüsselantenne kann man bedeutend weiter „sehen" als mit einer Stabantenne. Wenn wir noch detaillierter registrieren wollen, können wir eine Anzahl von Schüsselantennen in einer Reihe plazieren, wodurch das Auflösungsvermögen noch größer wird. Auf die gleiche Weise vergrößern wir die Reichweite unserer Wahrnehmung, indem wir uns in der Diagnostik erweitern. Durch das Sammeln von Informationen über möglichst viele Körperfunktionen und Lebensverrichtungen können wir tatsächlich weiter „sehen", nämlich in die Richtung, woher diese Äußerungen des Organismus kommen. Wir erreichen dadurch eine höhere Form von Diagnostik. Nach Darstellung des Systemdenkens in Kapitel 6 wird verständlich werden, warum hier die Rede von einer höheren Form von Diagnostik ist. Ich erinnere mich noch gut an die Überraschung, die ich in mir aufkommen fühlte, als ich mir die wirkliche Bedeutung dieser verfeinerten Art von Diagnostik und die besondere Erweiterung, die das konstitutionelle Denken hierzu beiträgt, klarmachte. Es war dasselbe kindliche Staunen, das ich erlebte, als ich zum ersten Mal begriff, daß man drei- oder vierstimmig Klavierspielen kann mit „nur" zwei Händen. Ich entdeckte in diesem Moment eine essentielle Dimension der Musik. Auf dieselbe Weise sah ich durch die raumgreifende Diagnostik plötzlich eine neue Dimension in meinem medizinischen Handeln. Ich begriff, daß ich, bevor ich die Homöopathie anwandte, eigentlich noch niemanden wirklich treffsicher geheilt hatte.

5.9. Konstitutionelle Behandlung in der Praxis.

Nachdem Sie nun mit dem konstitutionellen Denken vertraut sind, können Sie viel besser den praktischen Ablauf bei einer homöopathischen Konsultation verstehen. Zunächst ist es wichtig, einzusehen, daß der Arzt – konfrontiert mit chronischen oder immer wiederkehrenden Beschwerden – sich für eine konstitutionell gerichtete Diagnose und Therapie entscheiden muß. Sie wissen bereits, daß die Behandlung eines lediglich akuten Bildes wenig Perspektiven bietet, insofern es nicht um eine wirklich akute Erkrankung geht. Wenn einmal der Entschluß gefaßt worden ist, zu einer konstitutionellen Diagnose zu kommen, bedeutet dies, daß eine enorme Menge von Informationen über den Patienten gesammelt werden muß, um Einsicht in das Gesamtbild zu erhalten. Das Gesamtbild haben wir immer nötig, um das Ähnlichkeitsgesetz anwenden zu können. Es wird geformt durch folgende Mosaiksteine:

- die Merkmale der aktuellen Beschwerden;

- die Merkmale früherer Beschwerden und diejenigen der Vorfahren;
- die konstitutionellen Kennzeichen.

Dies ist zuweilen eine ziemliche Kleinarbeit. Manche Ärzte bedienen sich hierzu eines schriftlichen Fragebogens, der dem Patienten vor dem Erstgespräch zugestellt wird. Wenn dann jemand zur Erstkonsultation kommt, haben wir bereits eine Anzahl von Basisinformationen und können schneller zum Kern der Sache kommen. Sie finden eine solche Frageliste nach diesem Kapitel abgedruckt. Es gibt auch Homöopathen, die es vorziehen, mit dem Patienten unvorbereitet zu sprechen und nach der ersten Konsultation eine umfangreiche Liste mitzugeben. Diese unterschiedlichen Prozeduren haben Vor- und Nachteile. Wenn Sie die Fragenliste durchgesehen haben, verstehen Sie, warum Homöopathen soviel mit ihren Patienten reden müssen. Viele Informationen bestehen aus Reaktionen auf Umgebungsfaktoren oder Gefühle und Beobachtungen, die nur im Gespräch zu erhalten sind, nicht jedoch durch Dritte wahrzunehmen sind. Auch Berichte über Vergangenes können nur verbal gegeben werden. Die körperliche Untersuchung bildet nur einen Teil dieser totalen Diagnostik und steht bei einer homöopathischen Diagnose nicht so dominierend im Vordergrund wie bei der technologischen Heilkunde. Nachdem diese Informationen gesammelt worden sind, geht es darum, in Ihnen ein Bild zu entdecken, daß mit einem bekannten Arzneimittelbild übereinstimmt. Hierbei gebraucht der Arzt das Repertorium. Diese Repertorien gibt es in Form von Büchern, als Karteisystem oder als Computerprogramm. Während der Konsultation können Sie beobachten, daß der Arzt, nachdem er eine Anzahl von Informationen von Ihnen erhalten hat, beginnt, in seinen Büchern zu blättern oder eifrig mit seiner Computertastatur zu hantieren. Vielleicht finden Sie das anfangs befremdlich oder es stört Sie, aber Sie werden merken, daß der Arzt – anhand dessen, was er aufsucht – neue Fragen an Sie stellt. Die Pausen, die während des sogenannten Repertorisierens entstehen, können Sie am besten nutzen, indem Sie sich so viel wie möglich Gedanken über sich selbst und Ihre Beschwerden machen. Sie werden feststellen, daß während der Konsultation tatsächlich eine Kommunikation stattfindet, die sich nicht allein zwischen Ihnen und dem Arzt abspielt, sondern zwischen Ihnen und der Materia medica, durch Vermittlung des Arztes. Der Arzt ist hierbei der Makler, der das richtige Arzneimittelbild an das Krankheitsbild koppelt. (s. Abb. 13).

Verbindung von Patient und Materia Medica über das Repertorium

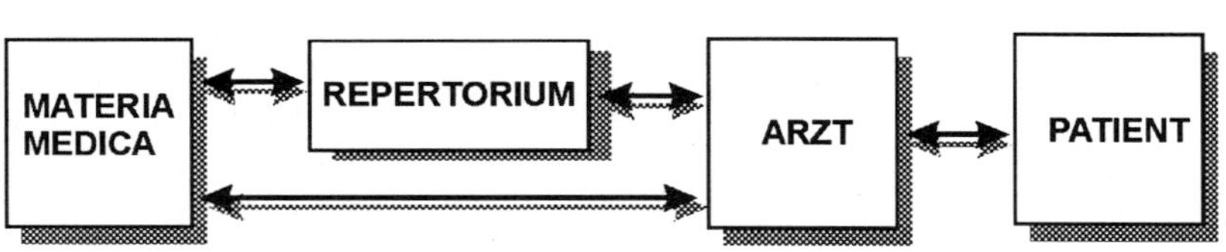

Abbildung 13

Ein erfahrener Homöopath kennt zahlreiche Arzneimittelbilder aus dem Kopf, – wenn er also kein Repertorium benutzt, müssen Sie nicht unbedingt mißtrauisch werden. Andererseits ist es wohl so, daß sogar der erfahrenste Homöopath nicht ohne sein Repertorium auskommen kann und sicherlich nicht ohne seine Materia medica-Bücher. Bei der Besprechung der akuten Krankheiten (Kapitel 3) sahen wir, daß für das zielsichere Vergleichen von Krankheits- und Arzneimittelbild nach dem Ähnlichkeitsgesetz bestimmte Merkmale der Beschwerden gesammelt werden müssen. Wenn wir nun eine konstitutionelle Diagnose stellen wollen, müssen wir die Kennzeichen der Beschwerden in Verbindung bringen mit den konstitutionellen Eigenschaften des Patienten. Wie diese Verbindung hergestellt werden kann, wissen wir durch James Tyler Kent. Kent teilt die Symptome (damit meinen wir auch die konstitutionellen Varianten) auf zweierlei Weise in zwei große Gruppen ein. Zum ersten die „Generals" und die „Particulars". Zum zweiten „Common Symptoms" und die „Peculiar Symptoms". „Generals" sind allgemeine Symptome, die die gesamte Person betreffen. Z. B. Schweigsamkeit, Frostigkeit. Dem gegenüber stehen die „Particulars", die einen Teil (Part) einer Person betreffen, z. B. Stechen im Arm, juckende Augen. „Peculiars" sind Symptome, die eigenartig oder auffallend sind, weil sie nicht in das klinisch-nosologische Bild passen oder in die Symptome des klinisch-nosologischen Bildes eine persönliche Modifikation einbringen. Z. B.: Fieber ohne Durst, Kopfschmerz, der dauernd den Ort verändert. „Common Symptoms" sind diejenigen Symptome, die in das klinische Bild passen und die man bei jedem erwarten kann. Z. B.: Durst im Fieber, Verschlimmerung der Kopfschmerzen durch Lärm. Für die Auswahl eines Mittels scheinen die Generals und die Peculiars nützlicher zu sein als die Particulars und die Common Symptoms. Innerhalb der Gruppe der Generals scheinen die Symptome, die Beziehung zu höheren Funktionen haben (geistig, intellektuell, gemütsmäßig) wichtiger zu sein als die rein körperlichen. Im allgemeinen sind Ängste z. B. bedeutsamer als Schmerzen. Auf diese Weise entsteht eine Hierarchie von unterschiedlichen Symptomen. Mit Hilfe einer hierarchisch geordneten Übersicht der Symptome sucht man dann ein Arzneimittelbild, in dem dasselbe Muster vorkommt. Ohne eine derartige hierarchische Ordnung ist das Suchen in der Materia medica zu vergleichen mit dem Finden einer Stecknadel im Heuhaufen. Weiter oben haben wir beschrieben, daß verschiedene Kennzeichen eines Calcium carbonicum-Kindes durch eine physiologische Betrachtungsweise miteinander in Verbindung gebracht werden können. Wenn wir die homöopathisch wichtigen Zeichen, wie z. B. die geistigen und allgemeinen Symptome betrachten, erscheint uns dies fast unmöglich. Das Calcium carbonicum-Kind von eben ist auch noch ängstlich im Dunkeln, eigensinnig oder störrisch und hat Alpträume. Dies sind wichtige Hinweise für die homöopathische Diagnose, aber sie sind

James Taylor Kent (31. 3. 1849 – 6. 6. 1916)
erhielt seine medizinische Ausbildung an einer sogenannten Eclectic School in Cincinnaty, wo verschiedene Methoden der Heilkunde (Allopathie, Homöopathie, Kräutertherapie) gelehrt wurden. Kent vertiefte sich vornehmlich in die Anatomie und wurde mit 28 Jahren Hochschullehrer für dieses Fach. Seine „Bekehrung" zur Homöopathie, von der er zunächst nichts wissen wollte, kam dadurch zustande, daß seine Frau von einem homöopathischen Arzt von einer ernsten Erkrankung geheilt wurde. Kent wandte sich danach völlig der Homöopathie zu. 1881 wurde er Hochschullehrer am Homöopathic College in Missouri. Seine Werke, u. a. das bereits erwähnte Repertorium, „Lectures on Homoeopathic Philosophy" (ins Deutsche übersetzt als „Prinzipien der Homöopathie") und „Lectures on Homoeopathic Materia medica" (Kents Arzneimittelbilder) sind weltbekannt und werden von allen Homöopathen studiert. Einige seiner Texte in seinen Vorlesungen zur Homöopathie sind weniger leicht lesbar, da Kents philosophische Einsichten durch den schwedischen Mystiker Swedenborg (1680–1772) inspiriert wurden, der eine theosophische Lehre entwickelt hatte. Kent lehrte weiterhin am Dunnham Medical College, am Hering Medical College und am Hahnemann Medical College in Chicago. Gleichzeitig war er Direktor eines Ausbildungsinstituts für Ärzte und hatte eine sehr große Arztpraxis. Kent gehört mit Hahnemann, Hering und von Boenninghausen zu den Allergrößten der Homöopathie-Geschichte.

noch weiter zu untermauern. Der erwachsene Calcium carbonicum-Patient geht abends mit kalten Füßen ins Bett, er muß Socken anziehen, aber nach einer Weile werden seine Füße heiß und sie brennen ihm so, daß er sie wieder unter der Bettdecke hervorstrecken muß. Nach einem Sexualkontakt schlägt seine Stimmung unerwartet um und er wird traurig oder beginnt sogar zu weinen. Diese Art Erscheinungen können nicht mehr durch physiologische Prozesse erklärt werden, sie sind jedoch für das Stellen einer homöopathischen Diagnose sehr von Bedeutung. Peculiars sind sehr wichtig in der Homöopathie. Dies sind merkwürdige, eigenartige, unerklärbare Symptome. Warum diese so wichtig sind, wird bei der Besprechung des Systemdenkens im Kapitel 6 deutlich werden.

5.10. Nach der ersten Behandlung: Reaktionen auf das Mittel.

Wenn Sie das Arzneimittel eingenommen haben, beginnt die Reorganisation „Ihres Hauses". Welche Reaktionen können Sie nun erwarten? Zu Beginn muß man sich klarmachen, daß es sich nicht um eine Gewaltkur handelt. Man bringt mit diesem Mittel einen Prozeß in Gang, aber dieser Prozeß wird durch den Organismus selbst weiter fortgeführt. Die Mittel wirken als eine Art von Anlasser für einen Motor. Wenn der Prozeß einmal angekurbelt ist, wird er durch den Organismus selbständig fortgesetzt. Dieses bedenkend, können wir uns vorstellen, daß eine Dosis einer hohen Potenz einige Wochen oder Monate fortwirkt. Nach dem Einnehmen des Mittels geht das Leben wie gewöhnlich weiter: Es geschieht nachfolgend allerhand. Es geht nun darum, diese Ereignisse zu interpretieren. Am besten macht man einige Notizen über seine Beobachtungen, um sie bei der folgenden Konsultation dem Arzt mitzuteilen. Ein derartiges „Logbuch“ ist manchmal eine gute Hilfe bei der Analyse dessen, was sich abgespielt hat. Reaktionen nach Mitteleinnahme können wir in folgende Gruppen einteilen (der wichtigste Unterschied ist derjenige zwischen I und II):

I. gesetzmäßiger Verlauf

1. das Auftreten einer Erstverschlimmerung
2. Veränderungen nach dem Gesetz von Hering
3. die Entstehung von Nebensymptomen

II. nicht gesetzmäßiger Verlauf

1. Placebo-Reaktionen
2. zufällige Erscheinungen

Die Wirkung der potenzierten Heilmittel ist vergleichbar mit derjenigen eines Anlassers.

Die Erstverschlimmerung:

Die Erscheinung der Erstverschlimmerung regt sehr stark die Phantasie an. Einige Menschen fürchten sich so davor, daß sie kein Mittel nehmen wollen. Der Name ist auch etwas unglücklich gewählt. Häufig handelt es sich lediglich um eine Akzentuierung der Beschwerden; man gebraucht dafür auch den Begriff „Anfangsreaktion“. Über Anfangsreaktionen gäbe es viel zu sagen, aber größtenteils fiele dies aus dem Rahmen des Buches, ginge man hier auf Details ein. Kent widmete in seinem Buch „Vorlesungen zur Homöopathie“ diesem Thema ein ganzes Kapitel. Die Anfangsreaktion ist abhängig von der gewählten Potenz, der Schwere der Erkrankung, der Empfindlichkeit des Patienten für das Mittel, der Frage, ob bereits eine Gewebszerstörung stattgefunden hat und der Reinheit des homöopathischen Krankheitsbildes. Um mit dem letzten zu beginnen: Wir sind bislang davon ausgegangen, daß ein Krankheitsbild genau zu einem Arzneimittelbild paßt. Unglücklicherweise ist es in vielen Fällen so, daß ein Bild nicht sauber ist, das bedeutet: Es handelt sich um eine Mischung von verschiedenen Bildern. Einerseits kann das am Vorhandensein mehrerer konstitutioneller Gebrechen des Organismus liegen, andererseits daran, daß Symptome in der Vergangenheit unterdrückt worden sind. Bei einem solchen gemischten Bild kann es vorkommen, daß keine Anfangsreaktion auftritt, wohl aber eine teilweise Verbesserung. Bei diesen Mischbildern wird das wichtigste Mittel zuerst eingesetzt. Und das ist häufig eine wahre Kunst. Wenn eine bedeutendere Gewebszerstörung vorhanden ist und der Patient geschwächt ist, kann es zu starken Anfangsreaktionen kommen. Sie können sich vorstellen, daß das Mittel eine Heilreaktion in Gang setzt, die soviel Energie vom Patienten verlangt, daß er zuwenig Energie übrig behält, um auf den Beinen zu bleiben. Bei Gewebszerstörungen scheint auch ein Absaugen vitaler Energie aufzutreten. Der Genesungsprozeß beginnt und der Organismus will Veränderungen zustande bringen bei einem bestimmten Organ, das beschädigt ist und keine Reaktionsantwort geben kann. Der Organismus verliert dann Energie bei dem Versuch, dieses Organ doch noch zu einer Reaktionsantwort zu bewegen. Gelingt ein derartig heftiger Versuch dennoch, dann können die wunderbarsten Heilungen auftreten. Glückt er nicht, dann tritt eine langdauernde Verschlimmerung auf, ohne daß danach ein Zustand eintritt, der günstiger ist als vor der Verschlimmerung. Bei der Beurteilung spielt es eine Rolle, nach welchem Zeitraum (wie lange nach Einnahme des Heilmittels) die Erstverschlimmerung aufgetreten ist und wie lange die Reaktion dauert. Der ideale Verlauf ist eine leichte, kurze Verschlimmerung, der eine gleitende, lang andauernde Verbesserung folgt.

Veränderungen nach dem Gesetz von Hering: Diese Veränderungen sind weiter oben ausführlich besprochen worden. Nachdem wir nun das konstitutionelle Denken besprochen haben, können wir das Gesetz von Hering noch weiter ausfüllen. Sie sahen, daß alte Krankheiten nach diesem Gesetz bei der Genesung erneut auftreten können. In diesem Kapitel haben wir weiterhin entdeckt, daß wir den Begriff Symptom erweitern müssen. Wir müssen uns klarmachen, daß auch Varianten der Lebensverrichtungen, die früher nie als Beschwerden erfahren wurden, zurückkehren können. Um einige Beispiele zu nennen: bestimmte Arten von Schweißabsonderungen (z. B. Schweißfüße), Träume von früher, Unsicherheiten, die man in der Pubertät hatte. Es ist nicht immer einfach, sich diese Dinge klarzumachen. Manchmal sind zurückkehrende Symptome sehr deutlich. Man kann schlimme Kopfschmerzen wiederbekommen, die fünf Jahre weggeblieben waren. Das Entstehen von Nebensymptomen: Nach Einnahme eines Mittels können neue Symptome auftreten. Wir müssen diese strikt unterscheiden von den sogenannten Nebenwirkungen, wie sie bei chemischen Pharmaka vorkommen. Es sind Symptome, die bei der Einnahme eines gut passenden Mittels auftreten, und die zu diesem betreffenden Arzneimittelbild gehören, aber der Patient hat diese Symptome früher nicht gehabt. Zur Interpretation dieser Erscheinungen lesen wir Hahnemanns Text aus dem Organon der Heilkunde, § 181:

„Man werfe nicht ein, daß die jetzt erschienenen Nebenbeschwerden und neuen Symptome dieser Krankheit auf Rechnung des oben gebrauchten

Arzneimittels kämen. Sie kommen von ihm; es sind aber doch immer nur solche Symptome, zu deren Erscheinung diese Krankheit und in diesem Körper auch für sich schon fähig war, und welche von der gebrauchten Arznei – als Selbsterzeugerin ähnlicher – bloß hervorgelockt und zu erscheinen bewogen wurden. Man hat mit einem Worte, den ganzen, jetzt sichtbar gewordenen Symptomen-Inbegriff für den, der Krankheit selbst zugehörigen, für den gegenwärtigen wahren Zustand anzunehmen und ihn hiernach ferner zu behandeln.“

Zusammenfassend hängt die Reaktion auf ein Mittel von folgenden Faktoren ab:

1. von der Klarheit des Bildes,
2. von der Vitalenergie, die jemand zur Verfügung hat,
3. wie lange das Bild bestanden hat,
4. wie tief die Erkrankung sitzt,
5. ob eine Gewebsdestruktion aufgetreten ist.

Die Reaktion auf ein Mittel kann sehr subtil sein. Es geht nämlich darum, daß wir dem Beginn einer Serie von Veränderungen auf die Spur kommen. Wenn ein Mittel anschlägt, ohne daß man dies in Rechnung zieht, sucht man nach einem weiteren Mittel und verpatzt das gute Mittel, was einen enormen Zeitverlust bedeutet. Wenn man danach wieder auf die Idee kommt, zu dem ersten Mittel zurückzukehren, kann sich viel Sucherei im Repertorium und in der Materia medica abgespielt haben. Wenn das Mittel anschlägt, werden dem Organismus neue Lebensumstände oder wenn man will, alte Lebensumstände, die verloren gegangen waren, aufs neue angeboten. Man stelle sich vor, daß ein Flußarm von der Wasserzufuhr abgeschnitten ist, wodurch das Flußbett und das umgebende Land austrocknen. In diesem Gebiet verändert sich das Pflanzenwachstum oder stirbt ab. Die Lebensverrichtungen in diesem Gebiet sind gestört. Dies stellt die Krankheit dar. Keine Lebensenergie, Verfall, Krankheit. Was geschieht, wenn die Absperrung aufgehoben wird? Das Land wird wieder bewässert. Wenn die Absperrung nur kurz gedauert hat oder unvollständig war, tritt eine schnelle Wiederherstellung ein. Die Pflanzen waren nur ausgetrocknet, aber nicht abgestorben, so können sie sich schnell regenerieren. Wenn die Absperrung lange gedauert hat und ein großer Teil der Pflanzen abgestorben ist, dann wird die Wiederherstellung der Vegetation viel mehr Zeit in Anspruch nehmen. Wir erwarten dann auch nicht, daß sofort wieder alle Pflanzen in Blüte stehen werden, dafür können einige Jahre nötig sein. Die ersten Anzeichen einer Wiederherstellung müssen wir in diesem Fall suchen: Vielleicht hat der eine oder andere Same im Boden die Trockenheit gut überstanden. Wenn einige Keime anfangen zu wachsen, dann ist es das Zeichen, daß die Wiederherstellung begonnen hat. So müssen wir auch auf sehr subtile Veränderungen in den Lebensverrichtungen achtgeben, um schließen zu können, daß das Mittel wirkt: ein ruhiger Schlaf, weniger ängstliche Träume, ein hellerer Blick, mehr Glanz im Haar, ein bißchen mehr Mut. Es ist dann nur eine Frage der Zeit, bis das „Gebiet" wieder zur Blüte kommt. Manchmal wird ein ausgetrocknetes Gebiet durch Regen geplagt und es tritt eine Erosion auf. Auf diesen dann entstandenen kahlen Flächen wird nicht mehr viel neue Begrünung möglich sein. Wenn jemandes Kräftezustand aufgezehrt ist oder seine Organe abgenutzt sind, dann wird die Wiederherstellung nur sehr unvollkommen oder gar nicht möglich sein.

Placebo-Reaktionen:

Nachdem diese erste große Gruppe gesetzmäßiger Reaktionen auf ein Mittel besprochen wurde, sollte deutlich sein, daß diese sehr deutlich von Placebo-Reaktionen zu unterscheiden sind. Placebo-Reaktionen sind in den letzten Jahren sehr ins Gespräch gekommen. „Placebo" ist ein lateinisches Wort, das wörtlich „ich werde gefallen" bedeutet. Gegenwärtig bezeichnet man arzneifreie Pillen als Placebo. Placebos werden bei sogenannten „Doppelblind-Untersuchungen" gebraucht. Hierbei wird ein Arzneimittel untersucht, wobei die Hälfte einer Gruppe von Testpersonen das wirkliche Mittel erhält und die andere Hälfte ein Placebo. Weder die Testpersonen noch der Prüfungsarzt wissen, wer welches bekommt. Bei solchen Untersuchungen ergibt sich, daß Placebos mancherlei Effekte zustande bringen können. Erstaunliche Besserungen, Nebenwirkungen, Verschlimmerungen usw. Alle diese Erscheinungen sind bis heute nicht erklärbar. Trotzdem wird der Placebo-Effekt bereits als „Erklärung" benutzt, um unerklärbare Wirkungen, wie die einer homöopathischen Behandlung, in Zweifel zu ziehen. Nach dem bisher Gesagten sollte deutlich sein, daß die Gesetzmäßigkeiten in den Reaktionsmustern auf ein gut gewähltes Mittel zweifellos immer eine Unterscheidung zu Placebo-Effekten möglich machen.

Zufällige Erscheinungen:

Wir müssen immer an zufällige Erscheinungen denken. Wenn jemand sich einen Muskel zerrt, bekommt er Schmerzen. Man kann uneins mit seinen Nächsten sein und dadurch eine schlechte Konzentration oder einen gestörten Schlaf haben. Diese Symptome bestehen natürlich unabhängig von dem Mittel, das man eingenommen hat. Alles in allem: Jemand produziert nur die Symptome, die er bekommen kann. Die zufälligen Symptome sind zuweilen recht hilfreich bei der Beurteilung des Krankheitsbildes. Mit etwas anderem müssen wir ebenfalls rechnen: die Blockierung der Wirkung des konstitutionellen Mittels durch eingreifende Erlebnisse. Wenn eine geliebte Person stirbt, kann der gesamte Organismus darauf so reagieren, daß die bereits in Gang gesetzte Wirkung eines Mittels gestoppt wird. Häufig ist es möglich, den Genesungsprozeß mit nachfolgenden Mitteln wieder in Gang zu bringen. In einem derartigen Fall ist es ratsam, mit dem behandelnden

Arzt Kontakt aufzunehmen. Ein anderes Beispiel für störende Einflüsse sind Unfälle oder die örtliche Betäubung beim Ziehen eines Zahnes. Ein besonderes Kapitel bildet die Behandlung von akuten Krankheitsbildern während einer konstitutionellen Behandlung. Dies wird im Kapitel 8 besprochen.

5.11. Verlauf bei verschiedenen Potenzhöhen.

In Kapitel 3 haben wir die Eigenschaften der verschiedenen Potenzen besprochen. An dieser Stelle werden wir nun auf die Reaktionen eingehen, die nach Einnahme der unterschiedlichen Potenzen auftreten können. Centesimalpotenzen werden in der Regel einmalig genommen. D. h. man nimmt eine Dosis (1 oder mehrere Kügelchen) oder eine Tablette, beispielsweise in C 30. Nachfolgend wartet man einige Tage oder Wochen die Wirkung ab. Bei einer akut verlaufenden Krankheit erwarten wir einen schnelleren Effekt, z. B. bei einer Halsentzündung muß in einigen Stunden oder maximal nach einem Tag eine deutliche Reaktion zu beobachten sein.
Bei akuten Erkrankungen wird auch oft das Mittel aufgelöst und danach in häufigen kleinen Schlucken getrunken, bis eine Wirkung eintritt. Wenn das Mittel wirkt, muß die Einnahme nicht weiter wiederholt werden. Wir warten nun in Ruhe ab, wie weit die Besserung fortschreitet –, und wenn der Effekt nachläßt, nehmen wir wieder eine Dosis ein. In der Regel sehen wir dann wieder eine Wirkung und wir warten wieder ruhig ab, ob eine nochmalige Wiederholung des Mittels nötig sein wird. Auch bei chronischen Krankheiten sollte das Mittel erst dann wiederholt werden, wenn keine weitere Verbesserung mehr zu verzeichnen ist. Die Anfangsverschlimmerung, die beim Einnehmen einer homöopathischen Potenz auftreten kann, fällt bei akuten Erkrankungen im allgemeinen wegen der Heftigkeit des Krankheitsbildes nicht auf. Bei chronischen Erkrankungen ist bei Gebrauch von Centisimalpotenzen in der Regel mehr oder weniger eine Anfangsverschlimmerung zu bemerken. Erstverschlimmerungen zeigen dem Therapeuten an, daß das gegebene Mittel wirkt, andererseits sind sie oft unwillkommen, weil die Beschwerden zunehmen. In der Regel fallen die Erstreaktionen bei chronischen Krankheiten in den Zeitraum von 7–10 Tagen nach Einnahme des Mittels. Danach setzt die Besserung ein. Übereinstimmend mit dem Gesetz von Hering tritt bereits eine Verbesserung im existentiellen Wohlbefinden ein, während die Anfangsverschlimmerung der Beschwerden im engeren Sinne noch im Gang ist. Die Verabreichung einer einzigen Dosis eines Mittels kann ausreichend sein, sowohl bei akuten als bei chronischen Krankheiten. Meist ist es jedoch nötig, das Mittel einige Male zu wiederholen. Gewöhnlich wirkt eine zweite Dosis länger als die erste und eine dritte noch wieder länger, so daß kein Rückfall mehr auftritt. Die Besserung, die schließlich durch ein Mittel erreicht wird, muß nicht für immer zu einem völ-

ligen Verschwinden aller Beschwerden führen. Häufig wird es nötig sein, auf der Basis der Restbeschwerden ein Folgemittel zu wählen (s. Kapitel 8). Wenn nach der Wiederholung einer Dosis der Effekt weniger lange anhält als bei der vorhergehenden Dosis, dann muß auf eine höhere Potenz desselben Mittels übergegangen werden, oder aber das Symptomenbild ist derartig verändert, daß ein anderes Mittel angezeigt ist. Wenn wir uns entschließen, auf ein anderes Mittel überzugehen, dann gilt hierfür wieder dieselbe Gebrauchsanweisung.

Wenn dasselbe Mittel in einer höheren Potenz fortgesetzt wird (z. B. C 200 folgt auf C 30), dann können wir erwarten, daß der Effekt nach Einnahme der höheren Potenz länger anhalten wird, als nach der ersten Einnahme der tieferen Potenz. Die zweite Dosis von dieser C 200 wird ihrerseits wieder länger wirken als die erste Dosis C 200 usw. (s. Abb. 14a).

Q-Potenzen (fälschlicherweise LM-Potenzen genannt) sind

Abb. 14a: Der Verlauf der Beschwerden bei der Anwendung von C-Potenzen

1. Normaler Verlauf nach Anwendung einer C-Potenz

Auf die Einnahme folgt eine Anfangsverschlimmerung, darauf eine Periode der Besserung (a). Wenn die Beschwerden wiederkehren, kann das Mittel wiederholt werden. Hierauf folgt wieder eine (diesmal geringere) Erstverschlimmerung, gefolgt von einer langen Besserungsphase (b) usw.

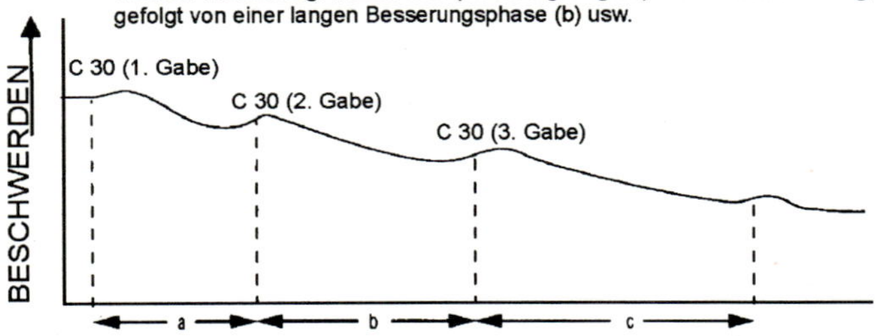

2. Übergang auf höhere C-Potenzen

Wenn die Wiederholung derselben Potenz eine kürzere Wirkung ergibt (C). Die höhere Potenz (C 200) wirkt wieder länger (d).

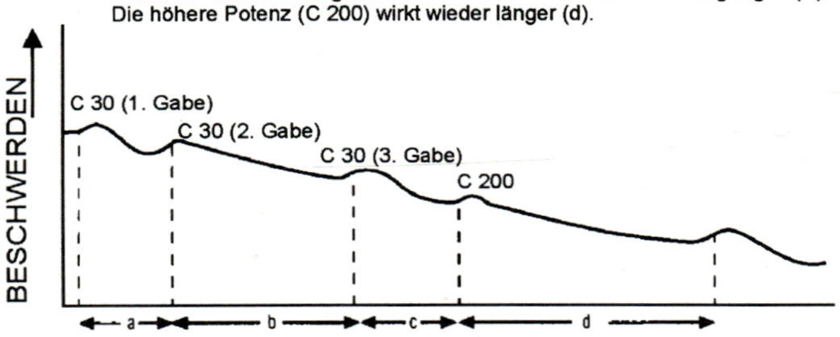

3. Übergang auf ein Folgemittel einer C-Potenz

Eine höhere Potenz wirkt nicht oder sehr kurz: ein Folgemittel ist angezeigt

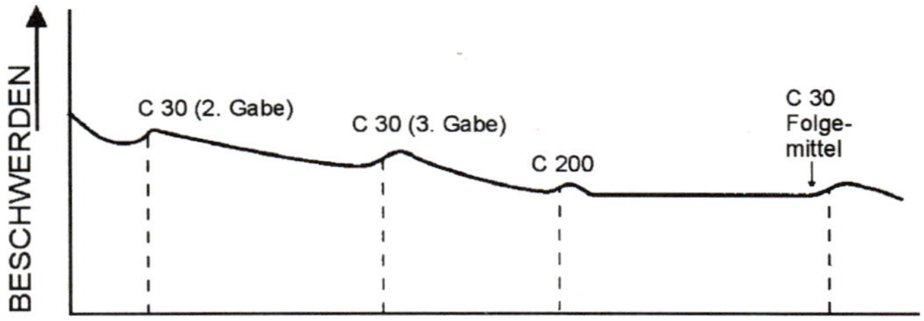

ebenfalls geeignet sowohl für chronische als auch akute Erkrankungen. Bei akuten Beschwerden werden sie folgendermaßen gebraucht: 1 oder 2 Kügelchen werden in einem Glas Wasser aufgelöst und von dieser Verdünnung nimmt man in regelmäßigen Abständen einen Schluck von der Menge eines Eßlöffels. Wenn die Beschwerden heftiger sind, muß man öfter einen Schluck nehmen, beispielsweise bei einer plötzlich auftretenden Mittelohrentzündung alle 5–10 Minuten. Wenn die Mittelwirkung einsetzt, vermindert man die Einnahmehäufigkeit langsam bis auf 3x täglich. Im allgemeinen ist es ratsam, auch einige Tage nach dem Verschwinden der letzten Restbeschwerden eine Dosis weiterzunehmen. Bei chronischen Erkrankungen, die eine konstitutionelle Behandlung erfordern, wirken die Q-Potenzen ebenfalls ausgezeichnet. In der Regel verursachen diese Potenzen keine Anfangsverschlimmerung. Da sie kürzer wirken, müssen sie häufiger wiederholt werden. Q VI, die Stärke, womit meist begonnen wird, muß 1x täglich eingenommen werden. Man kann dies am besten morgens früh nach dem Aufwachen tun. Wenn man abends zuvor das Mittel in einem Glas Wasser bereitstellt, kann man es morgens austrinken. Wenn man nun das Mittel ständig einnimmt, kommt der Moment, wo wir es länger zu uns nehmen, als es unser Organismus nötig hat, um die Heilreaktionen in Gang zu halten. In diesem Augenblick tritt dann ein Übereffekt auf. Dies äußert sich als Rückfall: man hat den Eindruck, daß das Mittel in seiner Wirkung nachläßt. In diesem Moment muß man die Einnahme beenden. Wenn wir das Mittel nicht mehr nehmen, endet der Rückfall, und es schließt sich wieder eine Periode der Besserung an, ohne daß wir das Mittel einnehmen müssen. Unser Organismus setzt nun aus eigener Kraft den in Gang gebrachten Genesungsprozeß fort. Wenn unser Organismus nicht länger im Stande ist, diesen Prozeß in Gang zu halten, tritt wieder ein Rückfall auf, aber dieser Rückfall bleibt auf einem höheren Niveau, als zu Beginn der Behandlung. Wir haben nun wiederum das passende Mittel nötig. Aber wenn wir es aufs neue täglich 1x nehmen, tritt schnell ein Übereffekt auf; wir können diesmal mit weniger häufigen Einnahmen den Heilungsprozeß in Gang halten. Ausreichend wäre die Einnahme des Mittels nur jeden 2. Tag. Wir bleiben nun bei der zweitägigen Einnahme solange, bis sich wieder ein Rückfall meldet. Dieses Mal könnten wir wiederum pausieren, aber in der Praxis fällt diese Pause immer sehr kurz aus und deshalb ist es praktikabler, auf die folgende Potenz überzugehen (Q XII). Wir beginnen aufs neue mit einer täglichen Einnahme und nun folgt derselbe Verlauf wie mit der Q VI: Besserung – Übereffekt mit Rückfall – Pause – zweitägige Einnahme – Rückfall. Evtl. kommt hiernach wiederum eine höhere Potenz an die Reihe. Der Zeitraum, in denen eine Q-Potenz wirksam bleibt, nimmt genau wie bei den C-Potenzen stets zu. Folgen die Rückfälle einander in immer kürzeren Abständen, dann weist dies auf ein anderes Mittel hin. Wenn es nicht erfor-

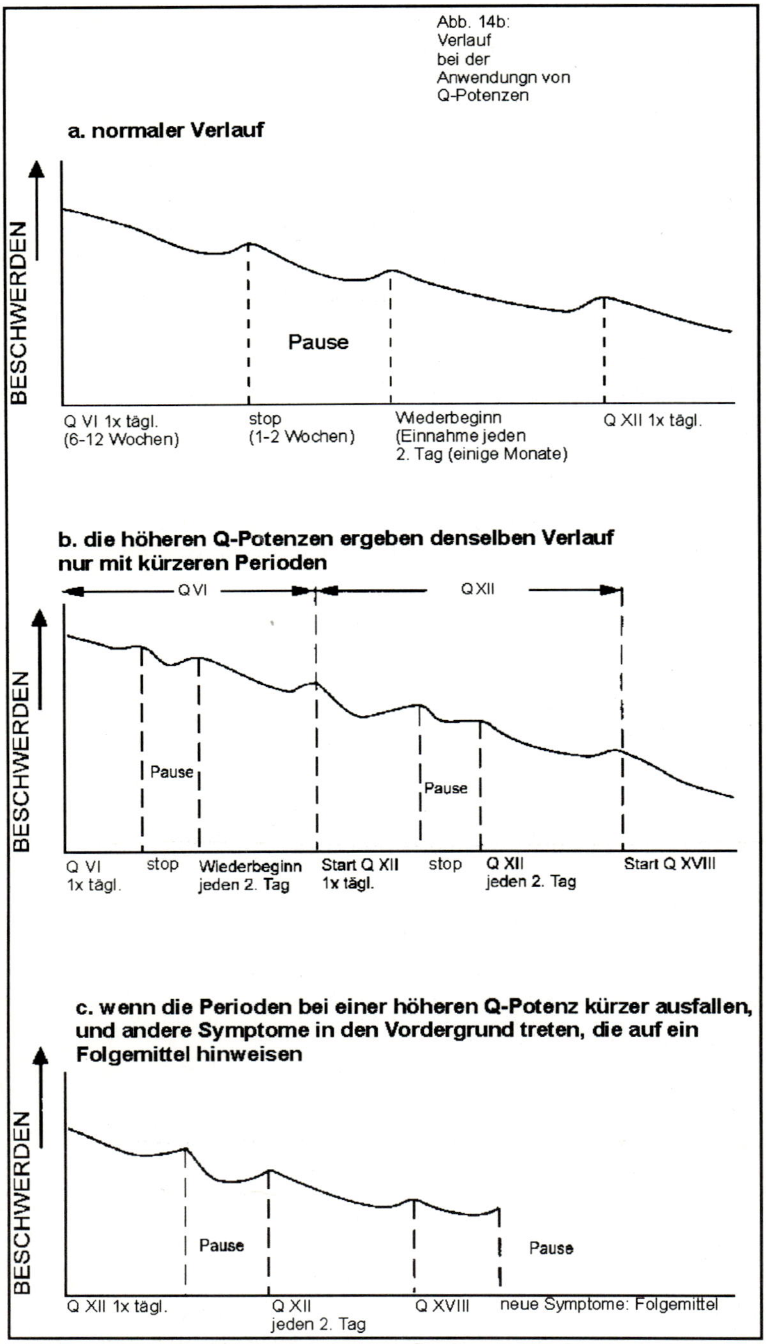

derlich ist, ein Folgemittel zu wählen, dann ergibt sich das daraus, daß kein Rückfall mehr in der Pause nach einem Übereffekt aufgetreten ist. Es ist von großer Bedeutung, daß die Veränderungen, die während des Einnehmens des Mittels auftreten, genau registriert werden, und bei konstitutionellen Behandlungen ist es ratsam, sich entsprechende Aufzeichnungen zu machen. Wir müssen nämlich gut die Länge der verschiedenen Perioden vergleichen können. Es ist wichtig, seinem Arzt Mitteilung zu machen, welche Erscheinungen während des Rückfalls auftreten, denn diese Erscheinungen weisen auf die erforderliche Weiterbehandlung hin: sei es eine höhere Potenz, sei es ein anderes Mittel (s. Abb. 14 b).

Dezimalpotenzen eignen sich weniger gut für konstitutionelle Behandlungen. Es ist sehr schwierig herauszufinden, wie lange sie eingenommen werden müssen. Wenn aus organisatorischen Gründen keine anderen Potenzen zu erhalten sind, könnte man sich ihrer bei akuten Krankheitsbildern bedienen.

Schriftliche Anamnese

Anleitung

Sehen Sie sich die Fragenliste zunächst einmal durch und beantworten Sie die Fragen danach auf einem gesonderten Blatt Papier. Vermeiden Sie soviel als möglich Antworten wie „ja", „nein", „normal" und dergleichen. Versuchen Sie herauszufinden, wie sich die Dinge bei Ihnen darstellen. Versuchen Sie, uns einen Eindruck Ihrer Konstitution zu geben! Unter normalen Umständen spürt ein Mensch sich selbst nicht, alles funktioniert wie selbstverständlich. Alles das, was an Ihnen in Erscheinung tritt, wodurch Sie an sich selbst erinnert werden, kann für die homöopathische Diagnose von Belang sein.
Während der Konsultation werden wir die Antworten gemeinsam durchsprechen; so können Sie jederzeit weitere Ergänzungen und Erläuterungen geben.

T e i l 1

Fragen, die Ihre Beschwerden oder Erkrankungen betreffen. (Für Kinder: s. Teil 4)

Ihre jetzigen Beschwerden

1. Beschreiben Sie die Beschwerden, derentwegen Sie zu uns kommen.

■ Wann haben sie begonnen?

■ Gab es eine Ursache oder einen Anlaß? (z. B.: Unfall, durchgemachte Erkrankungen, emotionale Erlebnisse...)

■ Welche Umstände beeinflussen die Beschwerden? (z. B.: Kälte, Wärme, Witterungsumstände, Körperhaltung, Tages- und Nachtzeit, Licht, Geräusch...)

■ Werden die Beschwerden durch Körperfunktionen beeinflußt? (z. B.: Essen, Trinken, sexuelle Aktivität, Schlafen, Urinieren, Stuhlgang, Schwitzen, Bewegung, Ruhe, bei Frauen der Menstruationszyklus...)

■ Werden die Beschwerden durch geistige oder emotionale Umstände beeinflußt? (z. B.: geistige Anspannung, Studieren, Lesen, geistige Entspannung, Freude, Verdruß, Schreck, Ärger, Bosheit, Kränkung, freudige Überraschung...)

■ Was können Sie tun, um Ihre Beschwerden zu mindern?

■ Müssen Sie etwas unterlassen, um eine Verschlimmerung der Beschwerden zu verhindern? Zeigen sich zusammen mit den Beschwerden andere Erscheinungen oder Wahrnehmungen? (z. B.: Durchfall, gepaart mit heftigem Schwitzen oder Kopfschmerz mit Zittern...)

■ Welche Heilmittel oder andere Behandlungen wenden Sie momentan an?

2. Mögliche andere Beschwerden

Haben Sie andere Beschwerden, außer denen, die oben beschrieben wurden?
Benutzen Sie diese Liste als Gedächtnisstütze und geben Sie an, welche Beobachtungen Sie gemacht haben betreffend:
Kopf – behaarter Kopf – Haare – Gleichgewicht – Schwindel – Ohren und Gehör – Augen und Sehvermögen – Nase und Geruchssinn – Stirn- und Kieferhöhlen – Gesicht – Mund – Lippen – Zunge – Geschmack – Speicheldrüsen – Gebiß – Zahn-

fleisch – Kehlkopf – Mandeln – Rachen – Schilddrüse – Magen- und Darm – Bauch – Bauchwand – Leistenbrüche – Verdauungstätigkeit – Niere – Blase – Urin – Prostata – Geschlechtsorgane – Geschlechtskrankheiten – Eierstöcke – Hoden – Gebärmutter (Fragen nach der Menstruation folgen andernorts) – Stimme – Sprache – Lungen – Atmung – Husten – Auswurf – Brustkorb – Rippen – Herz – Blutgefäße – Rücken – Wirbelsäule – Gliedmaßen – Lymphknotenschwellungen in Leisten oder Achseln – Haut – Juckreiz – Hautausschlag – Pickel – Warzen – Narben.

3. Frühere Krankheiten und Beschwerden

An welchen Beschwerden oder Krankheiten haben Sie im Laufe Ihres Lebens gelitten (mit Alter oder Jahreszahl). Geben Sie auch Operationen, Unfälle und Impfungen an. Sie können die Liste unter 2 auch hier als Gedächtnisstütze verwenden.

4. Erkrankungen in der Familie

Welche Erkrankungen oder Beschwerden gab oder gibt es in Ihrer Familie; bei Eltern, Großeltern, Kindern oder anderen Blutsverwandten?

Teil 2

Ihre Veranlagungen und Reaktionsweisen auf Umgebungsfaktoren.

a) Stoffliche Dinge

Umgebungsfaktoren

5. Wie reagieren Sie auf den Wechsel der Jahreszeiten?

6. Welches Klima lieben Sie? Wo würden Sie am liebsten Urlaub machen oder wo lieber nicht? Bekommen Sie Beschwerden in einem anderen Klima?

7. Sind Sie empfindlich für Wetterwechsel? Wie reagieren Sie auf warmes Wetter, kaltes Wetter, feuchtes Wetter, trockenes Wetter, Nebel, Sonnenbestrahlung, Wind? Ist die Windrichtung von Bedeutung (z. B. kalter Ostwind...)?

8. Sind Sie empfindlich für Wetterveränderungen? Fühlen Sie das Herannahen eines Wetterwechsels? Wie reagieren Sie vor einem Sturm, bei Gewitter, wenn Schnee in der Luft liegt oder bei Tauwetter...?

9. Haben Sie viel Verlangen nach frischer Luft? Wie fühlen Sie sich, wenn Sie einen ganzen Tag in geschlossenen Räumen bleiben müssen? Schlafen Sie bei offenem Fenster?

10. Wie vertragen Sie Zugluft, Klimaanlage, Abkühlung durch Schwimmen oder Naßregnen? Wie schnell sind Sie erkältet? In welcher Jahreszeit?

11. Wie vertragen Sie Zimmerwärme, strahlende Wärme von einem offenen Feuer, Zentralheizung, ein warmes Bett, eine warme Dusche oder die Sauna?

Allgemeine Funktionen

12. Manche Menschen sind frostig, andere haben immer eine ausreichende Körperwärme. Wie ist es bei Ihnen? Im Bett entwickelt der Körper selbst Wärme; wird Ihnen hierdurch zu warm und wie lösen Sie dieses Problem?

13. Welche Art von Kleidung tragen Sie? Haben Sie Verlangen, sich warm zu kleiden oder eher luftig? Sind Sie empfindlich gegen Kleidungsdruck (z. B. am Hals, Bauch)?

14. Schwitzen Sie leicht? Welche Körperteile schwitzen am meisten oder am schnellsten? Wie reagieren Sie, wenn Sie schwitzen? Wie ist die Beschaffenheit des Schweißes: wird die Haut naß davon, wie ist der Geruch? Schwitzen Sie im Schlaf?
15. Wie ist der Appetit? Zu welchen Zeiten des Tages haben Sie Hunger? Auch nachts? Wie reagieren Sie, wenn Sie eine Mahlzeit ausfallen lassen müssen? Nehmen Sie Körperreaktionen wahr vor, während oder nach den Mahlzeiten?
16. Was essen Sie gern? Gibt es Dinge, worauf Sie ein ausgesprochenes Verlangen oder Heißhunger haben?
17. Gibt es Nahrungsmittel, gegen die Sie eine starke Abneigung haben?
18. Welche Nahrungsmittel vertragen Sie nicht? Aus welchem Grund?
19. Sind Sie durstig? Wieviel und was trinken Sie tagsüber?
20. Wieviel rauchen Sie pro Tag? Wieviel alkoholische Getränke nehmen Sie zu sich? Benutzen Sie Kräuter oder Hustenmittel?
21. Wie ist Ihre sexuelle Energie? Zeigen sich Beschwerden in Verbindung mit Ihrer sexuellen Aktivität (z. B. trockene Schleimhäute oder Störungen der Erektion, Muskelschmerzen während des Beischlafs, Rückenschmerzen, Ermüdung oder Schwindel danach...)?
22. Wie schlafen Sie? Wie steht es mit dem Einschlafen, Durchschlafen, gibt es bestimmte Zeiten, zu denen Sie wach werden und wie lange bleiben Sie dann schlaflos?
23. In welcher Haltung schlafen Sie ein? Ist das immer Ihre Einschlafhaltung gewesen?
24. Sind bestimmte Angewohnheiten im Schlaf vorhanden (z. B. Sprechen, Lachen, Weinen, Schreien, Zähneknirschen, Speichelfluß, offene Augen, offener Mund, Schlafwandeln, Herumwälzen, Schmatzen...)?
25. Träumen Sie? Erinnern Sie sich an Ihre Träume? Über welche Dinge träumen Sie?
26. Wann erwachen Sie gewöhnlich aus dem Schlaf und wie fühlen Sie sich beim Erwachen? Wie fühlen Sie sich nach dem Aufstehen?
27. Gibt es eine bestimmte Tageszeit, zu der Sie sich weniger fit fühlen oder schläfrig sind?
28. Haben Sie eine Vorliebe für bestimmte Körperhaltungen? Wissen Sie weshalb? Haben Sie eine Abneigung gegen eine bestimmte Körperhaltung? Wie reagieren Sie z. B. auf: auf einer Stelle stehen, knien, bücken, liegen, auf der rechten oder linken Seite liegen, auf dem Bauch liegen...?
29. Wieviel körperliche Bewegung benötigen Sie, um sich wohl zu fühlen? Welche Sportarten treiben Sie? Wie ist Ihre Ausdauer?
30. In welchem Tempo laufen, sprechen, schreiben Sie?

Bei Frauen:
31. In welchem Alter begann Ihre Monatsregel?
32. Wann war die letzte Regel?
33. In welchen Abständen kommt die Regel? Falls Sie keine Regel mehr haben, wie war es früher?
34. Wie lange dauert sie?

35. Wie ist die Blutung (Menge, Farbe, Geruch, Beschaffenheit)?
36. Zu welchen Zeiten (tags oder nachts) ist die Blutung am stärksten? Ist die Regelblutung unterbrochen?
37. Gibt es bestimmte Begleiterscheinungen bei der Regel? Gefühle, Stimmungen, Beobachtungen...?
38. Wieviele Schwangerschaften haben Sie durchgemacht? Wie sind diese verlaufen? Wie verliefen die Entbindungen? Hatten Sie Fehlgeburten?
39. Leiden Sie unter Ausfluß (Weißfluß)? Wann? Wie ist die Beschaffenheit und der Geruch? Ist die Absonderung ätzend? Ist sie dünnflüssig, dickflüssig, färbt sie die Wäsche an ...?

b) Nichtmaterielle Dinge
Umgebung

40. Wie ist Ihre Tageseinteilung? Welche Verpflichtungen haben Sie (Familie, Arbeit, Ausbildung...)?
41. Wie bestreiten Sie Ihre Freizeit? Welche Art von Entspannung genießen Sie am meisten?
42. Fällt es Ihnen leicht, Kontakte zu knüpfen oder ein Gespräch zu beginnen? Welche Art von Gesellschaft bevorzugen Sie? Wie fühlen Sie sich, wenn Sie allein sind? Wie fühlen Sie sich in großen Gesellschaften, z. B. in einem Zimmer voller Menschen, in einer Kirche, Theater, großes Warenhaus, enger Gasse...?
43. Sind Sie verheiratet bzw. haben Sie einen Lebenspartner? Bestehen Störungen in dieser Beziehung?
44. Wie vertragen Sie langes Warten?
45. Wie reagieren Sie auf Sorgen?
46. Bei welcher Gelegenheit weinen Sie? Gibt es bestimmte Zeiten, in denen Sie zum Weinen neigen?
47. Was kann Sie trösten?
48. Kennen Sie das Gefühl der Eifersucht? Wann zeigt es sich?
49. Wie verhalten Sie sich, wenn Sie zornig sind?
50. Zeigen sich dann bestimmte körperliche Reaktionen?
51. Haben Sie Auswirkungen beobachtet, die als Folge von Gemütsbewegungen auftraten, z. B. Ärger, Verdruß, Kränkung, Liebeskummer, Demütigung, Empörung, schlechte Nachrichten, Schreck, freudige Überraschung...?

Ihre Funktion als Person

53. Wie fühlen Sie sich im allgemeinen bei Ihren täglichen Verrichtungen, wenn Sie nicht mit irgend etwas Speziellem beschäftigt sind? Welche Gedanken haben Sie dabei? Drängen sich bestimmte Gedanken auf, wie z. B. unangenehme Gedanken, kindische Phantasien, sexuelle Einfälle, ängstliche Gedanken...?
54. Wie ist Ihr Gedächtnis? Können Sie bestimmte Dinge schlecht behalten, z. B. Namen, Zahlen, Daten...?
55. Wie ist Ihr Konzentrationsvermögen beim Lesen, Fernsehen, im Gespräch...?
56. Können Sie immer klar denken und Ihre Gedanken in Worte fassen?
57. Machen Sie unwillkürliche Schreibfehler oder Versprechungen?

Teil 3:

Der Lauf der Zeit und noch andere wichtige Dinge.

58. Wie denken Sie über Ihre zurückliegende Lebenszeit?
59. Was waren die wichtigsten Ereignisse in Ihrem Leben?
60. Die meisten Menschen kennen bestimmte Ängste. Bei welchen Gelegenheiten haben Sie sich furchtsam oder ängstlich gefühlt? Kommt das immer noch vor? Haben Sie z. B. Angst vor der Nacht, Angst vor Dunkelheit, vor dem Alleinsein, vor Einbrechern, vor bestimmten Tieren, vor Krankheit, Gespenstern oder höheren Mächten, den Verstand zu verlieren oder verrückt zu werden, zu fallen, vor Geräuschen in der Nacht, Armut, Sturm, Gewitter, sind Sie wasserscheu oder haben Sie Höhenangst...?
61. Wie denken Sie über den Tod, das Sterben und das Totsein? Unter welchen Umständen gehen Ihre Gedanken in diese Richtung? Gab es Zeiten, in denen Sie lieber tot sein wollten? Was dachten oder taten Sie damals?
62. Was bedeutet Religion für Sie? Welches Gefühl haben Sie, wenn Sie daran denken, daß es eine höhere Macht gibt?
63. Wie beurteilen Sie die Zukunft? Haben Sie Verpflichtungen, Pläne, Ambitionen?

Teil 4:

Fragen, die besonders für Kinder zutreffen.

Viele der vorangehenden Fragen können auch für Kinder passen. Gehen Sie deshalb in jedem Fall die Fragen durch und beantworten Sie diejenigen, die zutreffend sind. Bei Kindern bis zum 5. oder 6. Lebensjahr ist es empfehlenswert, daß beide Eltern ebenfalls die Anamnesefragen beantworten (die sie selbst betreffen). Diese Informationen sind in Verbindung mit den erblichen Faktoren von großem Nutzen für das Auffinden des richtigen Mittels für das Kind.

64. Wie verlief die Entwicklung Ihres Kindes? Wie verlief die Schwangerschaft? Wie war die Geburt? Welche Nahrung hat das Kind bekommen? Wie wurde sie vertragen? Mußte das Kind häufig erbrechen? Wie war der Übergang von Muttermilch-Ernährung zur flüssigen und zur festen Ernährung? Wie war das Wachstum? Gab es Besonderheiten bei den Vorsorge-Untersuchungen? Wann kam der erste Zahn? Gab es Zahnungsprobleme? Wann hat Ihr Kind Laufen gelernt? Wann begann das Kind in ganzen Sätzen zu sprechen? Wann wurde es sauber, tagsüber und nachts? Wie reagierte es auf die Impfungen?
65. Allgemeine Funktionen: Wie spielt Ihr Kind? Hat es eine Vorliebe für besondere Arten von Spielen? Welche ausgeprägten Eigenschaften finden Sie an Ihrem Kind? Wenn Sie es mit den Geschwistern oder Altersgenossen vergleichen, was fällt Ihnen dabei auf? Wie ist das Kind in seinem Verhalten: ruhig, ruhelos und unstet, ernsthaft oder albern (spielt den Clown), viel Verlangen nach Körperkontakt, nachgiebig, störrisch, brutal, verlegen, eigensinnig, starrsinnig, ängstlich, gesellig oder zurückgezogen...? Wie reagiert es auf Zurechtweisung? Wie geht es in der Schule? Gibt es Probleme mit dem Lernen? Wie ist der Kontakt zu seinen Schulkameraden? Wie ist das Verhältnis zum Lehrer...?
66. Welche der Fragen haben beim Ausfüllen Ihre besondere Aufmerksamkeit auf sich gezogen?

Kapitel 6

Die Homöopathie – eine andere Art des Denkens

Das kausale Denken ist in der Wissenschaft solange und auf einigen Gebieten mit soviel Erfolg angewendet worden, daß es nahezu allgemein als das wissenschaftliche Denken betrachtet wird, obwohl es bestenfalls eine Variante sein kann. ***A. Angyal***

6.1. Erklärungen.

In den vorangegangenen Kapiteln haben wir die gesamte homöopathische Methode durchgenommen. Hierbei wird Ihnen aufgefallen sein, daß bislang gar keine Erklärungen gegeben wurden. Wie kommt Syndromverschiebung zustande? Wie kommt es, daß das Ähnlichkeitsgesetz wirkt? Wie kommt es, daß jemand sich besser fühlt, nachdem in seinem Organismus Syndromverschiebungen auftreten und er mehr körperliche Beschwerden hat? Warum ist die Ähnlichkeitsregel besser anwendbar, wenn man die Symptome auf spezielle Weise ordnet (hierarchisiert)? Was geschieht beim Potenzieren? Wie wirken die Mittel im menschlichen Organismus? Dies alles verlangt nach einer Erklärung. Und auf keine dieser Fragen gibt es im Moment eine Antwort! Ist es nicht sehr fremdartig, daß eine Methode beinahe 200 Jahre angewendet wurde, ohne daß eine Erklärung für die Wirksamkeit gefunden worden ist? Ist es für die Ärzte, die diese Methode anwenden, nicht ein sehr unsicheres Gefühl, mit einer Methode zu arbeiten, für die auf keine Weise eine Erklärung gegeben werden kann? Und ist es für Patienten nicht sehr merkwürdig, sich einer Behandlung zu unterziehen, bei der der Arzt nicht weiß, woher die Beschwerden kommen? Woher nehmen die zahllosen Ärzte und Patienten, die sich dieser Methode bedienen, ihre Sicherheit? Es ist deutlich, daß diese Sicherheit nicht von der Einsicht in den Mechanismus eines bestimmten Krankheitsfalles oder des „Verständnisses der Dinge“ im allgemeinen herrührt. Offensichtlich ist es möglich, ein verläßliches therapeutisches System in Gang zu setzen und dabei ursächliche Erklärungen außen vor zu lassen. Wie ist das möglich? Vielleicht finden wir die Antwort, wenn wir den homöopathischen Ansatz näher betrachten. Bei der Bryonia-Konsultation in Kapitel 3 sahen wir, daß lediglich die Feststellung, daß eine Bronchitis vorhanden war, keine ausreichenden Informationen für die Wahl eines homöopathischen Mittels lieferte. Es waren weitere Informationen nötig, um Schlüsse zu ziehen. Dies waren nicht nur mehr Informationen, sondern auch andere Informationen. Auch die Erweiterung durch die „Allgemeinsymptome“ im Sinne von Kent bildete einen Schritt zur Deutung anderer Informationen. Im Beginn von Kapitel 3 haben wir den Unterschied besprochen zwischen dem Stellen einer Diagnose auf der Basis des Verstehens der Dinge im Vergleich mit der Diagnosestellung auf der Basis vom Stand der Dinge. Nun begegnen uns folgende Fragen: Woher kommt die Sicherheit, die sich aus einer detaillierten Aufstellung des Stands der Dinge ergibt? Welche wesentliche Neuigkeit liefert uns die erweiterte Wiedergabe des Stands der Dinge durch die homöopathische Vorgehensweise? Wie kommt es, daß diese erweiterte Inventarisierung des Stands der Dinge genau diejenige Sicherheit gibt, die für eine treffsichere Behandlung nötig ist? Die Information, die wir auf diese Weise sammeln, muß wohl etwas ganz Besonderes sein. Untersuchen wir, was daran so anders und so besonders ist.

6.2. Höhere Merkmale.

Bei der Bronchitis-Konsultation waren zu einem besonderen Zeitpunkt verschiedene Gegebenheiten vorhanden, durch die wir zur Diagnose „Bryonia" kommen konnten:

- Sie seufzten beim Hereinkommen
- Sie reagierten einigermaßen gereizt
- Die Ursache für die Erkältung war kalter Wind
- Der Husten nahm zu, wenn Sie aus der Kälte in die Wärme kamen
- Sie hatten Verlangen danach, still sitzen zu bleiben
- Der Auswurf war bitter
- Es war Ihnen etwas schwindelig beim Aufstehen
- Ihr Stuhlgang war hart und trocken
- Der Schmerz beim Husten war von stechendem Charakter
- Der Schmerz wurde weniger, als ich Gegendruck beim Husten gab
- Die Entzündung saß rechts
- Sie waren sehr durstig

Was ist nun das Besondere dabei, daß Sie seufzten, gereizt waren, durstig waren, daß der Schmerz stechend war und beispielsweise nicht dumpf, usw.? Alle diese besonderen Gegebenheiten liefern Hinweise für die besondere Art und Weise, warum Sie in diesem speziellen Fall diese besondere Bronchitis hatten. Ihre gesamte individuelle Veranlagung ist dafür verantwortlich, wie sich die Symptome in Ihrem Organismus zu einem bestimmten Moment äußern. Anders gesagt: Diese besonderen Erscheinungen haben Bezug zu Ihrem Organismus als Gesamtheit! Sie geben den Zusammenhang an, der zwischen den verschiedenen „Teilen" besteht. Nun kommt eine wichtige Schlußfolgerung: Der Zusammenhang zwischen unseren unterschiedlichen Organsystemen wird dadurch hergestellt, daß wir leben. Wenn wir nicht mehr leben, ist keine Rede mehr davon, daß wir Durst haben oder irritiert sind. Aber wenn wir nicht mehr leben, werden doch in unseren Luftwegen noch Veränderungen angetroffen, die die Diagnose „Bronchitis" möglich machen. Noch genauer: Eine große Anzahl Diagnosen beruhen auf Feststellungen, die bei der Leichenschau gefunden werden. Die Basis der heutigen Heilkunde ist die Pathologie: die Wissenschaft, die sich mit der Erforschung von Gewebsveränderungen als Folge von Krankheitsprozessen beschäftigt. Solche Veränderungen treten in den Organen auf bei einer Lungenentzündung, bei Rheuma, bei Krebs usw. Die zweite Grundlage, auf der sich die moderne Heilkunde stützt, ist die Pathophysiologie. Dies ist die Wissenschaft, die sich mit der Frage beschäftigt, wie diese Veränderungen im Organismus zustande kommen, wie diese Veränderungen beschrieben werden können mit Hilfe der Erkenntnisse, die wir durch die Physik und Chemie haben.

Damit ist genau angegeben, wo der Unterschied zwischen der homöopathischen und der technologischen Diagnostik liegt. Die homöopathische Art des Denkens hat dazu geführt, daß Beobachtungen genutzt werden können, die uns Informationen über den Menschen als lebenden Organismus verschaffen, als lebendes Ganzes. Die technologische Heilkunde hat dazu geführt, daß Beobachtungen gesammelt werden können, die Informationen liefern über den Menschen als Zusammensetzung von Organen, als komplizierte chemische Maschine. Dies ist der Unterschied zwischen der Information, die zu einer klinisch-nosologischen Diagnose führt und derjenigen Information, die für die homöopathische Diagnose erforderlich ist. Es macht einen Unterschied, ob jemand bei einer Bronchitis durstig ist oder nicht, ob er einen harten, trockenen Stuhlgang hat oder Durchfall, ob er reizbar ist oder gleichgültig, ob der Schmerz stechend, brennend oder dumpf ist usw. Für die homöopathische Diagnose sind Informationen nötig, die den gesamten Organismus charakterisieren und nicht nur einen Teil, der ihm dient. Wir können hieraus nur folgende Schlußfolgerung ziehen: Durch die homöopathische Diagnose beschreibt man die Beobachtungen, die nicht nur Bedeutung haben für die tote Materie oder ein Organsystem, sondern für die Eigenschaften, die durch den Zusammenhang verschiedener Organe und Lebensverrichtungen entstehen, Eigenschaften, die die Dynamik des Lebens charakterisieren. Diese Beobachtungen beschreiben eine höhere Dimension des menschlichen Organismus, nämlich diejenige Dimension, die es dem Menschen ermöglicht, zu leben. Durch die homöopathische Diagnostik charakterisieren wir den Menschen mit seiner Krankheit in seinem wesentlichen Dasein. Menschen können nur als ein „Ich" existieren. Ein Mensch hat nicht nur einen Körper, ein Mensch ist auch sein Körper. Hiermit ist auch verständlich, daß wir uns zu kurz gekommen fühlen, wenn wir mitten zwischen allerlei technischer Apparaturen in einem Krankenhaus nur als Körper betrachtet werden, wenn unsere Erkrankung als existentielle Gegebenheit zu einem irgendwo vorhandenen Fehler in unserem Organismus degradiert wird. Die technologische Heilkunde beschäftigt sich mit Körper- und Organanalysen, die Homöopathie beschäftigt sich mit einer Existenz-Analyse. Wir fühlen uns bei der homöopathischen Diagnostik deshalb auch eher zu Hause, vor allen Dingen deshalb, weil sie anscheinend auch noch Früchte trägt.

6.3. Sicherheit.

Noch haben wir nicht die Antwort bekommen, worauf die Sicherheit des homöopathischen Denkens beruht. Um dies zu erläutern, machen wir einen Ausflug in die Geschichte der Biologie. Die Biologie ist die Wissenschaft, die sich mit dem Studium der Lebenserscheinungen beschäftigt (Bios bedeutet Leben), mit der Entstehung und der Funktion von Pflanzen- und Tierlebewesen. Anfangs studierte man die Ordnung, die in der Natur vorhanden zu sein scheint, und man teilte beispielsweise ein in Pflanzen- und Tierreich. Man versuchte, diese Ordnung zu erklären und zu begreifen. Hierbei machte man Gebrauch von allen vorhandenen Kenntnissen und Techniken aus anderen Wissenschaften, wie z. B. der Naturkunde und der Chemie. Man entdeckte, wie Pflanzen aufgebaut sind, indem man sie durch ein Mikroskop betrachtete. Man studierte, wie sie über ihre Wurzeln aus dem Boden Substanzen aufnehmen und dadurch wachsen können. Man entdeckte, wie die Tiere sich entwickeln und wie sie in sozialen Gemeinschaften leben. Dies alles führte zu einer Fülle von nützlichen Kenntnissen. Nur was nicht gelang, war eine Erklärung für das Leben selbst zu finden. Darwin formulierte seine Theorie über die Entstehung der Arten, aber diese Theorie beinhaltete nicht die Antwort auf zwei entscheidende Fragen, nämlich die Frage nach dem Ursprung des Lebens und die Frage, wie der Schritt vom Tier zum (denkenden und selbstbewußten) Menschen zustande gekommen ist. Die Frage, mit der wir uns abmühen, ist die: Was sind die besonderen Kennzeichen des Lebens? Der Kern dieser Frage ist sehr eindringlich von dem Biologen von Bertalanffy formuliert worden: „Was ist der Unterschied zwischen einem lebenden, einem toten und einem kranken Organismus?" Lebende Organismen scheinen zu Veränderungen und Anpassungen imstande zu sein, die sich nicht durch die Chemie und die Physik erklären lassen.

Ein bekanntes Beispiel hierfür ist das Experiment des Biologen Driesch von 1890, wobei bei einem Seeigel-Embryo im zweizelligen Stadium eine Zelle abgetötet wird. Es entsteht nun kein halber Seeigel, sondern ein vollständiger, wenn auch kleiner Seeigel. Auf die gleiche Weise kann man ein Ei eines Wasserflohes in der Mitte abschnüren. Daraufhin entsteht aus der unteren Hälfte ein vollständiger Embryo trotz der Tatsache, daß die zwei Hälften sich in diesem Stadium bereits in ihren Teilen unterschiedlich entwickelt haben (s. Abb. 15). Auf die eine oder andere Weise wachsen die Teile doch ihrer Bestimmung nach. Diese Anpassung ist nicht durch die

Erkenntnisse der Physik und Chemie zu erklären. Organismen haben offensichtlich Eigenschaften, die anderen Gesetzmäßigkeiten unterliegen.

Abb. 15

Ein Beispiel für Anpassung, die nicht durch Erkenntnisse der Physik und Chemie erklärbar ist. Links: ein normaler Embryo eines Wasserflohs (Platyenemes pennipis). Rechts: ein kleiner, aber vollständiger Embryo, der sich aus der unteren Hälfte eines Eies entwickelt hat, das kurz nach seiner Entstehung in der Mitte abgeschnürt wurde. Aus: R. Sheldrake, Das schöpferische Universum.

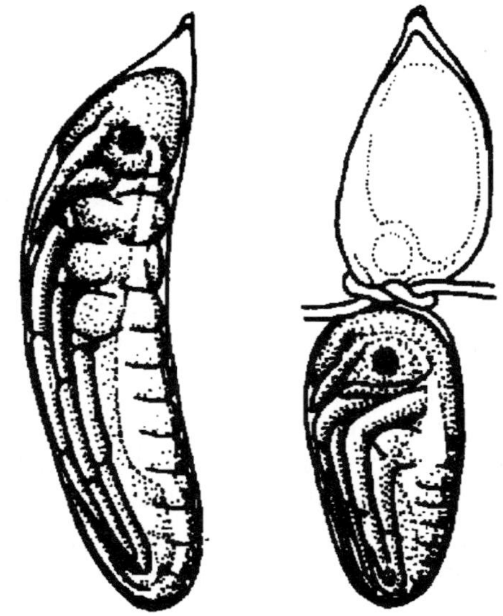

Offensichtlich sind Organismen als Ganzes zu Leistungen imstande, die nicht aus den Eigenschaften ihrer unterschiedlichen einzelnen Teile erklärt werden können. In der Biologie hat man in der zweiten Hälfte des vorigen und im Beginn dieses Jahrhunderts dieses Problem erkannt, und man hat nach Möglichkeiten gesucht, diese Eigenschaften von Organismen als Ganzes zu erforschen. Man sucht nach anderen wissenschaftlichen Möglichkeiten als nach denen, die die Untersuchungstechniken der Physik und Chemie bieten. Von Bertalanffy hat den Anstoß gegeben für einen ganz neuen Ansatz, sich dieser Möglichkeit zu nähern. Er entwickelte eine Biologie, die die Organismen nicht länger dadurch zu begreifen versucht, indem man sie nur mit Hilfe der Physik und Chemie differenziert und analysiert, sondern die auf andere Weise versucht, Einsicht zu erhalten in die Organismen als funktionierende ganzheitliche Gebilde. Er nannte das eine organismische Biologie. Er entwickelte eine Denkweise (aufbauend auf die Kybernetik von Wiener), die seitdem weiter ausgearbeitet wurde, und die bekannt geworden ist als Systemdenken oder synthetisches Denken. Auf diese Weise sind wir zu einer anderen Art von wissenschaftlichem Denken gekommen, dem Systemdenken, und wir werden im Laufe dieses Kapitel sehen, daß die Art des Denkens, die durch die Pioniere der Homöopathie entwickelt worden ist, hiermit übereinstimmt.

6.4. Systemdenken und Maschinendenken.

Was ist nun bezeichnend für diese andere Art des Denkens? Sie versucht Antworten zu finden auf die Fragen, die mit der „alten" Methode des Denkens nicht zu beantworten waren. Die alte Denkweise betrachtete die Organismen als eine Art komplizierter Maschine: Wenn man die Struktur enträtselt, kann man daraus ableiten, wie sie arbeitet. Dieses Maschinendenken führt zu Problemen, wenn wir es mit lebenden Organismen zu tun haben anstelle von toter Materie. Wenn wir lebende Organismen ähnlich betrachten wie Maschinen, kommen einige unbeantwortete Fragen ans Licht.

1. Was ist der Ursprung einer Maschine? Uhren, Dampfmaschinen und Computer wachsen nicht in der Natur. Wo kommen dann die natürlichen, sehr komplizierten Maschinen her?
2. Lebende Organismen können sich selbst regulieren; wenn eine Störung auftritt, wird sie von selbst beseitigt. Eine Maschine kann soweit programmiert werden, daß eine gewisse Anzahl Störungen korrigiert werden kann, aber in Wirklichkeit ist die Anzahl möglicher Störungen riesig groß und ein lebender Organismus fängt dies ab, paßt sich an und entwickelt sich. Ein Gebrauchsobjekt verschleißt beispielsweise, und auch unsere Schuhsohlen nutzen sich ab, wenn wir viel laufen. Aber unsere Fußsohlen werden dagegen dicker, wenn wir viel laufen. Wo hört ein lebendiger Organismus dann auf, Maschine zu sein?
3. Lebende Organismen tauschen mit ihrer Umgebung Substanzen aus, sie haben einen Stoffwechsel.

Die „alte" Denkweise war ganz erfolgreich und ist dies noch heutigen tags. Man denke nur an die vielen technischen Möglichkeiten, die sie hervorgebracht hat. Bis vor gar nicht langer Zeit dachte man, daß sie die einzige vernünftige Art des wissenschaftlichen Denkens sei. Diese alte Denkweise heißt kausal-analytisches Denken. Mit dieser Art des Denkens können ursächliche Zusammenhänge aufgespürt und als Ursache von Veränderungen identifiziert werden.

In der Praxis kommt dieser Ansatz auf das Ausarbeiten eines Experiments hinaus, um Hypothesen zu beweisen. Wir müssen beweisen oder widerlegen, daß es den unterstellten ursächlichen Zusammenhang gibt. Die Durchführung eines Experiments beinhaltet immer eine Vereinfachung der Wirklichkeit. Bei einem Experiment ist es unumgänglich, alle Umstände konstant zu halten, mit Ausnahme der Größe, die wir messen wollen. Wenn wir beispielsweise den Einfluß eines bestimmten Arzneimittels auf den Herzrhythmus messen wollen, müssen wir dafür sorgen, daß alle anderen Umstände, die den Herzrhythmus beeinflussen, während der Prüfung ausgeschaltet werden. Dies kann zu extremen Konsequenzen führen, nämlich daß bei Tierversuchen ein Rattenherz aus dem Körper der Ratte entnommen wird und als isoliertes Organ künstlich am Leben gehalten wird. In diesem Zustand wird das Herz verschiedenen Stoffen ausgesetzt, um deren Einfluß studieren zu können.

Wir können hieran sehen, daß der ursprüngliche Zusammenhang, in dem bestimmte Prozesse stattfinden, eine Bedeutung haben kann. In unserem Beispiel kann es gut sein, daß das Rattenherz anders reagiert, als wenn es auf seinem Platz belassen worden wäre, sicher, wenn die Ratte in ihrer natürlichen Umgebung geblieben wäre. Bei dieser Art von Untersuchung wird unterstellt, daß man die Wirklichkeit künstlich in kleine Stücke teilen kann. Man geht davon aus, daß man unter Berücksichtigung der Eigenschaften dieser Unterstrukturen zur Erkenntnis der Eigenschaften des Ganzen kommen kann. Die Bedeutung, die die untereinander verbundenen Teile für die Gesamtheit hat, bleibt außerhalb der Betrachtung.

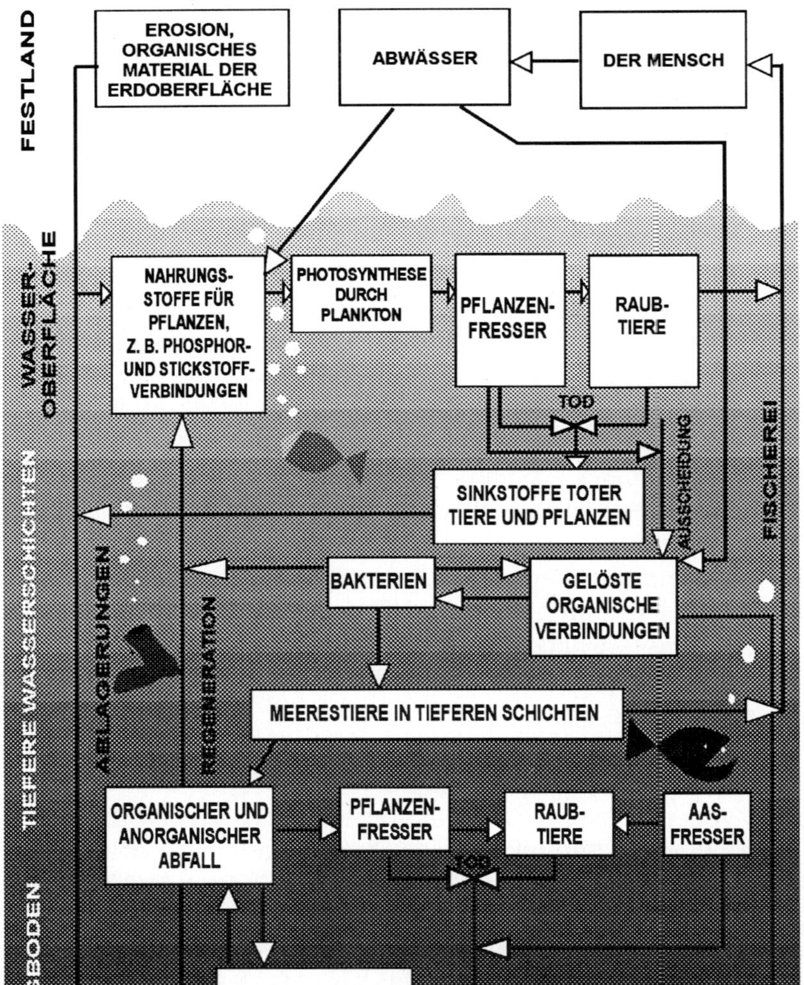

Abbildung 16

Nehmen wir als Beispiel den Bau eines Hauses. Ein Haus wird aus einzelnen Materialien aufgebaut: Steine, Balken, Mörtel, Dachpfannen usw. Auch wenn diese Materialien bereit liegen, steht noch kein Haus. Dazu müssen wir die einzelnen Teile auf eine spezielle Weise miteinander in Verbindung bringen; wir müssen Ihnen Struktur geben. Hierzu ist eine Fülle an Informationen nötig, ein Bauplan. Das Hinzufügen von Informationen macht die Verbindung der losen Einzelteile komplizierter. Gehen wir einen Schritt weiter und bauen wir eine Anzahl Häuser – wodurch eine Straße entsteht – dann erschaffen wir eine neue strukturierte Einheit mit einem höheren Schwierigkeitsgrad. Der weitere Schritt ist der Aufbau einer Stadt. Auf diese Weise existiert eine Anzahl Ebenen im Grad der Organisation: Häuser – Straßen – Städte usw. Ein derartig organisiertes Ganzes nennen wir ein System, bestehend aus verschiedenen Systemniveaus. Wenn wir nun untersuchen, welche Eigenschaften Systeme haben, sind wir bei der Systemtheorie oder Systemlehre gelandet. Wir versuchen so, die Eigenschaften des Bauplans zu hinterfragen.

6.5. Eigenschaften von Systemen.

6.5.1. Die Systembildenden Teile.

Wir können Systeme als Netzwerke beschreiben, die aus einer Anzahl von Einheiten bestehen, zwischen denen ein Zusammenhang besteht (s. Abb. 17).
Ein Beispiel eines solchen Netzwerks ist das Netzwerk aller deutschen Telefonverbindungen. Dieses Netzwerk besteht aus allen Telefonanschlüssen mit ihren einzelnen Verdrahtungen und Zentralen usw.
Ein Beispiel eines Netzwerks in der Natur ist eine Nahrungskette: Große Tiere ernähren sich von kleinen Tieren, die fressen noch kleinere Tiere und die fressen die kleinsten Tiere, und die kleinsten Tiere wiederum ernähren sich von Pflanzen. Hier ist der Zusammenhang nicht konkret wie beim Telefonnetz, aber die Verbindung besteht hier in der Relation der Tiere zueinander, indem sie einander als Nahrungsmittel dienen. Wenn irgendwo das Pflanzenwachstum durch Trockenheit abstirbt, verschwinden auch die kleinsten Tiere, weil sie keine Nahrung mehr finden. Hierdurch ziehen auch die größeren Tiere weg oder sie sterben. Das Netzwerk dieser Nahrungskette besteht aus den verschiedenen Tieren, die in diesem Gebiet leben, aber zu dem Netzwerk gehört auch die Beziehung der Tiere zueinander, insbesondere diejenigen, die anderen als Nahrungsmittel dienen. In diesem Beispiel wird deutlich, daß die gesamte Nahrungskette auch von der Niederschlagsmenge in diesem Gebiet abhängig ist. Man kann deshalb sagen, daß der Niederschlag auch einen Teil des Systems ausmacht (oder man kann

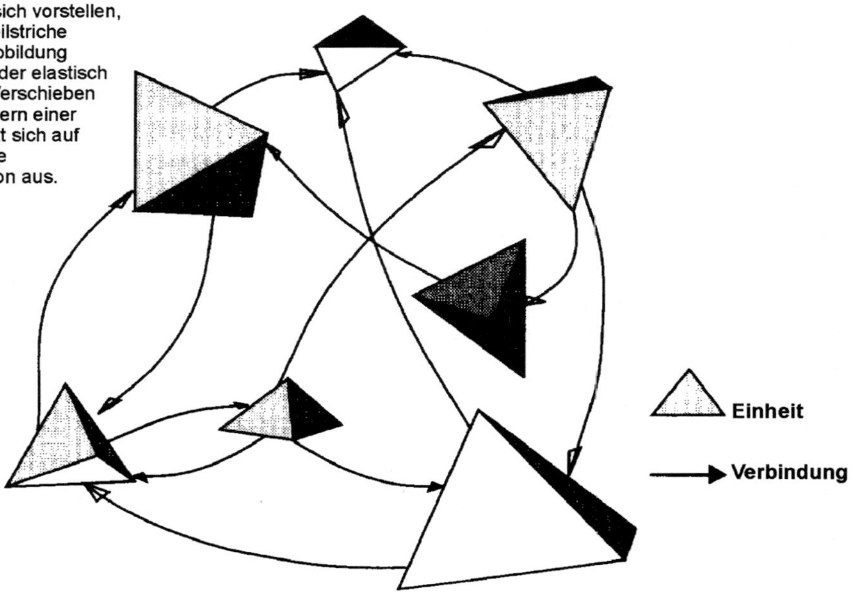

Abb. 17:
Man kann sich vorstellen, daß die Pfeilstriche in dieser Abbildung gespannt oder elastisch sind. Das Verschieben oder Erweitern einer Einheit wirkt sich auf die gesamte Konfiguration aus.

sagen, daß eine Verbindung mit einem anderen System besteht, nämlich dasjenige des Wasserkreislaufs). Auch das Telefonsystem hat Verbindung mit anderen Systemen, beispielsweise benötigt es Elektrizität. Wir kommen so schnell zu der Schlußfolgerung, daß alles mit allem verbunden ist. Und dies ist eins der Probleme im Systemdenken: Man muß irgendwo eine Grenze ziehen. Man muß sich auf ein Teilsystem beschränken, man muß entscheiden, welche Merkmale der Elemente man im Zusammenhang studieren will, man muß eine Systemgrenze definieren.

Viele Teilsysteme in der Natur haben eine deutliche Grenze, die ihren Umfang bestimmt, z. B. das Tierreich, das Pflanzenreich. Innerhalb dieser gibt es wieder klare Unterteilungen: Vögel, Fische, Insekten usw. Auch das Elektrizitätsnetz und das Telefonnetz kann bequem als eigenes System betrachtet werden. Auf diese Weise entsteht ein „System von Systemen", ein Netzwerk von Netzwerken. Ein solches Netzwerk kann ziemlich kompliziert werden, wenn wir viele unterschiedliche Eigenschaften der einzelnen Teile in Rechnung ziehen. In Abb. 16 ist beispielsweise ein Netzwerk des Lebens im Wasser abgebildet: ein ökologisches System.

Wir können deshalb sagen: Ein System ist eine zusammengesetzte Einheit einschließlich der Verbindungen, die unter den Teilen bestehen. Die Einheiten werden durch ihre Eigenschaften beschrieben. D. h. die Eigenschaften müssen bekannt sein, um den Verband erkennen zu können. Wenn man fünf Kühe in einer geraden Linie aufstellt, wird die Verbindung durch die

gerade Linie hergestellt. Und wir müssen wissen, daß wir nur die Kühe in ihrer Position beurteilen und beispielsweise nicht auch die anderen Tiere, die auf derselben Weide stehen.
Manchmal ergibt das Aufspüren von Merkmalen Probleme: Ist ein Wal ein Fisch oder ein Säugetier? Eine Relation ist die Art und Weise, in der zwei oder mehr Einheiten aufeinander bezogen sind. Es gibt eine Relation, wenn eine Veränderung in einer Einheit eine Verbänderung in anderen Einheiten zur Folge hat. Ein System kann eine unbestimmte Anzahl von Einheiten beinhalten, im Gegensatz zu einer kausalen Relation, wobei nur zwei Einheiten teilnehmen, nämlich Ursache und Wirkung. Häufig besteht zwischen den Elementen eines Systems keine direkte Relation, und die Relation ist komplexer in dem Sinne, daß die Verbindung durch ein übergeordnetes Prinzip zustande kommt, daß die Elemente zu einem Ganzen macht (s. Abb. 18).

Abbildung 18: Dieses übergeordnete Prinzip besteht aus einer Fülle von Informationen, die eine Ordnung zustande bringt: ein Bauplan.

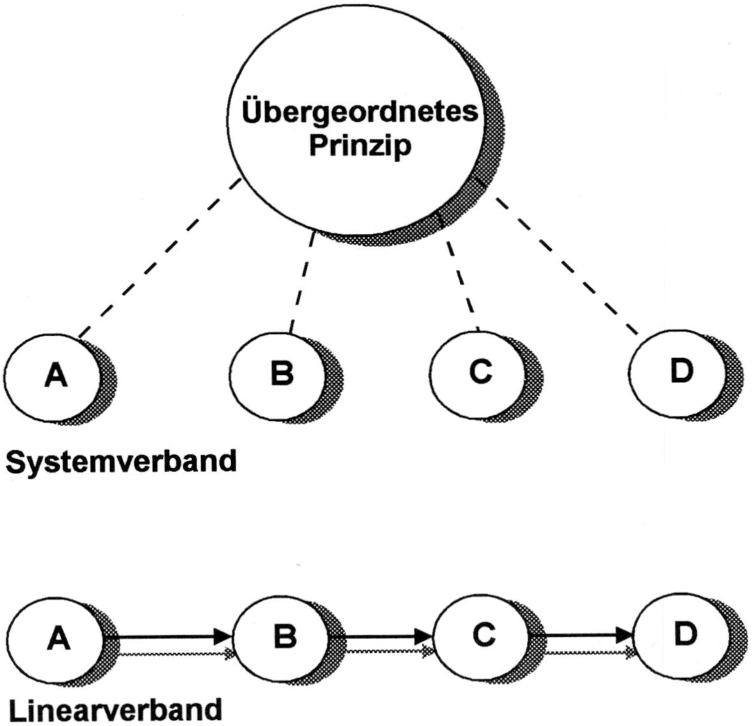

Nicht jede Telefonanlage hat eine direkte Verbindung mit allen anderen Anlagen, und die Verbindung entsteht über die Zentrale, die regulierend eingreift. Dieses regelnde Eingreifen bestimmt die Flexibilität des Systems. Im Beispiel des Hausbaus gibt der Bauplan die Information, die den losen Baumaterialien hinzugefügt wird. Der Bauplan stellt eine andere Dimension dar. Baumaterialien bekommen ihre Bedeutung durch den Zusammenhang, in dem sie untereinander stehen wie z. B. die Position, die sie nach Ausführung des Bauplans einnehmen. Eine Melodie bekommt ihren Sinn, indem bestimmte Töne im Zeitablauf miteinander verbunden werden. Man kann eine Melodie eine Oktave höher oder tiefer spielen, und sie bleibt doch dieselbe, weil die Position der Töne untereinander dieselbe bleibt. Tiere, die einander als Nahrung dienen, bilden eine Pyramide in ihrem hierarchischen Zusammenhang. Man kann sagen, daß die Einheiten eines Systems durch ihren positionellen Wert im System verbunden sind (die Art und Weise, nach der sie geordnet sind, die Position). Für das Bestehen eines Systems ist ein dimensionaler Bereich nötig, wie Raum oder Zeit.

6.5.2. Der Aufbau von Systemen.

Durch die Kombination immer größerer Ganzheiten entstehen immer komplexere Systeme, die eine mitwachsende Fülle an Informationen beinhalten. Es entsteht eine hierarchische Struktur: Baumaterial – Haus – Straße – Stadt. Oder: Atome – Moleküle – Makromoleküle – einzellige Organismen – Pflanzen – Tiere – Menschen – Gruppen – Ökosystem – Planet (s. Abb.

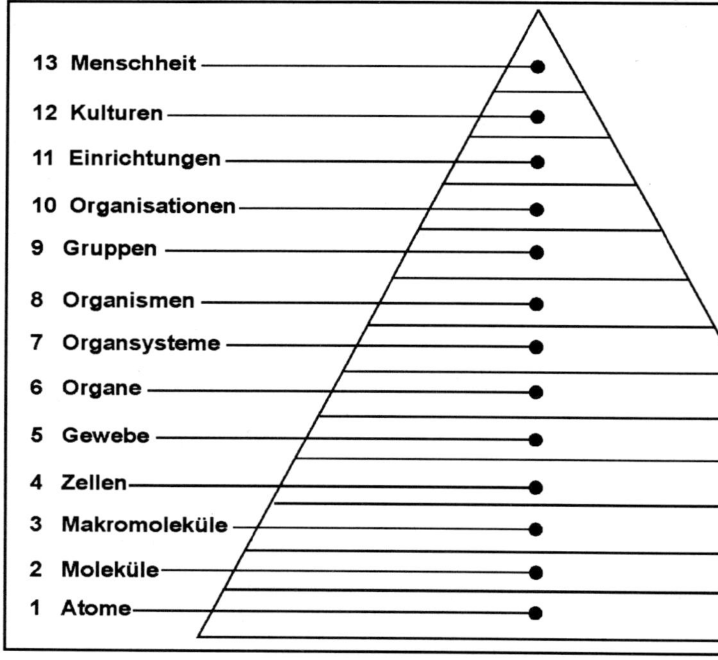

Abbildung 19a:
Eine hierarchische Systemorganisation: der Mensch.

19b). Die höheren Ebenen steuern die niedrigeren Niveaus; andererseits sind die höheren Niveaus abhängig von den niedrigeren Niveaus.
Die neuen Eigenschaften oder Möglichkeiten eines Niveaus nennt man „Nova", wörtlich: Neuigkeiten. Nova sind Eigenschaften eines Systems, die in einem Untersystem nicht vorhanden sind oder sich dort nicht äußern können. Man kann an einem Haufen Steine kein Schild aufhängen, wohl aber an einer Steinmauer. Ein Organismus, der aus mehreren spezialisierten Organsystemen besteht, hat wieder mehr Möglichkeiten als ein einfaches Pantoffeltierchen.

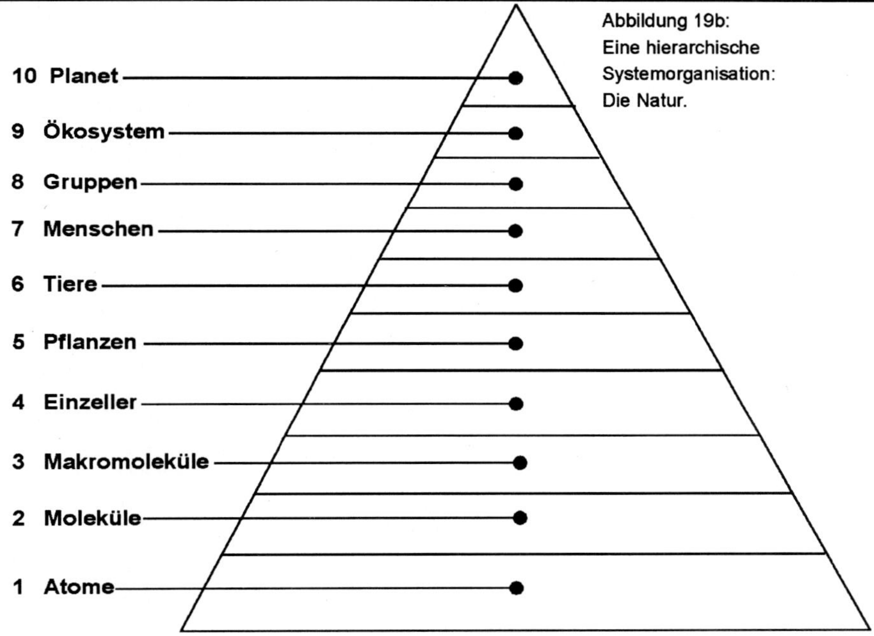

Abbildung 19b:
Eine hierarchische Systemorganisation:
Die Natur.

Die Angabe einer Hierarchie von verschiedenen Organismen führt möglicherweise zu dem Mißverständnis, daß höhere Organismen auf irgendeine Weise wertvoller sein könnten als niedrigere. Wir müssen uns klarmachen, daß dies eine Täuschung ist. Jedes Systemniveau ist abhängig von niedrigeren Subsystemen, und als Teil des Ganzen sind sie prinzipiell gleichwertig. Der einzige Unterschied ist der, daß sie in der Gesamtheit des Netzwerks eine unterschiedliche Funktion erfüllen. Dies wird besonders deutlich, wenn man Kreislaufprozesse in der Natur betrachtet. Die Ökologie und die Milieukunde haben uns diesbezüglich in den letzten Jahren nachdrücklich die Nase auf die Fakten gedrückt. Das Systemdenken bildet die Grundlage des ökologischen Denkens.

6.5.3. Natürliche Systeme: offene Systeme.

Neben ihrer hierarchischen Ordnung kommt allen natürlichen Systemen ein offener Charakter zu: Es existiert eine Wechselwirkung mit der Umgebung bezüglich Energie, Materie und Information (beispielsweise der Stoffwechsel als Merkmal lebender Organismen). Wenn man ein offenes System gegen seine Umgebung isoliert, funktioniert es nicht mehr, es hat seine Umgebung nötig. Ein Tier, das in eine Umgebung ohne Luft gebracht wird, kann nicht überleben. Menschen, die abgeschlossen oder abgeschirmt leben, ohne sinnliche Reize, werden wahnsinnig.
Schließlich besitzen natürliche Systeme als Merkmal die sogenannte „Equifinalität". Das bedeutet, daß aus verschiedenen Ausgangspositionen der-

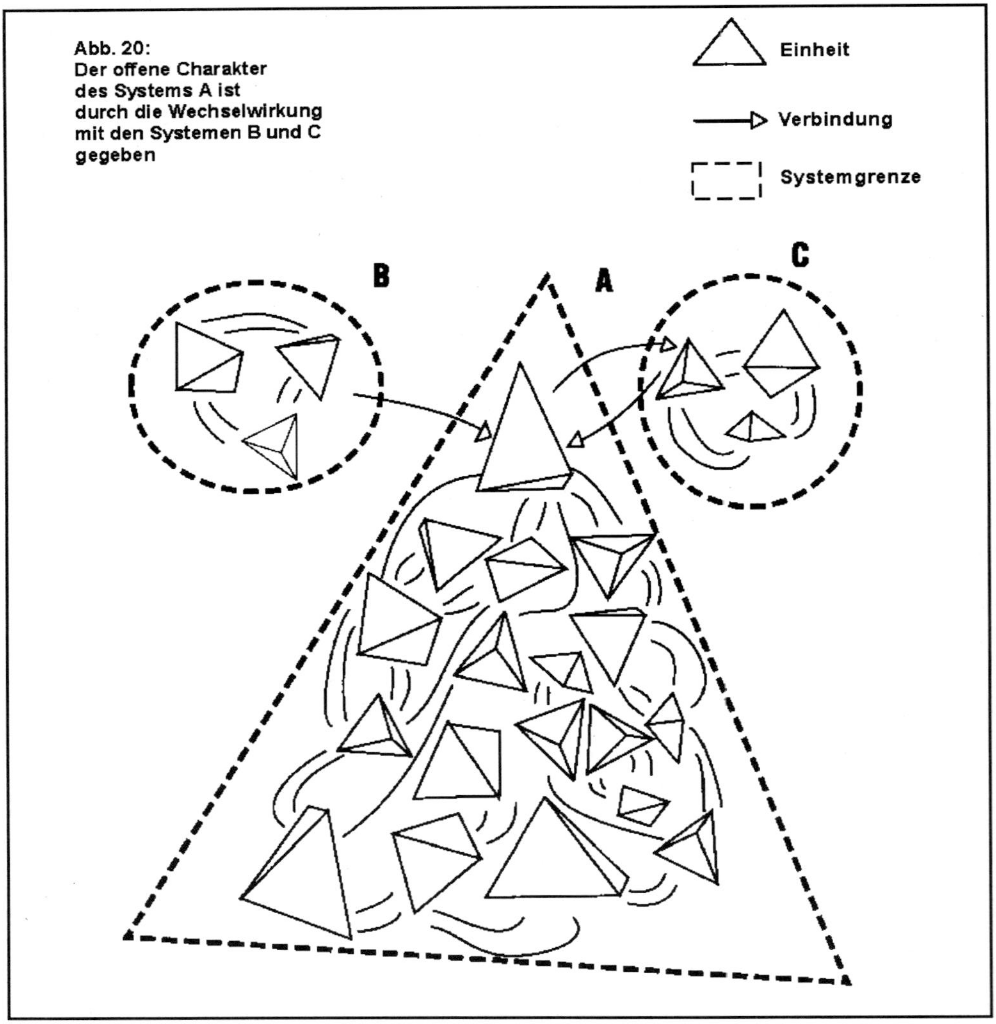

Abb. 20:
Der offene Charakter des Systems A ist durch die Wechselwirkung mit den Systemen B und C gegeben

selbe Endzustand erreicht werden kann. Beispiele hiervon sind die o. a. Experimente des Seeigelembryos und das abgeschnürte Ei eines Wasserflohs. Auf diese oder jene Weise wachsen die Teile doch in Richtung ihrer Bestimmung. Die Bestimmung ist offensichtlich bedeutungsvoll und gibt den weiteren Entwicklungsweg vor. Das bedeutet, daß die Entwicklung eines Organismus offensichtlich nicht ausschließlich dadurch gesteuert wird, „was es zu einem gegebenen Moment bereits ist", sondern dadurch „was es Kraft seiner Bestimmung werden muß". Hierfür wird der Terminus „Selbstorganisation" gebraucht. Diese Eigenschaft lebender Systeme stellt die Biologie immer noch vor Probleme. Aufgrund der Theorie offener Systeme, die selbstorganisierend sind (die sogenannten „dissipativen Strukturen") sind Vorstellungen entwickelt worden, um zu einer Erklärung zu kommen und es wurde die Theorie aufgestellt, daß sogenannte „morphogenetische Felder" existieren, die dafür sorgen, daß Materie eine bestimmte Form annimmt – wie ein Magnetfeld Eisenspäne in einer bestimmten Form ordnen kann. Es würde zu weit führen, an dieser Stelle auf diese Theorie einzugehen. Es geht nun nicht darum, daß durch das Systemdenken alles erklärt werden kann, was mit dem kausal-analytischen Denken nicht erklärbar ist. Es geht darum, daß durch das Systemdenken bestimmte zu kurz gekommene Aspekte des kausalen Denkens aufgespürt werden können, und daß bestimmte Phänomene besser begreifbar werden. Wir untersuchen die Wirklichkeit um uns herum, in dem wir uns zuerst Fragen über die Wirklichkeit stellen. Wenn wir die uns umgebende Wirklichkeit als System von Netzwerken von Systemen betrachten, bietet uns dies andere Möglichkeiten, um Fragen zu stellen und dadurch auch andere Lösungen für Probleme zu finden, die sich in der Wirklichkeit, in der wir leben, auftun.

6.5.4. Konsequenzen für die Untersuchung von Systemen.

Abhängig von dem System, das man studiert, benötigt man entsprechende Kenntnisse, Begriffe, Theorien, Modelle und Untersuchungs-Instrumente, weil jedesmal andere Gesetzmäßigkeiten gelten. So kann man das Niveau von statischen Strukturen – wie Atome, Moleküle und Kristalle – beschreiben mit Hilfe von Strukturformeln der Chemie und mit Hilfe der Kristallographie. Auf dem Niveau der Mechanik (z. B. Uhren und konventionelle Maschinen) kann man Beschreibungen und Erklärungen geben mit Hilfe der konventionellen Physik, beispielsweise durch die Gesetze der Mechanik. Wenn wir zum Niveau von Regelsystemen kommen, wie z. B. ein Thermostat oder homöostatische Mechanismen in einem Organismus, können wir diese beschreiben und erklären mit Hilfe der Kybernetik und Informationstheorie.

Kommen wir zum Niveau der offenen Systeme, der Organismen im allgemeinen, dann benötigen wir Theorien, die Informationen benutzen, die den genetischen Code oder die Stoffwechselprozesse berücksichtigen.
Wenn wir das Systemniveau der Tiere beschreiben wollen, in dem sich Phänomene wie das Lernen eines Verhaltens zeigen, dann benötigen wir Theorien über die Reizantwort und über instinktives Verhalten. Auf dem Systemniveau Mensch bekommen wir es zu tun mit Zeitbewußtsein und Symbolismus, mit Selbstbewußtsein und mit der Sprache als Kommunikationsmöglichkeit. Die Gesetzmäßigkeiten, mit denen man hier Verhalten beschreiben oder erklären will, stammen u. a. aus der Psychologie. Bei noch höheren Systemniveaus, wie z. B. Kulturen, benötigen wir zur Beschreibung Wissenschaften wie die Soziologie, Ökonomie und Theorien, die sich mit der Beschreibung von kulturellen Systemen und deren Veränderungen befassen. Wenn nun in der Wissenschaft Kenntnis, Begriffe, Theorien und Modelle aus einem niedrigeren Systemniveau auf ein höheres Systemniveau übertragen werden, sprechen wir von „Reduktionismus".
Ein Beispiel ist die Betrachtung der Tiere als biochemische Fabriken oder der Menschen als Tiere, die nur ihrem Instinkt gehorchen. Hierbei wird die Bedeutung der Nova oder die Erweiterung der vorhandenen Information vernachlässigt. Durch das kausal-analytische Denken, das bei dem oben beschriebenen Experiment mit dem Rattenherz angewendet wurde, wird aus der Sicht des Systemdenkens folgender Fehler gemacht: aus einem Netzwerk mit vielen Verknüpfungen wird eine einzige Beziehung, obgleich ursächliche Beziehung, isoliert und erforscht. Weil allein ursächliche Beziehungen untersucht werden und nicht die Bedeutung der Elemente für den Rest des Netzwerks, entdeckt man nicht, daß die ursächliche Verbindung durch den Rest des Netzwerks zustande kommt.
Obendrein bemerkt man nicht oder viel zu spät, daß Eingriffe in eine kausale Verbindung Folgen haben für Einheiten des Netzwerks, die auf eine andere Weise als nur kausal in Verbindung hiermit stehen. Ein Beispiel hierfür sind die Nebenwirkungen von Arzneimitteln. Allgemein wird davon ausgegangen, daß Nebenwirkungen durch direkte chemische Einwirkung dieser Mittel entstehen. Wenn man sich mit den Ersatzkrankheiten auskennt, kann man zu dem Schluß kommen, daß die Entstehung einer Depression nach Anwendung eines entzündungshemmenden Mittels sehr gut die Folge sein kann des Nichtzulassens dieser Entzündung. Die tatsächliche Veränderung, die durch das Arzneimittel hervorgerufen wird, ist keine ursächliche Lösung des Problems „Ansteckung", sondern die Veränderung ist ein Eingriff in eine Beziehung in einem Netzwerk, wodurch sich die Entzündung zwar nicht mehr äußern kann, aber wodurch auch alle möglichen anderen Störungen im Netzwerk auftreten. In diesem Fall wurde das „innere Milieu" dieses Patienten aus dem Gleichgewicht gebracht und nicht etwa ins

Gleichgewicht. Man vergleiche dies einmal mit der Milieukatastrophe in Alaska, wobei ein Öltanker leck schlug und dadurch die Umwelt für Jahrzehnte oder länger geschädigt wurde. Wenn man dies reduktionistisch betrachtet, nämlich aus der Sicht des Ölhandels, kann man sagen: „Schade um das Öl. Aber die Versicherung deckt den Schaden, und wenn sie den Schaden nicht deckt, werden wir einen neuen Ölpreis festsetzen, und nach einem halben Jahr ist unser Betrieb wieder gesund."
Diese Betrachtungsweise stellt eine Reduktion der Wirklichkeit auf einen viel zu kleinen Teil dar. Ähnliches geschah beim in den Handelbringen des Schlafmittels Talidomid (Contergan), wobei der Effekt des Mittels auf das Teilsystem Schlaf durch die Untersuchungen wohl bekannt war, wobei aber andere Funktionen des menschlichen Organismus, andere Verbindungen im Netzwerk nicht gesehen wurden, so daß bei schwangeren Frauen schwere Fruchtschädigungen auftraten. Im Bereich des Systemdenkens wird versucht, auf andere Weise Merkmale der Wirklichkeit zu entdecken als im kausal-analytischen Denken.
Lassen wir uns diese beiden Denkweisen noch einmal nebeneinander stellen. Wir entdecken dann, daß jede dieser zwei Arten des Denkens spezielle Vorstellungen über die Wirklichkeit hat und die Art, wie man zu Erklärungen der Wirklichkeit kommen kann. Hier die Wiedergabe einer Vision von Ackoff: „Das traditionelle Denken basiert auf Reduktionismus und Maschinendenken und ist durch die Analyse gekennzeichnet. Im Reduktionismus besteht die Vorstellung, daß alles zu reduzieren, auseinanderzunehmen ist bis hin zu den unteilbaren Elementen. Maschinendenken unterstellt, daß Erscheinungen durch die Existenz von Ursache und Wirkung erklärbar seien (tatsächlich handelt es sich hier um ein umgebungsfreies Denken). Die Analyse wird nun als eine Erklärungsform betrachtet, die auf drei Schritten beruht. Erstens: Dasjenige, was erklärt werden soll, wird in Teile zerlegt. Zweitens: Das Verhalten dieser Strukturen wird erklärt. Drittens: Die Erklärungen, die die Teile betreffen, werden „aufgeteilt" zu einer Erklärung für das Ganze.
Das Systemdenken basiert auf Expansionismus und Teleologie und ist durch die Synthese als Denkmethode gekennzeichnet. Expansionismus kann in diesem Sinne gesehen werden als Annahme, daß alle Objekte und/oder Ereignisse Teile eines größeren Ganzen sind. Es wird nun nicht geleugnet, daß Systeme Teile haben, aber die Aufmerksamkeit richtet sich auf das größere Ganze, von dem die Systeme einen Teil ausmachen. Teleologie, die Lehre vom zielgerichteten Verhalten, ist ein Denkmodell, daß die Wirkung des Verhaltens als Ausgangspunkt nimmt, wohl bewußt, daß eine Ursache zwar notwendig, jedoch meist nicht ausschließliche Bedingung für eine bestimmte Folge ist. Hierdurch treten nun traditionell als unwissenschaftlich definierte Begriffe wie der freie Wille in die Diskussion ein. Bei der

synthetischen Methode des Denkens wird etwas, das erklärt werden muß, als Teil eines größeren Ganzen gesehen, einschließlich seiner Rolle in diesem größeren Ganzen. Wir sehen, daß es sich hier um zwei Extreme handelt, die beide ihren Wert haben und in ihrer „reinen" Form wahrscheinlich beide nicht vorkommen. Wir betrachten sie als komplementär."
Zusammenfassend können wir sagen, daß es eine analytische Methode gibt, um die Wirklichkeit zu erkennen und eine synthetische Methode. Diese beiden ergänzen sich, sie können jede auf ihre Weise wertvolle Merkmale der Wirklichkeit entdecken.

6.6. Homöopathie und Systemdenken.

Kehren wir nun zur Homöopathie zurück, zur Praxis. Es scheint so, daß zur Findung des ähnlichen Mittels ganz bestimmte Erscheinungen von Wichtigkeit waren. Wenn wir die Symptom-Hierarchie, die Kent angegeben hat, aus der Sicht der Systemtheorie betrachten, dann sehen wir, daß für die Charakterisierung einer kranken Person die meiste Aufmerksamkeit den Generals gewidmet werden (den Symptomen, die mit dem gesamten System „Mensch" zu tun haben). Die Generals können als homöostatische Reaktionen des Organismus aufgefaßt werden. Von den Generals sind diejenigen die bedeutendsten, die das höchste Systemniveau beschreiben: die Geistes-Symptome.
Um die Bedeutung der Peculiars zu begreifen, kann uns die Systemtheorie eine essentielle Einsicht verschaffen. Die Peculiars (die merkwürdigen, nicht in das klinisch-nosologische Bild passenden Symptome) sind zu betrachten als Äußerungen eines höheren Systemniveaus. Die höheren Systemniveaus steuern die niedrigeren Niveaus mit Hilfe ihrer höheren Gesetzmäßigkeiten (Nova), die von einem niedriger gelegenen Niveau ohne Bauplan-Information nicht zu durchschauen sind.
Wenn die Gesetzmäßigkeiten eines Systemniveaus bekannt sind, ohne daß man mit ihnen Ereignisse in diesem Niveau erklären kann oder zu Widersprüchen kommt, dann liegt es auf der Hand, zu unterstellen, daß die unerklärlichen Geschehnisse „diktiert" werden von einem höheren Systemniveau aus. In einer Zellmembran ordnen sich die Moleküle beispielsweise Seite an Seite bis zu einem geschlossenen Kompartiment, das die Zelle darstellt. Hierbei wird der Inhalt der Zelle getrennt von seiner Außenwelt gehalten. Dieses „Verhalten" der Moleküle wird diktiert und aufrechterhalten durch den Zellverband. Vernichten wir den Zellverband, indem wir die Zellen fein zerreiben, dann verändert sich dadurch nichts an der Menge der vorhandenen Moleküle.
Die Funktion der Zelle geht jedoch verloren, die Moleküle ordnen sich nicht von selbst aufs neue zu einer intakten Zelle. Wenn ein Molekül innerhalb einer Zelle ein Verhalten zeigt, daß im Widerspruch zu seinen chemischen

Eigenschaften steht, dann kann das nur erklärt werden durch die Unterstellung, daß der Zellverband dieses Verhalten vorschreibt. Man kann sich vorstellen, daß sich in einer Familie (Generationen-)Konflikte abspielen, die nicht erklärbar sind aus der psychischen Struktur der Familienmitglieder. In einem größeren Verband wird auffallen, daß diese Art von Konflikten sich in den meisten Familien abspielt.
Die abschließende Erklärung könnte in einer gesellschaftlichen Entwicklung liegen, die mit Verschiebungen von Normen und Werten innerhalb der herrschenden Kulturen zu tun hat. Wenn eine Person Beschwerden hat, die in diesem Augenblick nicht durch seine körperliche oder psychische Struktur zu erklären sind, dann können sie eine Beziehung haben mit einer Entwicklungsphase seines Lebenslaufs. Eine sanfte Frau kann in den Wechseljahren plötzlich mit Tellern um sich werfen. Es gibt eine bekannte Anekdote über Prof. Lorenz, der sich kauernd, hüpfend und piepend, nach rückwärtsblickend durch das hohe Gras fortbewegte. Ein für Umstehende sehr bedenkliches Verhalten, das nur begreifbar wird durch die Information, daß er ein Experiment mit jungen Enten durchführte, die im hohen Gras den Augen der Umstehenden entzogen waren.
Einmal bekannt mit der Erscheinung, daß der Mangel an höheren Informationen zu scheinbarer Unerklärbarkeit führen kann, kann man diesen Gedankengang auch umkehren. Um Merkmale eines höheren Systemniveaus zu finden, müssen wir nach Ereignissen und Phänomenen suchen, die uns fremd und unerklärlich vorkommen innerhalb des Rahmens (Systemniveaus) in dem sie auftreten. Dies ist der Inhalt des berühmten § 153 aus dem Organon der Heilkunst von Hahnemann:
„...sind allerdings die auffallendern, sonderlichen, ungewöhnlichen und charakteristischen Zeichen und Symptome des Krankheitsfalls besonders und fast ausschließlich ins Auge zu fassen.“ Wenn ein Patient Krankheitszeichen produziert, die nicht durch das klinische Bild erklärbar sind, betreffen sie möglicherweise Erscheinungen, die zu einem anderen Systemniveau (als das körperlich-materielle) gehören. Wir können dies anhand einer Figur verdeutlichen (s. Abb. 21).
Hier ist ein Teil einer Aufeinanderfolge von Systemniveaus wiedergegeben. Angegeben ist ein Systemniveau P (Zelle). Hierin gelten die Gesetzmäßigkeiten p. Nun nehmen wir im Systemniveau P die Beobachtung X wahr, die wir nicht durch die Gesetzmäßigkeiten p erklären können. Wir können unterstellen, daß das Verhalten x vorgeschrieben wurde durch die (höheren) Gesetzmäßigkeiten q. Das Verhalten x ist also eine Funktion der Gesetzmäßigkeiten q ($x = fq$).
Diese Unterstellung ist nur dann völlig korrekt, wenn wir davon ausgehen können, daß wir alle Gesetzmäßigkeiten im Systemniveau P kennen. Das Auffallende ist, daß in der Praxis der Homöopathie gerade diese Symptome

Abbildung 21

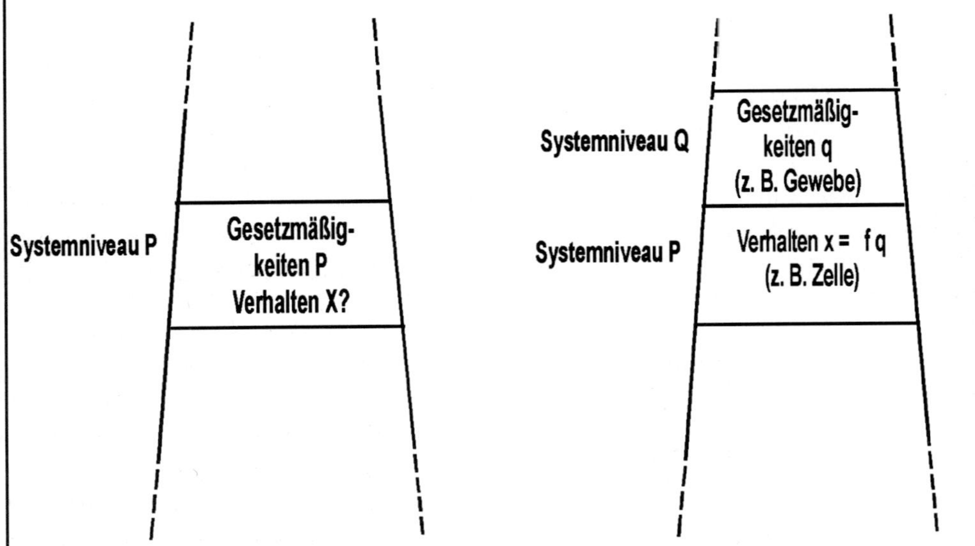

(die Peculiars) von emminenter Bedeutung zu sein scheinen. Für das Finden von Ähnlichkeitsmerkmalen des Patienten ist es offensichtlich notwendig, ein höheres Systemniveau zu charakterisieren als das körperliche, mit Hilfe der Gesetzmäßigkeiten aus den exakten Naturwissenschaften erklärbaren Niveau. Merkwürdig ist, daß diese Erscheinung sich auch in Arzneimittelprüfungen zeigen.

Beispiel: Wenn man Sulfur (Schwefel) unverdünnt einnimmt, bekommt man warme, brennende Füße im Bett oder man wird um 5 Uhr mit Stuhldrang wach, so daß man aus dem Bett muß, um zur Toilette zu gehen. Lassen Sie uns die Anweisungen von Boenninghausen für das Präzisieren von Symptomen im Licht der Systemtheorie betrachten. Dann bemerken wir auch hier, daß es offensichtlich notwendig ist, eine Charakterisierung des ganzen Systems zu erhalten, um die Ähnlichkeitsregel anwenden zu können. Lokalisation: Welcher Teil des Systemes ist betroffen? Wenn zwei Menschen aus einem warmen Raum nach draußen gehen, kann der eine sich erkälten und der andere eine Blasenentzündung bekommen. Die Tatsache, daß gerade ein besonderes Organ eine Einwirkung nicht verträgt, liefert Informationen über die Verhältnisse im ganzen System. Ausstrahlung: Sie gibt eine Beziehung an mit einem anderen Teil des Systems. Bei der einen Frau strahlt der Menstruationsschmerz zum Rücken aus, bei einer anderen Frau zu den Oberschenkeln. Dieser Unterschied ist nicht allein durch anatomische oder physiologische Verhältnisse erklärbar, da sie bei diesen beiden Frauen dieselben sind. Es beschreibt genau eine Modifikation eines Grundmusters, wie es bei allen Frauen vorhanden ist und auf diese Weise charakterisiert es dieses System, diesen Organismus.

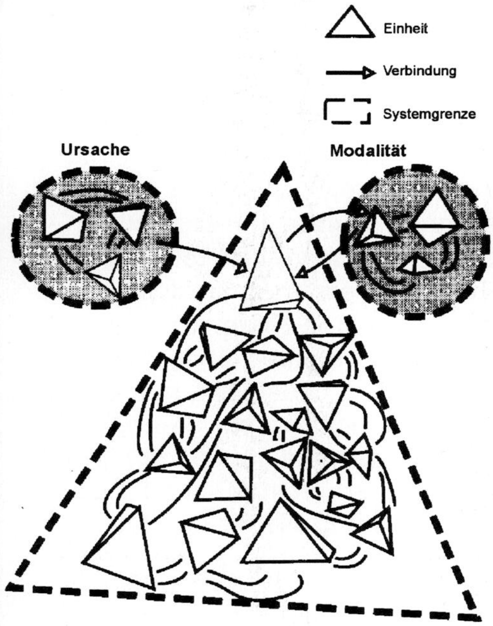

Abbildung 22a

Modalitäten: Diese charakterisieren auf dieselbe Weise einen bestimmten Organismus. Wenn ein Kopfschmerz beim Augenschließen zunimmt, kann dies nur erklärt werden durch andere Ursachen als das anatomische und physiologische Basismuster. Viele Modalitäten betreffen Umgebungsfaktoren. Tageszeit, Temperatur, Jahreszeit usw. Kopfschmerz, der mit dem Steigen und Sinken der Sonne zunimmt, sagt etwas über die Relation des Systems (Organismus) mit seiner (kosmischen) Umgebung aus. Modalitäten werden definiert als Äußerung des Nichtvertragens von normalen Umwelteinflüssen. Wenn jemand kein feuchtes Wetter verträgt, sagt dies etwas über seinen Organismus in Relation zu den normalen Umgebungsfaktoren. Dies ist eine Charakterisierung des offenen Systems.

Ursächliche Modalitäten: Hierfür gilt dieselbe Erklärung. Jemand, der einen Hexenschuß durch Ärger bekommt, zeigt damit, wie sein System in Wechselwirkung mit der Umgebung reagiert. Jemand anders wird beispielsweise auf Ärger damit reagieren, daß er über seine Umgebung reflektiert. Es ist zuallererst von Bedeutung, – daß – jemand reagiert und an zweiter

Abb. 22b

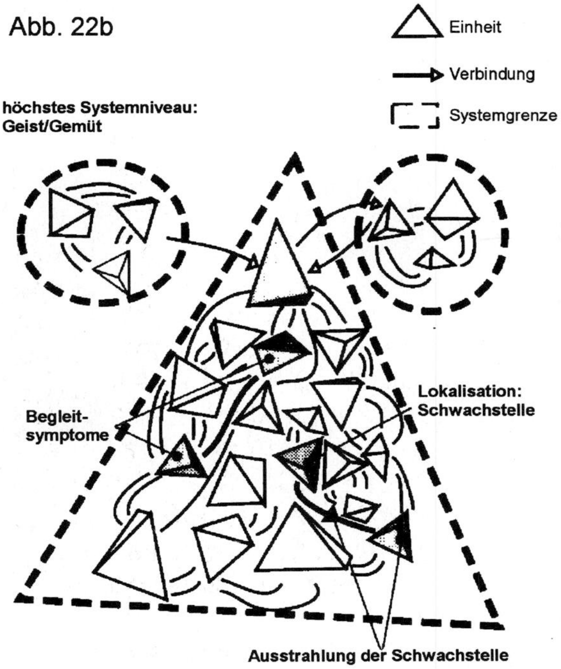

Stelle, wie jemand reagiert, wobei letzteres sein System (Organismus) kennzeichnet.
Begleitumstände: Auch hier gilt wieder, daß ein übergeordnetes Prinzip offensichtlich dergestalt im Organismus wirkt, daß an verschiedenen Stellen im Organismus Wirkungen auftreten, zwischen denen kein direkter (kausaler) Zusammenhang besteht.
Dies ergibt eine Charakterisierung des inneren Funktionierens des Systems und sagt etwas über den positionellen Wert „von zusammen auftretenden Erscheinungen" aus. Empfindungen: Ob jemand mit Hämorrhoiden einen stechenden Schmerz, einen brennenden, einen schneidenden oder einen kneifenden Schmerz hat, ist nicht (nur) aus dem anatomischen oder (patho-) physiologischen Grundmuster der Hämorrhoiden erklärbar. Es wird deutlich, daß eine Rangfolge von Symptomen, wie oben beschrieben, auch ganz andere Syndrome zur Folge hat. Diese Syndrome stimmen nicht mit den gebräuchlichen klinisch-nosologischen Einteilungen von Erkrankungen auf der Basis naturwissenschaftlich-materialistischer Einsichten überein. Man findet völlig andere Kombinationen und Muster. Das bedeutet dann auch, daß fremdartig anmutende Überlagerungen entstehen in dem Sinne, daß ein bestimmtes homöopathisches Bild mit sehr auseinanderlaufenden klinischen Erscheinungen korrespondieren kann (z. B. ein Sulfur-Bild bei Kopfschmerz aber auch bei Schweißfüßen). Die Erklärung hierfür ist, daß die homöopathische Klassifikation ein höheres Systemniveau beschreibt (höhere Dimension).

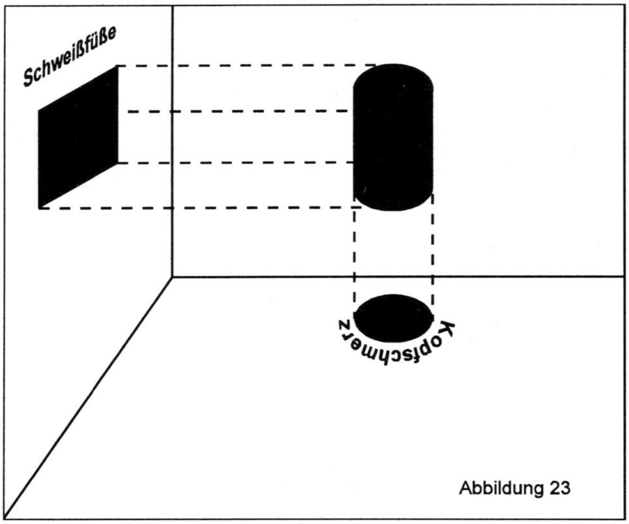

Abbildung 23

Dies wird deutlich durch die nachfolgende Abbildung, die das erste Gesetz der dimensionalen Ontologie von V. Frankl illustriert. Dieses Gesetz besagt, daß ein und dasselbe Phänomen, wiedergegeben unter Weglassung essentieller Dimensionen, Abbildungen ergibt, die einander widersprechen (s. Abb. 23). Das Umgekehrte kommt ebenfalls vor: verschiedene klinische Bilder scheinen zu einem Arzneimittel zu gehören. Z. B. Furunkel können in

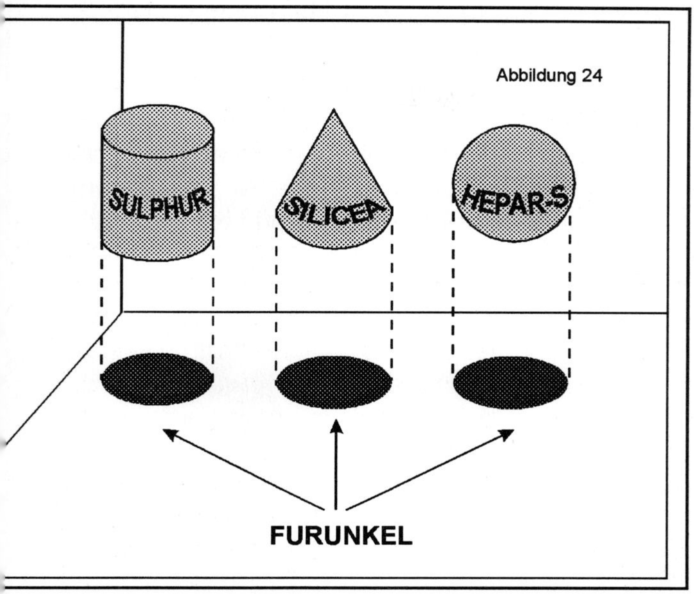

Abbildung 24

ein Sulfur-, ein Silicea- oder ein Lycopodium-Bild passen. Dies wird deutlich mit Hilfe von Frankls zweitem Gesetz der dimensionalen Ontologie: verschiedene Phänomene können, wenn sie außerhalb ihrer eigenen Dimension projiziert werden, auf einer niedrigeren Dimension ein und dieselbe Abbildung ergeben (s. Abb. 24).

Die Essenz der Homöopathie ist, daß sie methodisch – über einen indirekten Weg – Informationen über höhere Systemniveaus der Erscheinung (kranker) Mensch sammelt. Danach werden diese Informationen nach empirisch gefundenen Gesetzmäßigkeiten zunächst geordnet (Hierarchisierung der Symptome) und danach gekoppelt an einen therapeutischen Eingriff (Ähnlichkeitsgesetz). Dies bietet die Möglichkeit, therapeutisch ohne Zwischenschaltung von Kausalitätsketten einzugreifen (auf der Basis des Stands der Dinge), im Gegensatz zu dem, was in der technologischen Heilkunde gebräuchlich ist (die sogenannte „kausale" Therapie, das Verstehen der Dinge).

6.7. Konstitutionelles Denken ist Systemdenken.

Unterschiedliche Symptome, die sich an verschiedenen Stellen im Organismus zeigen, können dadurch zusammenhängen, daß sie einen gemeinsamen Ursprung in den konstitutionellen Reaktionsmöglichkeiten haben (s. Abb. 25a).

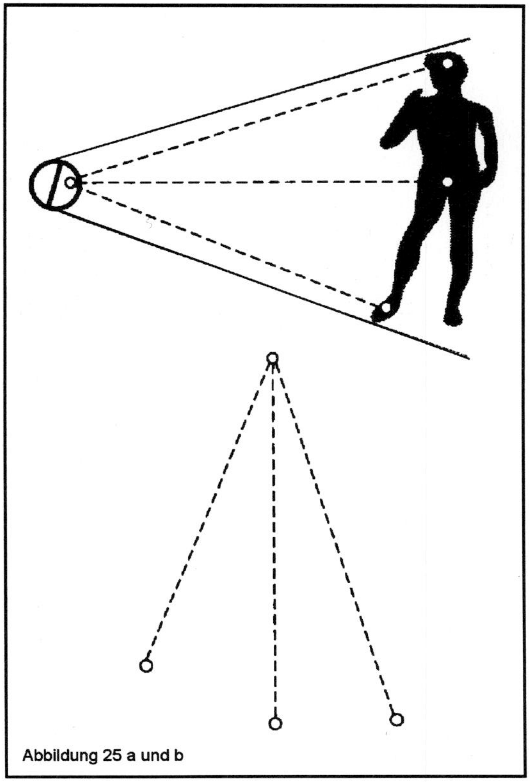
Abbildung 25 a und b

Wenn wir diese Abbildung eine Vierteldrehung nach rechts drehen, bekommen wir Abbildung 25b und nun ist zu sehen, daß es hier um einen Systemverband geht. Die Erscheinungen gehören zusammen auf der Basis eines übergeordneten Prinzips: die konstitutionelle Möglichkeit, diese Störungen zu entwickeln. Auch die Entwicklung in der Zeit, wobei verschiedene in der Zeit aufeinanderfolgende Erscheinungen untereinander in Verbindung gebracht werden können, läßt dieses Muster erkennen, wenn wir die Abbildung um 90 Grad drehen (s. Abb. 26a und 26b).

Abbildung 26a

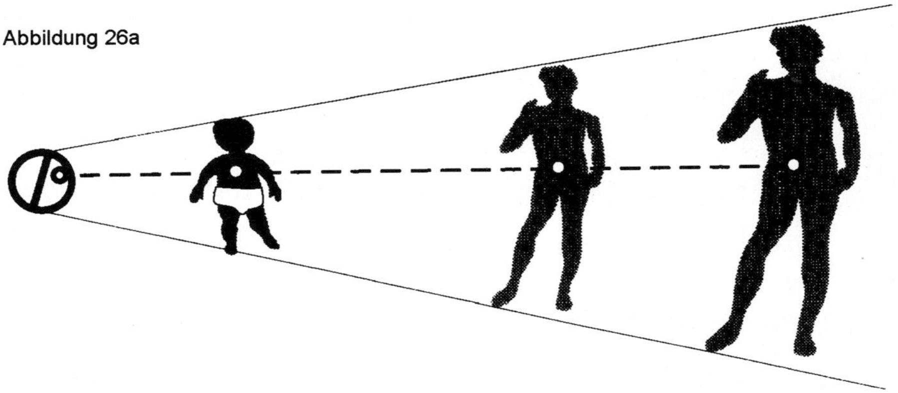

Abbildung 26b

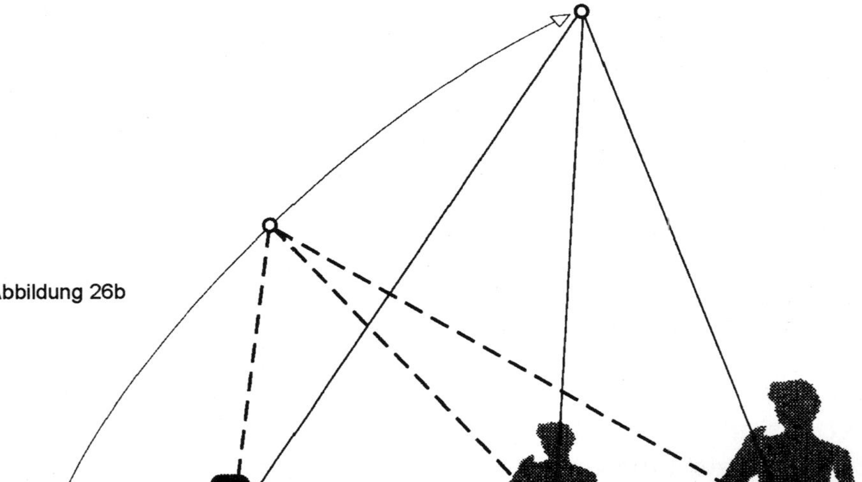

Aus einem gemeinsamen Prinzip (der Konstitution) kommen zu verschiedenen Zeitpunkten, abhängig u. a. von den Umweltfaktoren, bestimmte Symptome zustande. Auch hier geht es um einen Systemverband und nicht um eine ursächliche Verbindung. Vergleichen wir diese Vorstellung einmal mit Abbildung 27:
Abbildung 27 stammt aus einem Lehrbuch der Epidemiologie. Hier sehen wir, auf welche unterschiedliche Weise wir uns vorstellen können, daß in der Zeit aufeinanderfolgende Symptome untereinander in Verbindung gebracht werden können. Wir sehen hier einen zutreffenden Vergleich mit unserer Art des konstitutionellen Denkens. Was hier „noch unbekannte Ursachen" heißt, nennen wir in der Homöopathie die Konstitution.

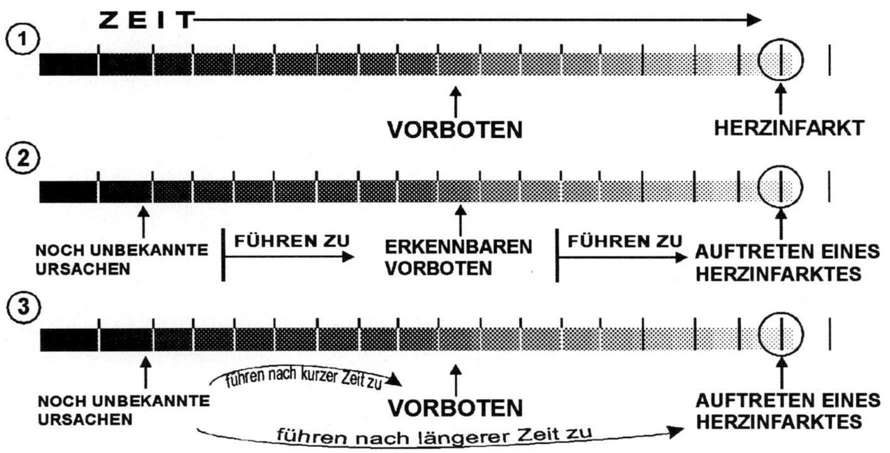

Abb. 27:
Mögliche Erklärung für den Zusammenhang zwischen Risikofaktoren und Herzinfarkt (nach Sturmanns).

Die „Vorläufer" werden in der Epidemiologie Risikofaktoren genannt. Z. B. ein erhöhter Cholesteringehalt, Zigarettenrauchen und Streß sind Risikofaktoren, die zu einem Herzinfarkt führen können. Durch epidemiologische Untersuchungen wurde entdeckt, daß bestimmte Verhaltensweisen auch Risikofaktoren darstellen, die zum Herzinfarkt führen können: das sogenannte „Typ A-Verhalten". Dieses besteht in ausgeprägtem Prestigedenken, Konkurrenz-Streben, Arbeitswut, Hast und Reizbarkeit. Hier wird sehr deutlich, daß wir es mit konstitutionellem Denken zu tun haben.

Es wäre reizvoll, bei einer Anzahl dieser „Typ A-Menschen" eine vollständige homöopathische Übersicht ihrer konstitutionellen Reaktionsweise auszuarbeiten. Es sieht danach aus, daß das konstitutionelle Denken – durch die Hintertür des Aufspürens von Risikofaktoren – wieder Einzug in das

moderne medizinische Denken halten wird. Die Theoriebildung im Systemdenken schließt hiermit direkt an den praktisch-therapeutischen Gang der Dinge in der Homöopathie an.
Die Homöopathie muß als eine Form des angewandten Systemdenkens betrachtet werden und damit unterscheidet sich diese Methode nachdrücklich vom klinisch-nosologisch-kausalen Denken. Es ist nicht verwunderlich, daß die homöopathische Methode in den Begriffen der Systemtheorie beschreibbar ist. Die Systemtheorie hat einen überbrückenden Charakter und dadurch können auseinanderlaufende Methoden in Begriffen der Systemtheorie formuliert werden. Tatsächlich ist dies eine der Funktionen der Systemtheorie, nämlich „die Entwicklung einer gemeinsamen Sprache, die es möglich macht, daß Wissenschaftler aus verschiedenen Disziplinen miteinander kommunizieren können“. Und das Auffällige ist, daß in der homöopathischen Methode Gesetzmäßigkeiten entdeckt worden sind, die kennzeichnend für das Systemdenken sind. Offensichtlich bestand bei den Homöopathen der ersten Stunde bereits ein Stück Einsicht in die Methodologie, die dem Systemdenken innewohnt. Dies kommt sehr nachhaltig zum Ausdruck in Hahnemanns Ausspruch: *„Ein einzelner Fuß ist so wenig der Mensch als ein einzelnes Symptom die Krankheit ist“.*
In ihrer Bestrebung, das höchste sinnvolle Systemniveau zu umfassen, ist die Homöotherapie eine holistische Methode. Noch mehr: Wenn man nicht auf diese, hier besprochene Weise die Homöopathie betreibt, erreicht man nur mindere Resultate. Hahnemann hat sich sehr massiv gegen eine abweichende (wir sollten nun sagen „reduktionistische“) Anwendung seiner Erfindungen gewandt. So hat er die sogenannte „kritisch-wissenschaftliche“ Variante, die homöopathische Mittel ausschließlich gemäß klinisch-nosologischer Einteilung anwendet, als „After-Homöopathie“ verworfen. Es geht um ein methodisches Vorgehen bei dem Sammeln von Informationen über das höchst mögliche Systemniveau des gestörten (kranken) Organismus Mensch. Hierbei läßt man sich durch das Ähnlichkeitsgesetz und das Gesetz von Hering leiten.

6.8. Das höchste sinnvolle Systemniveau.

Wir haben in Kapitel 5 gesehen, daß Krankheiten immer die Folge einer Wechselwirkung zwischen Konstitution und Umgebungsfaktoren sind. Nachdem wir die Existenz von unterschiedlichen Systemniveaus besprochen haben, können wir nun die kennzeichnenden Unterschiede zwischen klinisch-nosologischem Denken und konstitutionell-homöopathischem Denken illustrieren. Wir müssen uns genau fragen, wo die Systemgrenze dessen liegt, was wir (als Heilkundige) als Objekt unseres Handelns betrachten wollen. Betrachten wir z. B. chemische Reaktionen, Organe, Organismen, denkende, fühlende und wollende Menschen, Gemeinschaften, (Sub-)Kulturen...? Hiermit sind weiterhin folgende Fragen eng verbunden: Was kann eine Heilmethode zustande bringen? Was ist ihr Indikationsgebiet? Welche Störungen kann eine Methode für eine Behandlung beanspruchen? Auch folgende Fragen: Gibt es bestimmte Methoden in einer Behandlungsstrategie, die anderen vorgezogen werden? Sind regulierende Therapien (z. B. Homöopathie oder Akupunktur) den eingreifenden Methoden (Chemotherapie oder Chirurgie) vorzuziehen? Inwiefern ist ein chirurgischer Eingriff bei einer Fistel indiziert, bevor die Homöopathie die Möglichkeit erhalten hat, den Prozeß ausheilen zu lassen? Oder inwiefern ist es sinnvoll, häufig wiederkehrende Infektionen mit Antibiotika zu behandeln, wenn man bedenkt, daß der rezidivierende Charakter nun gerade darauf hinweist, daß die Bakterien, die die Infektion „erzeugen“, nicht der wichtigste bestimmende Faktor sind?

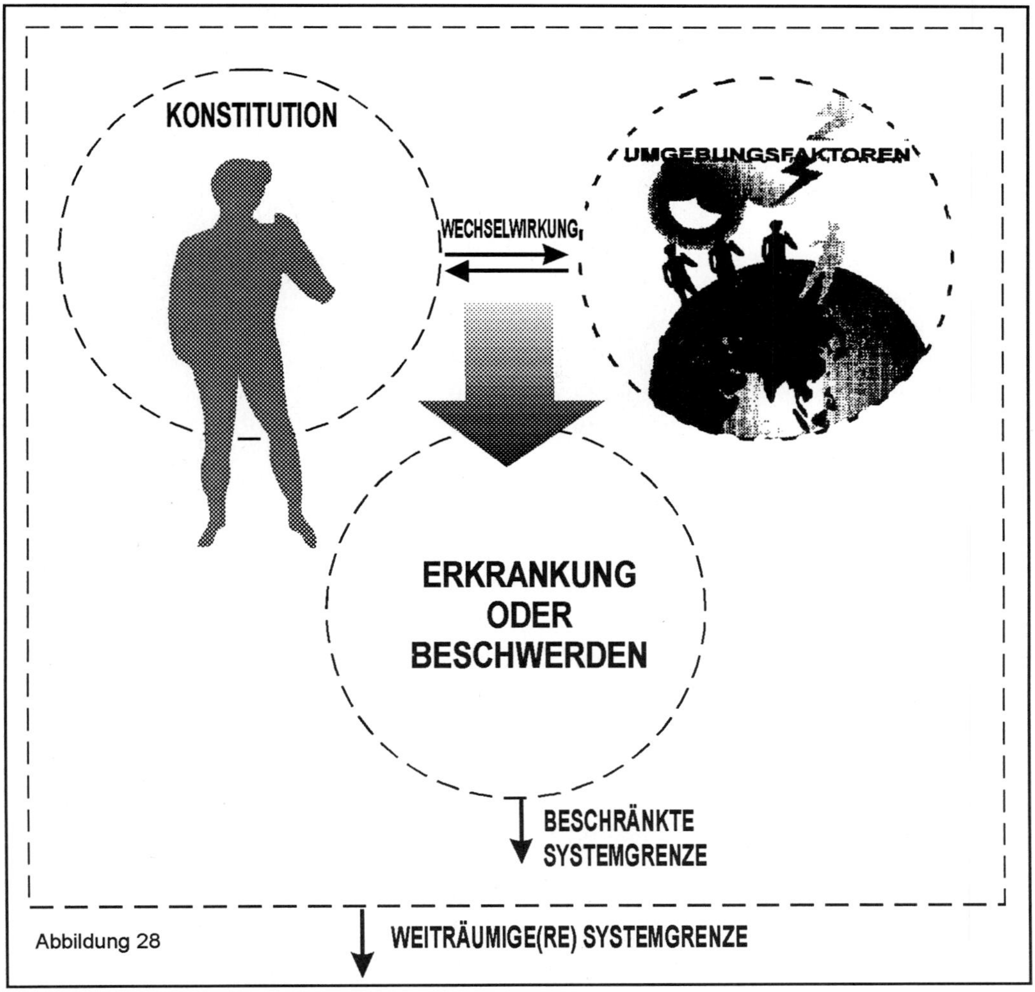

Abbildung 28

In der obigen Abbildung wird angegeben, wo die Systemgrenze bei klinisch-nosologischem Denken und bei dem synthetisch-homöopathischen Denken liegt. Aus der Abbildung geht erschöpfend hervor, was bis jetzt besprochen wurde (s. Abb. 28). Vor diesem Hintergrund sagt man in der Homöopathie, daß das klinisch-nosologische Denken reduktionistisch ist. Es wählt ein niedriges Systemniveau, das als Ausgangspunkt für Wahrnehmungen und Erklärungen größerer Zusammenhänge dient. Dann ergibt es sich, daß auf der Basis von vorläufig geltenden Einsichten aus dem Netzwerk von allen Lebensverrichtungen nur die ausgewählt werden, die in das Muster passen, daß die Theorie geliefert hat. Im Systemdenken sagt man: „Alles hat im Prinzip eine Bedeutung, und wir müssen eine Technik finden, die soviel wie möglich Erscheinungen unter einen Nenner bringen kann.“

6.9. Hahnemanns Theorien über chronische Krankheiten.

Wenn wir untersuchen, wie Hahnemann zur Formulierung seiner Ansichten über die konstitutionelle Behandlung gekommen ist, finden wir eine merkwürdige Inkonsequenz vor. Beim Lesen seiner Werke scheint es, daß er seine Ideen nicht deutlich als eine Form des konstitutionellen Denkens präsentierte. Er verteidigt fortwährend das Denkmodell, daß es sich bei chronischen Krankheiten um Infektionen handelt. Wie kam er auf diese Idee?
Wir haben zuvor gesehen, wie er dem Zusammenhang der Symptomverschiebung auf die Spur gekommen ist, und wie er schlußfolgern konnte, daß diese verschiedenen Krankheitsphasen zueinander gehören. Der Verlauf dieser chronischen Krankheiten ließ ihn an den Verlauf der Geschlechtskrankheit Lues (Syphilis) denken. Die Lues verläuft auch in verschiedenen aufeinanderfolgenden Stadien, wobei nach Ansteckung über die Schleimhäute der Geschlechtsorgane eine Serie verschiedener Krankheitsäußerungen entstehen kann. Hierbei können Haut und Schleimhäute und alle inneren Organe befallen werden. Im letztem Stadium wird das zentrale Nervensystem betroffen und es entsteht eine Form von Irrsinn, die sogenannte „Dementia paralytica“.
Die Ähnlichkeit im Verlauf der Lues und der von ihm studierten chronischen Krankheiten brachten ihn auf die Idee, daß es sich bei den chronischen Krankheiten ebenfalls um eine Infektion handeln könnte. In seinem Buch, „Die chronischen Krankheiten“, beschreibt er, wie er allmählich zu der Einsicht gekommen ist, daß seine Idee richtig sei, daß es sich „bei allen chronischen Krankheiten um eine Infektion handelt“. Den Vergleich mit der Lues hat er auf diese Weise weiter aufgearbeitet, und er kommt endlich zu der Schlußfolgerung, daß es drei wesentliche Infektionskrankheiten sind, die die chronischen Krankheiten verursachen: die Krätze, die Lues und die Gonorrhoe (Tripper). Die Gemeinsamkeit dieser drei Erkrankungen ist ihr chronischer Verlauf, der dadurch entsteht, daß die erste Krankheitsäuße-

rung verschwindet und sich in Richtung der mehr innerlich gelegenen Störungen des Organismus verschiebt. Bei der Lues entsteht erst ein örtliches Geschwür (Schanker) an den infizierten Schleimhäuten und danach geht die Erkrankung ihren Weg nach innen. Bei der Gonorrhoe entsteht erst der Tripper, die Entzündung der Harnröhre, und danach breitet sich die Krankheit auf die inneren Geschlechtsorgane, die Prostata usw. aus. Bei Frauen breitet die Gonorrhoe sich über die Gebärmutter, die Eierstöcke und Eileiter weiter aus. Nach dieser Auffassung werden viele innere Krankheiten mit der Gonorrhoe in Verbindung gebracht, wie z. B. Gelenkerkrankungen, Darmstörungen und Asthma.

Nach Hahnemann entstehen allerlei Erkrankungen durch das Ausbreiten der Krätze nach innen. In Kapitel 5, wo das Gesetz von Hering zur Sprache kam, haben wir einige Beispiel aus Hahnemanns „Die chronischen Krankheiten“ zitiert, woraus deutlich wird, daß das Unterdrücken von Krätze zum Entstehen allerlei verschiedener Erkrankungen führen kann. In seiner Theorie über die Entstehung der chronischen Krankheiten geht Hahnemann noch einen Schritt weiter. Er behauptet nun, daß viele chronische Erkrankungen sich von einer durchgemachten Krätze herleiten lassen. Im Folgenden ein Zitat aus „Die chronischen Krankheiten“, woraus deutlich wird, daß er die Ansteckung als Ursache sieht. In diesem Zitat kommt der Begriff „Miasma“ vor. Dieses Wort bedeutet wörtlich „Befleckung“ oder „Beschmutzung“ und wurde früher für ansteckende Erkrankungen gebraucht. Die drei von Hahnemann unterschiedenen chronischen Krankheiten werden von ihm als „Chronische Miasmen“ bezeichnet.

„Das Krätzmiasm aber bedarf nur der Berührung der allgemeinen Oberhaut, am meisten bei zarten Kindern. Die Fähigkeit, vom Krätzmiasm angesteckt zu werden, hat – was bei den andern beiden Miasmen nicht der Fall ist – fast jeder Mensch und fast unter allen Umständen. Kein chronisches Miasm steckt allgemeiner, gewisser, leichter und unbedingter an, als das Krätzmiasm; wie gesagt, es ist das ansteckendste unter allen. Es ist so leicht mittheilbar, daß schon der von einem Kranken zum andern eilende Arzt beim Pulsfühlen sie oft unwissend Mehren einimpfte; Wäsche, mit krätziger Wäsche gewaschen; neue, aber von einem Krätzigen schon anprobirte Handschuhe, ein fremdes Nachtlager, ein fremdes Handtuch zum Abtrocknen diesen Ansteckungs-Zunder mittheilte, ja, daß oft schon der eben erst an`s Tageslicht kommende kleine Weltbürger bei seinem Durchgange durch die äußern Geburtstheile seiner (wie nicht selten) mit dem Miasm behafteten Mutter, oder von der bei einer ähnlichen Kreißenden (oder sonst vorher) damit verunreinigten Hand der Geburtshelferin dieß unglückliche Loos erhält. Oder als Säugling von seiner Amme, oder auf dem Arme seiner Wärterin entweder von dieser oder von dem liebkosenden Streicheln einer fremden, unreinen Hand angesteckt wird. Die Tausend Mal tausend andern möglichen Berührungen mit diesem Miasm unsichtbar besudelter Dinge im Gange des Menschenlebens nicht einmal zu erwähnen, welche oft nicht

geargwohnt, oft nicht vermieden werden können, dergestalt, daß die von der Psora unangesteckt gebliebenen Menschen unter die seltenern gehören. Wir brauchen die Ansteckung nicht erst in vollgepfropften Spitälern, Fabrik- und Gefangnen-Sälen oder in Waisenhäusern oder in den schmutzigen Hütten der Armuth aufzusuchen; selbst im freien Leben, in der Abgezogenheit, wie im vornehmen Stande schleicht sie sich ein. Der Einsiedler auf dem Montserrat entgeht in seinem Felsenneste ihr eben so selten, als der kleine Prinz in den battistenen Windeln."

Diese Auffassung von Hahnemann ist auf viel Ablehnung gestoßen. Wenn wir seine Texte genau lesen, scheint es, daß er selbst auch zwischen zwei Gedanken schwankt. Im obigen Zitat weist er dem Krätze-Miasma die größte Ansteckungsfähigkeit zu. Bei der Beschreibung der unterschiedlichen Erkrankungen, die durch Unterdrückung des Krätzeausschlags entstehen, lesen wir:

„Die theils akuten, theils und vorzüglich chronischen Krankheiten, welche von solcher einseitigen Vernichtung des für die innere Psora beschwichtigend vikariirenden Haut-Symptome (des Ausschlags und Jückens – fälschlich, ‚Zurücktreibung der Krätze in den Körper' genannt – entspringen, sind unzählig, das ist, so vielerlei, als die Eigenheiten der mancherlei Körperconstitutionen und der sie modificierenden Außenwelt verschieden sind."

Hier erwähnt er also die Konstitution als mitbestimmenden Einfluß.
Sehr deutlich ist Hahnemanns konstitutionelles Denken zu finden im Organon der Heilkunst, § 31 Org.:

„Auch besitzen die feindlichen, theils psychischen, theils physischen Potenzen im Erdenleben, welche man krankhafte Schädlichkeiten nennt, nicht unbedingt die Kraft, das menschliche Befinden krankhaft zu stimmen: wir erkranken durch sie nur dann, wenn unser Organism so eben dazu disponirt und aufgelegt genug ist, von der gegenwärtigen Krankheits-Ursache angegriffen und in seinem Befinden verändert, verstimmt und in innormale Gefühle und Thätigkeiten versetzt zu werden – sie machen daher nicht Jeden und nicht zu jeder Zeit krank."

Auch in dem früher zitierten § 181 des Organon klingt Hahnemanns konstitutionelles Denken an. Der Erklärung, daß diese Miasmen innerlich allerlei Formen annehmen können, wenn die äußerliche Erscheinung unterdrückt wird, widmet Hahnemann eine umfangreiche Beschreibung. In diesem Zitat kommt das Wort „Psora" vor. Dieses griechische Wort für Krätze gebraucht Hahnemann absichtlich, um anzugeben, daß es hier nicht nur um die einfache Krätze auf der Haut geht, sondern um die „innere Krätze".

„Sobald das Krätzmiasm z. B. die Hand berührt, so bleibt es in dem Augenblicke, wo es gehaftet hat, nicht mehr örtlich. Alles Waschen und Reinigen der Stelle hilft nun nichts mehr. Man sieht die ersten Tage noch nichts da an der Haut; sie bleibt unverändert und dem Anscheine nach gesund. Kein Ausschlag und kein Jücken ist in diesen Tagen am Körper, selbst nicht an der eben angesteckten Stelle zu bemerken. Der Nerve, welcher das Miasm zuerst ergriff, hatte es schon den Nerven des übrigen Körpers unsichtbar, dynamisch mitgetheilt, und der lebende Organism ward sofort von dieser specifischen Erregung im Stillen dergestalt durchdrungen, daß er genöthigt war, das psorische Miasm sich allmählig anzueignen, bis die Veränderung des Ganzen zu einem durchaus psorischen Menschen, das ist, die innere Ausbildung der Psora vollendet worden. Nur dann erst, wann der ganze Organism sich von dieser eigenartigen, chronischmiasmatischen Krankheit umgeschaffen fühlt, bestrebt sich die kranke Lebenskraft, das innere Uebel durch Veranstaltung eines angemessenen Lokal-Symptoms auf der Haut (Krätzbläschen) zu erleichtern und zu beschwichtigen, so daß, so lange dieser Ausschlag in naturgemäßer Verfassung äußerlich besteht, die innere Psora mit ihren sekundären Leiden nicht hervorbrechen kann, sondern verdeckt, schlummernd, latent und gebunden bleiben muß."

Wir sehen, daß er Mühe hat, seine Ansteckungstheorie durchzuhalten: Die Erklärung sucht Schutz in Begriffen wie „unsichtbare" und „dynamische" Ausbreitung der Psora im Organismus. Der Umstand, daß jeder durch die Psora angesteckt ist, und daß auch wohl jeder dafür empfänglich ist, erlaubt kaum noch einen Unterschied zwischen den Menschen mit und denen ohne Psora. Hahnemann bemerkte diese Schwäche in seiner Theorie wohl selbst, denn er zog zur Argumentation auch die Behauptung heran, daß er einer der wenigen sei, die nichtpsorisch waren:

„Mir ward es möglicher, als vielen Hundert Andern, die Zeichen sowohl der noch im Innern schlummernden und latenten, als der zu ansehnlichen, chronischen Uebeln aus dem Innern erwachten Psora zu finden und zu erkennen durch genaue Vergleichung des Befindens aller der so Behafteten mit mir, der ich, was selten ist, nie psorisch war und daher von allen diesen hier und weiter unten angeführten Beschwerden (kleinern und größern) von meiner Geburt an bis in mein jetziges achtzigstes Lebensjahr gänzlich frei blieb, obwohl übrigens sehr empfänglich für akute, epidemische Krankheiten, und obwohl unter vielen Geistes-Anstrengungen und tausendfachen Gemüths-Kränkungen."

Nun wird begreiflich, warum Hahnemann wegen seiner Miasma-Theorie umstritten war und belächelt wurde. Und dennoch ist hiermit das Problem nicht gelöst. Von Alters her gab es zwei unterschiedliche Theorien über die Art, wie Epidemien ansteckender Erkrankungen entstehen. Nach der einen Theorie dachte man sich das Entstehen von ansteckenden Erkrankungen durch Ausdünstung von verrottendem organischen Material aus vermodernden Kadavern und dergleichen. Die Giftstoffe, die auf diese Weise entstanden, sollten sich dann über Luft und Wasser ausbreiten und die Menschen anstecken. Einen solchen Ansteckungsstoff nannte man ein „Miasma“, wörtlich „Befleckung“, „Besudelung“. Auf diese Weise konnte man begreiflich machen, daß zu bestimmten Zeiten und an bestimmten Orten Epidemien entstanden. Diese Art des Denkens ist der „Miasmatismus“: Das Gegenteil dieser Strömung ist der sogenannte „Contagionismus“ (Contagio = Berührung, Beschmutzung), der besagt, daß ansteckende Erkrankungen dadurch entstehen, daß krankmachende Stoffe von einem Menschen auf den anderen durch direkten Kontakt übertragen werden. Die Diskussion zwischen diesen beiden Strömungen hat vom griechischen Altertum bis zum Ende des 19. Jahrhunderts gedauert, bis durch die Arbeiten von Pasteur und Koch der Kontakt mit Bakterien als Ursache von Krankheit entdeckt worden ist. Hahnemann lebte in einer Zeit, wo das letzte Wort über diese Frage noch lange nicht gesprochen war, und in diesem Licht müssen wir denn auch seine Schriften interpretieren. Ferdinand Hebra (1816–1890), einer der ersten Ärzte, die sich vollkommen auf Hautkrankheiten spezialisierten, konnte nachweisen, daß die Krätze durch Abtöten der Krätzmilbe behandelt werden konnte. Sein Buch „Über die Krätze“ erschien kurz nach Hahnemanns „Die chronischen Krankheiten“. Wir wissen, daß Hahnemann von der Existenz der Krätzmilbe wußte.

Was hat Hahnemann dazu gebracht, so halsstarrig an seiner Ansteckungstheorie festzuhalten? Die Schwierigkeiten, die aus den obenstehenden Zitaten deutlich werden, betreffen das Problem, verschiedene Denkmodelle über die Entstehung von Krankheiten miteinander in Verbindung zu bringen. Hahnemann wußte aus der Anwendung der Ähnlichkeitsregel, daß viele Umgebungsfaktoren eine besondere Rolle beim Zustandekommen von Krankheiten bei einem bestimmten Individium spielen. In der Zeit, in der er lebte, häuften sich Hinweise darauf, daß Erkrankungen durch Erreger hervorgerufen werden. Die Miasmenlehre muß denn auch als ein Versuch einer einseitigen Interpretation des Entstehens von Krankheiten gesehen werden. Es sind nicht allein die Erreger, die die Krankheit verursachen, es sind nicht allein die Umstände, es ist nicht allein die Konstitution. Es ist dies alles zusammen. Die Entstehung der Krankheiten muß als ein Ereignis gesehen werden, daß sich in einem bestimmten Zusammenhang abspielt. Es ist nicht eine Offensive von plötzlich bösartig gewordenen Bakterien, und es ist auch nicht der Nährboden oder andere Umgebungsfaktoren, und es ist auch nicht eine erbliche Schwäche, die sich plötzlich äußert. Nein, es ist dies alles zusammen eine Art von zusammenhängendes Ganzes, als Struktur.

Hahnemann hat einen mutigen Versuch unternommen, den Miasmatismus und den Contagionismus zu vereinigen in einer auf dem Ähnlichkeitsgesetz und dem Gesetz von Hering basierenden konstitutionellen Therapie. Ein wichtiges Argument für diese Auffassung ist die Namengebung, die Hahnemann benutzt. Er wählte den Namen „Psora“ anstelle von „Krätze“. Krätze ist ein Hautausschlag. Was aber Hahnemann andeuten wollte, war der unterdrückte Hautausschlag, die nach innen geschlagene Krätze. Er wählte den Namen „Psora“, um damit die Gesamtheit von Krankheitsbildern anzugeben, die über Syndromverschiebungen aus Hauterkrankungen zustande kamen. Diese Namengebung wählte Hahnemann aufgrund seiner Einsicht, die er in die Gesetzmäßigkeiten der Ersatzkrankheiten gewonnen hatte. Die Krätzmilbe konnte nicht die Ursache der inwendigen Psora sein.
Die Fragen, die sich für Hahnemann in seiner Miasmenlehre stellten, sind noch immer aktuell. Z. B. die lästige Frage, mit der der Miasmatismus den Contagionisten zu schaffen machen kann: Warum entstehen Epidemien zu ganz bestimmten Zeiten und Orten und unter bestimmten gesellschaftlichen Umständen? Diese Frage dauert bis heute fort. Auch bei Krebsuntersuchungen stellt sich die Frage, warum bestimmte Formen von Krebs in bestimmten Ländern häufiger vorkommen. Man hat entdeckt, daß die Häufigkeit für bestimmte Formen von Krebs nicht in allen Ländern oder Gegenden dieselbe ist. Dies soll die Folge sein von erblichen Eigenschaften der Einwohner. Jedoch scheinen Einwanderer nach einer gewissen Zeit dieselbe Chance für eine Erkrankung zu bekommen wie die ursprünglichen Einwohner.
Aus der Sicht des Systemdenkens ist Hahnemanns Stellungnahme sehr gut begreiflich. Es war ein Versuch, eine Synthese von verschiedenen einseitigen medizinischen Denkmodellen zustande zu bringen. Diese Zielsetzung, das Zustandebringen einer gemeinsamen Theorie, in der verschiedene Arten von wissenschaftlichen Denkmodellen untergebracht werden können, ist nun genau das, womit sich das Systemdenken beschäftigt.
Die Problematik, die Hahnemann aufzeigt, leitet letztendlich zu der Frage: „Was ist die Ursache von Krankheit?“ Denn was ist die Ursache von der Veränderung in der Entwicklung des Organismus? Über diese Frage wurde seit dem Altertum nachgedacht. Was ist die Ursache dafür, daß eine Tomate reif wird? Die Sonne? Wenn nur die Sonne da ist und außerdem nichts, dann wird noch keine reife Tomate entstehen. Die Sonne allein kann deshalb nicht die Ursache sein, es ist mindestens noch eine Tomatenpflanze nötig. Offensichtlich gibt es verschiedene Ursachen für Veränderungen in der Natur. Es wird zu weit führen, diese philosophische Frage hier ausgiebig zu besprechen, aber es ist wohl sinnvoll, anhand eines einfachen Beispiels der Frage nachzugehen, wie man über den Begriff Ursache nachdenken kann. Wenn ein Tischler einen Stuhl baut, treten verschiedene Veränderungen

auf. Die unterschiedlichen Holzteile werden vermessen und auf eine sehr spezielle Weise miteinander in Verbindung gebracht. Wir könnten nun sagen, daß der Schreiner die Ursache für das Entstehen dieses Stuhls sei. Aber ohne Holz wäre es nicht zu einem Stuhl gekommen. Das Holz bildet so ebenfalls einen ursächlichen Faktor beim Zustandekommen des Stuhles. Weiterhin können wir uns fragen, was der Schreiner damit bezweckt hat, einen Stuhl zu machen. Er muß dabei ein spezielles Ziel vor Augen gehabt haben, denn der Stuhl hat eine besondere Bedeutung: Man kann darauf sitzen. Wenn der Schreiner ein anderes Ziel vor Augen gehabt hätte, z. B. einen Gegenstand, um darauf zu schlafen, dann hätte er ein Bett gezimmert. Auf diese Weise können wir vier Ursachen unterscheiden für diese Veränderung, die man am besten als Antworten auf folgende Fragen darstellen kann:

- Woraus ist etwas gemacht worden? – Die stoffliche Ursache.
- Durch wen ist etwas gemacht worden? – Die bewirkende Ursache.
- Zu was ist etwas gemacht worden? – Die bildende Ursache.
- Warum ist etwas gemacht worden?
- Wozu ist etwas gemacht worden? – Die Zielursache.

Jede dieser Ursachen ist für sich selbst genommen notwendig, aber keine hiervon ist aus sich selbst vollständig. Diese letzte Feststellung gilt auch für verschiedene Inhalte von Hahnemanns Miasmenlehre: Die erbliche Anlage (Konstitution), die Krankheitserreger und die äußeren Umstände, die der Krankheit ihre Form geben. Bei Veränderungen, die in der Natur auftreten, wie das Reifwerden einer Tomate oder das Entstehen einer Krankheit, sind die Verhältnisse zwischen den verschiedenen Ursachen komplizierter. Letzten Endes führt das zu der Frage: „Wie kommt es dazu, daß die Dinge sich zu dem entwickeln, was sie Kraft ihrer Bestimmung werden können oder werden müssen?" Diese Frage ist so weitgreifend, daß wir sie hier notgedrungen ruhen lassen müssen. Wir kehren zurück zu den Veränderungen, die im Verlaufe der Entstehung von Erkrankungen auftreten.

6.10. Entwicklung der Krankheiten und Wahl der Therapie.

Wir können Krankheit als einen Prozeß in der Zeit betrachten, einen Teil des zyklischen Prozesses Geburt – Leben – Tod. Darin können wir folgende Stadien erkennen:

1. Der Mensch im paradiesischen Zustand: eine theoretische Möglichkeit. Der Mensch in vollständiger Harmonie mit seiner Umgebung: Wird nicht krank, die Konstitution ist vollkommen.
2. Im Prinzip verwundbar. Konstitutionell sind Defekte vorhanden, aber noch keine Neigung zur Ausbildung von Beschwerden oder Symptomen.

3. Störungen in der Regulation der Lebensverrichtungen. Die konstitutionellen Schwächen äußern sich, werden aber noch nicht als Beschwerden erfahren.
4. Störungen in der Regulation, die als Beschwerden erfahren werden. Jedoch: Bei einer Untersuchung nach klinisch-nosologischen Gesichtspunkten finden wir keine Abweichungen. „Du bist kerngesund", sagt der Arzt und der Patient wird mit seinen Beschwerden nach Hause geschickt.
5. Materielle Veränderungen. Das eine oder andere Organ (Körperteil) ist in seiner Struktur beeinträchtigt. „Oh, nun haben wir es gefunden: Du hast einen Gallenstein."
6. In dem Zyklus Geburt – Leben – Tod folgt das Ende des lebenden Organismus Mensch.

In der praktischen Ausübung der Heilkunde wird es nicht immer sofort deutlich sein, ob eine Beschwerde oder Krankheit schon so kompliziert ist, daß keine Wiederherstellung mehr möglich ist mit Hilfe der regulierenden homöopathischen Therapie. Es gibt ein Übergangsgebiet, in dem die Indikation unsicher ist. Dieses Übergangebiet verkleinert sich in dem Maße, wie die Einsicht und Kenntnis über die regulierenden Therapien zunimmt (s. Abb. 29). Es gibt auch Situationen, in denen die homöopathische Medizin neben chemischen Arzneimitteln angewendet werden kann. Z. B. bei einem Zuckerkranken, der Insulin spritzen muß, weil seine Bauchspeicheldrüse nicht mehr voll arbeitet, kann bei anderen Beschwerden die Homöopathie immer noch große Dienste leisten. Die Homöopathie kann auch hilfreich in der Chirurgie sein, z. B. um die Wundheilung nach Operationen zu fördern oder um eine Thrombose zu verhindern. Dasselbe gilt für die Geburtshilfe, wo man mit Hilfe der Homöopathie beispielsweise die Entbindung günstig beeinflussen kann. Im allgemeinen können wir sagen, daß die Homöopathie die Möglichkeit bietet, konstitutionelle und akute Beschwerden zu behandeln. Im Idealfall wird dadurch der weiteren Entwicklung von Krankheitsprozessen Einhalt geboten. Die Homöopathie ist durch ihre konstitutionelle Wirkung eine mächtige Vorsorgemethode. Wenn jemand durch angeborene oder erworbene Störungen nicht auf besondere Hilfsmittel verzichten kann, wie bei der Zuckerkrankheit, dann können andere konstitutionelle oder akute Probleme wohl homöopathisch behandelt werden. Es gibt besondere Arzneimittel chemischer Art, die sich sehr schlecht mit homöopathischen Potenzen kombinieren lassen, insbesondere Antibiotika und Nebennierenrindenhormone (Cortison).

Wir können nun die Indikationsstellung für die Homöopathie allgemein formulieren. Das Indikationsgebiet für die Homöopathie ist sehr groß, sowohl bei akuten als auch bei chronischen Erkrankungen. Aus dem Indikationsgebiet heraus fallen eigentlich nur Krankheitszustände, die mechanisch bedingt sind (Verletzungen, angeborene Abweichungen, Endzustände von

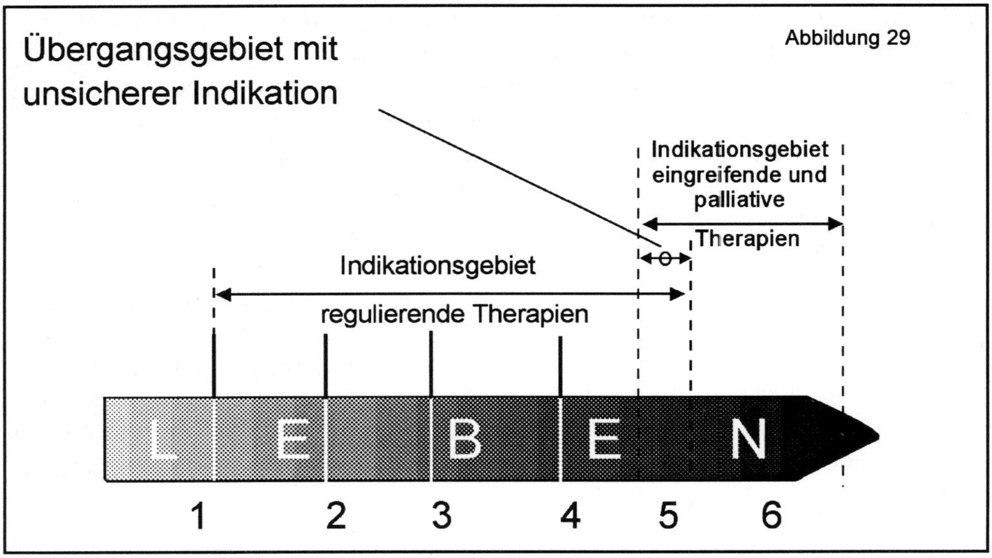

chronischen Krankheitsprozessen: Narben und Mißbildungen) und primär unheilbare Krankheiten wie degenerative neurologische Erkrankungen und dergleichen. In das Indikationsgebiet fallen alle Störungen, die im Prinzip wiederherstellbar sind mit Hilfe des im Organismus vorhandenen Regenerationsvermögens. Anders gesagt: Störungen, die noch reguliert werden können und die noch nicht gewaltsam beeinflußt werden müssen.

Hierunter fallen: Frühe Stadien: alle sogenannten funktionellen Störungen und „unerklärliche" Beschwerden, d. h., alle Beschwerden, wofür keine Erklärung in pathophysiologischen Begriffen gefunden werden kann. Gerade dies sind die Beschwerden, von denen wir wissen, daß sie letzten Endes einen chronischen oder rezidivierenden Verlauf nehmen und ein chronisches Leiden einleiten. Beispielsweise das prämenstruelle Syndrom, der Reizmagen oder das Reizcolon, Rückenbeschwerden („Hexenschuß") allerlei Art, Verhaltensstörungen (z. B. bei Kindern), reaktive Depression, Migräne und andere Kopfschmerzen.

Konstitutionelle Beschwerden: d. h. Beschwerden, die nicht befriedigend erklärbar sind aus den krankmachenden Umständen. Als besonderes Beispiel: rezidivierende (wiederholt zurückkehrende) Infektionen. Die Tatsache, daß die Infektionen rezidivieren, beweist, daß die Erreger nicht der bedeutendste bestimmende Faktor ist. Komplikationen nach akuten Krankheiten bilden eine eindeutige Indikation für konstitutionelle Behandlung: Hier scheint es, daß der Organismus nicht imstande ist, ein akutes Krankheitsbild befriedigend zu regulieren und daß konstitutionelle Schwächen vorhanden sind.

Die Genesung von einer chronischen Krankheit mit Hilfe der Homöopathie kann lange dauern. Das liegt nicht daran, daß die Homöopathie langsam wirkt, sondern weil es eine Methode ist, die tiefsitzende Störungen regulieren kann. Das vorhandene Wiederherstellungsvermögen hat dann sehr viel Zeit nötig, um die innere Wiederherstellung des gesamten Organismus zustande zu bringen. Diese Reorganisation der körperlichen Integrität macht sich dadurch bemerkbar, daß aufeinanderfolgende Syndrome oder Verschiebungen zum Vorschein kommen, wobei evtl. verschiedene Mittel in Folge verschrieben werden müssen. Bei akuten Erkrankungen wirkt die Homöopathie sehr schnell, vorausgesetzt, daß das richtige Mittel verordnet wird.

Kapitel 7

Quacksalberei oder nicht, das ist die Frage

„Was nun bewiesen ist, war einstmals nur Einbildung." William Blake
„Einbildungskraft ist mächtiger als Wissen." Albert Einstein

7.1. Hahnemanns Weg.

Mit großer Regelmäßigkeit werden in der Wissenschaft neue Entdeckungen gemacht. Die Entwicklung der Technik und der Raumfahrt zeugen davon. Die Geschichte zeigt, daß diese Aufeinanderfolge von Entdeckungen einen Teil der Entwicklung der Wissenschaften ausmacht: Wir entdecken immer mehr. Wir können ruhig annehmen, daß es noch sehr viel zu entdecken gibt. Deshalb sind fortwährend viele Wissenschaftler mit der Entwicklung neuer Ideen beschäftigt, neuer Theorien, neuer Instrumente usw., immer um Neues zu entdecken. Wir haben uns daran gewöhnt. Und wir finden es auch nützlich. Wir haben gelernt, daß die Ergebnisse Früchte für jeden abwerfen. Jeder hat früher oder später etwas davon, daß wir soviel wie möglich über die Welt um uns herum lernen, daß wir soviel wie möglich die Wirklichkeit erkennen. So ist ein bedeutendes Merkmal der Wissenschaften, daß sie voranschreiten. Weil jeder soviel Nutzen durch diesen Fortschritt hat, ist es sinnvoll, zu analysieren, wie dieser Fortschritt zustande kommt. Wenn wir das Prozedere erkennen, wodurch die Wissenschaft diesen Fortschritt zustande bringt, können wir sie viel zielgerichteter anwenden und vielleicht Verbesserungen hierbei anbringen. Das Nachdenken über die Analyse der wissenschaftlichen Prozedur ist das Arbeitsgebiet der Wissenschaftstheorie. Die zentrale Frage ist: Wie kommt neue wissenschaftliche Erkenntnis zustande? Um diese Frage zu beantworten, ist das Studium der Wissenschaftsgeschichte von Bedeutung. In diesem Kapitel werden wir die Entwicklung der Homöopathie, wie wir ihr bis hierher gefolgt sind, in Zusammenhang mit der Geschichte der Wissenschaften im allgemeinen bringen. Danach können wir auf die Frage eingehen: Ist die Homöopathie Wissenschaft oder Quacksalberei?
Ursprünglich hatte Hahnemann die Idee, daß er über die Ähnlichkeitsregel für bestehende Krankheitseinheiten – die mit speziellen Namen belegt waren wie Malaria, Scharlach oder Cholera (so die klinisch-nosologische Einteilung) – spezifische Mittel finden könnte auf der Basis der Vergiftungsbilder von allerlei Stoffen. Eine Chininvergiftung gleicht der Malaria, eine Arsenvergiftung gleicht der Cholera, eine Belladonnavergiftung gleicht dem Scharlach. Also: Bei Scharlach hilft eine kleine Dosis Belladonna, bei Cho-

lera hilft eine kleine Dosis Arsenicum album und bei Malaria hilft eine kleine Dosis Chinarinde.
Dies ist Hahnemanns erste Entdeckung gewesen und sein erster Ausgangspunkt für Experimente mit der neuen Therapie. Wir sehen, daß bei der weiteren Entwicklung seiner Methode eine allmähliche Verschiebung seiner Ideen auftrat in Bezug auf die Wirklichkeit (s. Abb. 33). Sowohl die klinisch-nosologische Einteilung als auch die Idee der kleinen Dosierungen hat er verlassen und ersetzt durch eine Totaldiagnose und potenzierte nichtmaterielle Arzneimittel. Er nahm langsam aber sicher Abstand von den klinisch-nosologischen Krankheitsbildern, da bei neueren Arzneimittelprüfungen andere Krankheitseinheiten entstanden, die als nosologische Bilder überhaupt nicht bekannt waren, aber als natürliche Krankheiten wohl erkennbar vorkamen. Dies führte zu einer anderen Krankheits-Klassifizierung, zum Erkennen der wertvollen besonderen § 153-Symptome (Organon) und führte schließlich zum konstitutionellen Denken, wobei eine Totaldiagnostik nötig wird. Zu gleicher Zeit entdeckte er das Potenzieren und das Vermögen von Potenzen, Arzneimittelbilder zu erzeugen, die einen ganz anderen Charakter haben als die Vergiftungserscheinungen (weil sie nicht die direkte chemische Wirkung auf den materiellen Organismus widerspiegeln, sondern die Reaktion des Organismus in der Gestalt, daß ein Arzneimittelbild ein Bild von der individuellen Reagibilität des Organismus ergibt). Das brachte ihn auf die Idee eines nicht materiellen Wirkungsprinzips, das durch das Potenzieren aufgeschlossen wird.
Die Entdeckung des Heringschen Gesetzes (Symptomverschiebung) und die Erkennung der Krankheit als dynamischen Prozeß sowie die Genesung als Abbiegung bzw. Beeinflussung dieses Prozesses formten die Krönung seiner Entdeckung der homöopathischen Methode.
Eine zentrale Rolle in dieser Entwicklung spielt das Experiment: die Arzneimittelprüfung. Durch Arzneimittelprüfungen kann man durchweg konstatieren, daß es eine natürlichere Einteilung von Krankheiten gibt als die klinisch-nosologische: Die Symptome, die in den Prüfungen hervorgebracht werden, scheinen tatsächlich bei allerlei Beschwerden vorzukommen. Und bei den Arzneimittelprüfungen, wobei Hahnemann das Potenzieren auf eine nicht zu rekonstruierende Weise entdeckt hat, ist das Denkmodell annehmbar geworden, daß die Materie lediglich als Informationsträger betroffen wird bei den regulierenden Prozessen im Organismus. Das hat zu einem Wirklichkeitsbild geführt, das nicht mehr materialistisch, sondern „energetisch“ oder „dynamisch“ genannt werden mag.
Im Verlauf dieser Entwicklung hat Hahnemann manche Begriffe gebraucht, die nicht mehr den exakten Wissenschaften entstammen, wie beispielsweise die Begriffe „Lebenskraft“ oder „Potenz“. Die Homöopathie etablierte sich allmählich zu einer eigenständigen, deutlich umschriebenen Methode.

7.2. Ein konventioneller wissenschaftlicher Weg.

Ein klassisches Beispiel ist die Fortschritts-Entwicklung astronomischer Erkenntnisse in den Aufbau des Sonnensystems. Im Altertum fragten sich die Menschen bereits, wie es kam, daß am Firmament einige Sterne einen festen Platz im Verhältnis zueinander einnahmen (die Sternbilder), während andere Himmelskörper (die Planeten) sich auf unregelmäßigen Bahnen zwischen ihnen bewegten. Die Sternbilder bewegten sich auf eine regelmäßige Weise von Ost nach West, während sich die Planeten von Zeit zu Zeit in Gegenrichtung von West nach Ost bewegten. Man versuchte, diese Erscheinung in den Griff zu bekommen, indem man die Planetenbahnen beobachtete und aufzeichnete. Anfänglich meinte man, die unregelmäßigen Planetenbewegungen durch folgendes Modell erklären zu können: Man ging davon aus, daß die Sterne auf Kreisen in der Himmelskuppel befestigt waren; diese Kreise bewegten sich um die Erde von Ost nach West. Hiermit war erklärt, daß der Sternenhimmel sich von Ost nach West am Himmel versetzt. Man dachte, daß die Planeten auf kleineren Kreisen saßen, die in ihrer Reihenfolge wiederum auf größeren Sternzirkeln festsaßen. Die kleineren Zirkel hießen dann Epizykel. Das lieferte ein kompliziertes System von Zyklen und Epizykeln. Man konnte sich aber doch eine gute Vorstellung machen, wie die Bewegungen der Himmelskörper am Firmament verlaufen sollten. Dieses war das sogenannte geozentrische Weltbild des Ptolemäus. Kopernikus entdeckte später, daß dies nicht alles richtig war, sondern daß die Sonne im Mittelpunkt unseres Sonnensystems steht (das heleozentrische Weltbild).
Hiermit konnte die Bewegung der Himmelskörper besser erklärt und genauer berechnet werden. Keppler entdeckte später Gesetzmäßigkeiten, die eine noch bessere Erklärung für die Bewegung der Planeten und Sterne im Verhältnis zueinander gaben. Hierauf aufbauend konnte Newton mit Hilfe der Mechanik des Galilei seine Schwerkrafttheorie formulieren: alle Körper, die eine Masse haben, ziehen einander an.
Mit dieser Kenntnis konnte im 19. Jahrhundert das Vorhandensein des Planeten Neptun berechnet werden. Die Relativitätstheorie von Einstein bildete schließlich eine Reform der Begriffe „Raum", „Zeit" und „Masse", die in der Newtonschen Physik noch sicher schienen. An die Entdeckung des Neptun ist eine interessante Geschichte geknüpft. 1781 entdeckte William Herschel mittels eines selbstgebauten Fernglases einen neuen Planeten: den Uranus. Für die Wissenschaft war das eine große Überraschung. Einerseits, weil Herschel gar kein Astronom war (er war Musiker), und andererseits, weil niemand erwartet hatte, daß es noch neue Planeten gab außer den sechsen, die es immer gewesen waren: Merkur, Venus, Erde, Mars, Jupiter und Saturn. Eigentlich ist es verwunderlich, daß der Uranus so spät entdeckt worden ist. Unter günstigen Umständen ist dieser Planet mit

bloßem Auge wahrnehmbar. Nachträglich scheint es auch so, daß bereits vor 1781 verschiedene Beobachtungen des Uranus stattgefunden haben. Nach seiner Entdeckung wurde die Bahn dieses neuen Planeten mit Hilfe der Newtonschen Himmelsmechanik berechnet. Nach einiger Zeit schien es, daß der wirkliche Ort des Uranus von dem Ort abweicht, den er nach seiner berechneten Bahn einnehmen müßte. Es lag die Vermutung nahe, daß die Abweichung durch die Anziehungskraft eines anderen, noch unbekannten Planeten verursacht wurde.
Unabhängig voneinander haben der Franzose Le Verrier und der englische Philosophiestudent Adams den Ort berechnet, wo dieser vermutete Planet stehen müßte. 1846 konnte Johann Galle in der Sternwarte von Berlin anhand eines Briefes von Le Verrier tatsächlich und beinahe genau auf dem berechneten Ort den unbekannten Planeten sehen: Neptun. Adams hatte Pech, er war eher mit seinen Berechnungen fertig geworden, aber die Wissenschaftler der Sternwarte von Greenwich hielten seine Angaben nicht für seriös. Erst als sie in der Zeitung über Galles Beobachtungen lasen, nahmen sie Adams Berechnungen ernst und konnten die Existenz des Neptun bestätigen. Interessanterweise ist der Neptun lange vor der offiziellen Entdeckung wahrgenommen worden. Galileo Galilei hat hierüber 200 Jahre zuvor öfter Andeutungen gemacht, aber er hielt Neptun für einen Fixstern. Die Entdeckung des Planeten Neptun hat lange Zeit als ein Schulbeispiel für die Anwendung von wissenschaftlichen Prozeduren gegolten: Wie man durch wissenschaftliches Denken zur Auffindung von noch unbekannten Erscheinungen der Wirklichkeit gelangen kann.

7.3. Der Beobachter und die Wirklichkeit.

Das Merkwürdige ist, daß die Wirklichkeit es immer wieder fertigbringt, einen Vorsprung vor allen Entdeckungen zu haben. Wir hinken stets der Wirklichkeit nach: Wenn wir etwas entdeckt haben, scheint es, daß wir zehn neue Dinge zu untersuchen haben. Offensichtlich gibt es mehr Wirklichkeit, als die Portion, die wir bereits entdeckt haben. Wir können die Wirklichkeit einteilen in a) noch nicht entdeckte „Wirklichkeit", die Wirklichkeit „in ihrer Gesamtheit" und b) „entdeckte Wirklichkeit", den Teil der „Wirklichkeit in der Gesamtheit", den wir bislang mit unseren Sinnesorganen und Instrumenten wahrnehmen konnten. Wir versuchen natürlich, die Anteile der Wirklichkeit, die wir entdeckt haben, zu begreifen. Aber längst nicht alles, was wir entdeckt haben, begreifen wir auch. Von dieser entdeckten Wirklichkeit ist nur ein Teil wirklich begriffene Wirklichkeit. Die verstandene Wirklichkeit bietet uns die Möglichkeit, eine Rekonstruktion, ein Modell der „Wirklichkeit in der Gesamtheit" herzustellen. Ptolemäus meinte mit seinen Epizykeln ein Bild der Wirklichkeit gefunden zu haben, und nach ihm dachten es andere. Wir können diese dritte Wirklichkeit, die Wirklichkeit, die wir mit unserem

Begriffsvermögen rekonstruiert haben, auch besonders benennen: c) „die Begriffswirklichkeit“ (s. Abb. 30).

Abbildung 30

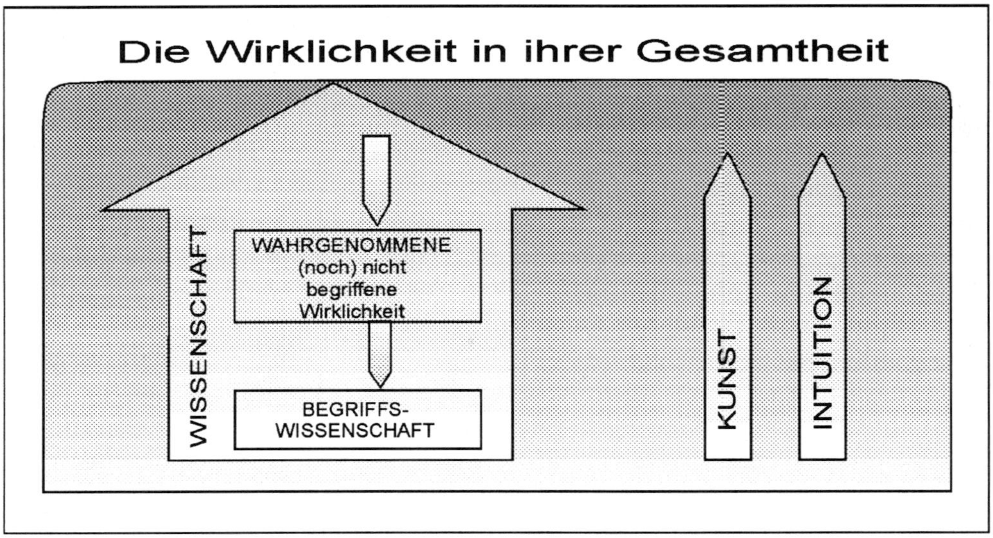

Auf diese Weise haben wir die Wirklichkeit anhand unserer wissenschaftlichen Beschäftigung unterteilt, auf der Basis des Gebrauchs unseres Verstandes. Wir müssen uns dem gegenüber klarmachen, daß im weiteren Verlauf dieser Entwicklung ein Teil der Wirklichkeit „zurückbleibt“. Die Wirklichkeit läßt sich tatsächlich noch auf andere Weise erkennen, z. B. auf der Grundlage des Gebrauchs unseres Gefühls oder unserer Intuition. Dies nennen wir jedoch nicht Wissenschaft sondern (beispielsweise) Kunst.

Wenn verschiedene Menschen die Wirklichkeit wahrnehmen, scheint es häufig, daß jeder etwas anderes von der Wirklichkeit wahrgenommen hat. Nur einen Teil von ihr und besonders den Anteil, auf den man seine Aufmerksamkeit richtet. Für Wahrnehmung ist Aufmerksamkeit erforderlich, um zu filtern, welcher Teil der Wahrnehmung zu unserem Bewußtsein vorstoßen darf. Sie kennen sicher die Erscheinung, daß bei einer Tonbandaufnahme eines Gesprächs allerlei störende Geräusche auftreten: ein vorbeifahrendes Motorrad, das Geräusch von Gegenständen, die auf den Tisch gelegt werden oder ein Stuhl, der verschoben wird. Diese Geräusche sind uns während des realen Gespräches nicht aufgefallen. Zum Teil kommt es daher, daß wir, mit zwei Ohren lauschend, unsere Aufmerksamkeit dahin richten können, woher das Geräusch kommt. Aber auch wenn die Richtung keine Rolle spielt, können wir unsere Aufmerksamkeit konzentrieren. Wenn man einem Konzert lauscht, kann man sich auf die Violinen konzentrieren

oder auf die Holzbläser oder das Schlagzeug. Diese hört man dann besonders heraus inmitten der anderen Töne.
Wahrnehmungen können von Person zu Person sehr verschieden sein. Das wird deutlich bei der Tatsache, daß Zeugen eines Unglücks häufig völlig verschiedene Beschreibungen des Hergangs geben. Man muß wissen, worauf man die Aufmerksamkeit richten soll. Dies führt dazu, daß unterschiedliche Personen ein unterschiedliches Bild der Wirklichkeit haben und dadurch auch eine andere Interpretation. Jeder hat seine eigene Wahrnehmungswirklichkeit und seine eigene Begriffswirklichkeit. Dies führt leicht zu Meinungsverschiedenheiten und es zeigt sich auch in der Wissenschaft.
Um nun zu verhindern, daß jeder nach Belieben seine Schlüsse aus seiner privaten Wahrnehmungswirklichkeit zieht, ist man in der Wissenschaft gezwungen, strikte Anforderungen an die Art der Wahrnehmung und Beobachtung zu stellen und darauf, woraus man Schlüsse ziehen kann, ohne durch falsch interpretierte Wahrnehmung in die Irre geleitet zu werden. Diese Anforderungen führen zur Aufstellung von Regeln, an die der Wissenschaftler sich zu halten hat: die Methodologie. Die Methodologie können wir mit der Gesetzgebung vergleichen. Die Entwicklungen in einer speziellen Gesellschaft bedürfen einer Organisation, wobei Regeln festgelegt werden, um Willkür zu vermeiden. So bedürfen die Prozesse in der Wissenschaft auch einer Organisation durch Aufstellung von Regeln, um Willkür zu verhindern. Und wie in der staatlichen Ordnung gehen regelmäßig die Entwicklungen der Gesetzgebung voraus. Die Methodologie, die in der gegenwärtigen Wissenschaftsausübung als tonangebend gilt, gründet sich auf die Arbeiten von Popper in den 30er Jahren. Wir können wohl sagen, daß die Wissenschaft zeitlos ist, die Methodologien sind jedoch regelmäßigen Veränderungen unterworfen.

7.4. Menschliche Winkelzüge in der Wissenschaft.

Die Sternwarte von Greenwich ging nicht auf Adams Berechungen ein. Sie fanden sie zu unwahrscheinlich. Das ist menschlich. Es zeigt, daß menschliche Züge die Wissenschaft beeinflussen. Ob man bestimmte Beobachtungen oder Gegebenheiten akzeptiert oder nicht, hängt damit zusammen, ob man sie als wahrscheinlich oder selbstverständlich empfindet. Dinge, die wir selbstverständlich finden, werden kaum zur Diskussion gestellt. Wir lassen keine neuen Informationen zu, die diese Selbstverständlichkeit durchbrechen könnten. Die Menschen lieben die Sicherheit, auch die Wissenschaftler. Wie schwierig es ist, neue Einsichten durchzubringen, empfand Semmelweis, als er entdeckte, daß die Entstehung des Kindbettfiebers mit dem Mangel an Hygiene der geburtshilflich tätigen Ärzte zusammenhing. Er entdeckte, daß häufiger Kindbettfieber auftrat in den Räumen, in denen die Gebärenden durch Ärzte und Medizinstudenten untersucht wurden, die kurz

vorher eine Leichenschau verrichtet hatten. Als er darauf drang, daß man sich zwischendurch sorgfältig seine Hände waschen müsse, wurde er ausgelacht. Weil er seine Beobachtungen sehr genau dokumentierte, konnte er sie nachweisen.
Dieses Ereignis zeigt zweierlei: wie schwierig es ist, mit festgefahrenen (Vor)Urteilen aufzuräumen und wie hartnäckig man sein muß, um sie zu brechen. Andererseits wird deutlich, wie man durch genaues Beobachten seine Vermutung beweisen kann. Meist wird die Geschichte von Semmelweiß als Anekdote erzählt, um den Triumph des wissenschaftlichen Denkens zu verdeutlichen. Moderne Ärzte vergleichen sich selbst gern mit dem klugen Semmelweis. Aber man kann aus dieser Anekdote sehr gut die Lehre ziehen, daß die Meinung der gefestigten Ordnung etwas zu stark die Neigung hat, sich gegen neue Einsichten zu stemmen. Vielleicht wäre es für den modernen Ärztestand gut, sich selbst mit den Gegenspielern von Semmelweis zu vergleichen, die schwer von ihrem Standpunkt abzubringen waren.
Wissenschaft muß eigentlich objektiv sein und ihre Sicherheiten jederzeit zur Diskussion stellen. Aber wann ist etwas sicher? Am Ende des vorigen Jahrhunderts meinte der Physiker Kelvin (1824–1907), bekannt durch den absoluten Nullpunkt, daß die Aufgabe der Naturkunde beinahe vollbracht sei. Er meinte, daß die Naturkunde die Wirklichkeit nun wohl völlig enträtselt habe. Dabei konnte er bei weitem nicht vermuten, daß Einstein 1905 mit seiner Relativitätstheorie herauskommen und damit die gesamte Physik auf den Kopf stellen würde und neues Untersuchungsmaterial für sicher einige Jahrzehnte liefern würde. Dieses Gefühl von „beinahe am Ziel zu sein“ ist von dem Philosophen Ortega y Gasset als das Gefühl der Erfüllung der Zeiten genannt worden: ..wenn man geglaubt hat, daß man an den Endpunkt eines Weges gekommen ist, an dem eine lang gehegte Hoffnung erfüllt würde und eine Erwartung verwirklicht. Das ist die „Fülle der Zeiten“, die Gesamtheit, das Gesamte und schon Vollendetsein des Lebens in der Geschichte.
Auch dies ist ein Beispiel menschlicher Züge in der Wissenschaft.
Der Weg, wie Entdeckungen und Erfindungen in der Wissenschaft zustande kommen, ist nicht immer deutlich in Regeln zu fassen. Ein bekanntes Beispiel ist die Entdeckung des Benzolrings durch Kekulé (1829–1896). Kekulé beschäftigte sich mit der Analyse chemischer Strukturformeln von Benzolverbindungen. Er konnte die Lösung nicht finden, weil er die Zahl der Kohlenstoffatome und Bindungsstellen in den Molekülen nicht schlüssig in Übereinstimmung bringen konnte. Eines nachts träumte er von einer Schlange, die sich selbst in den Schwanz beißt. Dies brachte ihn auf die Idee, Kohlenstoffketten in Ringen zu gruppieren und siehe da: Das war die Entdeckung des Benzolrings!

Sich diesem Gefühl zu entziehen, bereits am Ziel angelangt zu sein und diesen Zustand selbstverständlich zu finden, erfordert eine menschliche Aktivität, die etwas mit Kreativität zu tun hat und mit dem Auffinden neuer Gegebenheiten und Ideen. Kreativität ist eine menschliche Möglichkeit, die sich schwer in Kategorien und in Regeln binden läßt. Wie kommt jemand dazu, etwas plötzlich auf eine völlig andere Weise zu betrachten? Wie bekommt jemand eine Idee? Woher kommen die Ideen? Über letzteres wurde seit dem Altertum philosophiert und es ist hier nicht Raum, um darauf einzugehen.
Jeder, der bereits einmal eine Idee gehabt hat, weiß, daß diese „irgendwoher“ kommt. Es ist vergleichbar mit dem, was geschieht, wenn man einen Witz zunächst nicht versteht. Jemand erzählt einen Witz und man begreift ihn nicht. Durch subtile Hinweise blickt man plötzlich durch. Was geschieht in einem solchen Moment? Dies ist typisch menschlich, denn Tiere haben kein Gefühl für Humor. Diese typische menschliche Eigenschaft, neue Dinge erkennen zu können, das Unwahrscheinliche durchbrechen zu können, hat in der Wissenschaftstheorie einen offiziellen Namen bekommen: Heuristik (heuriskoo = finden im Griechischen). Heuristik hat etwas zu tun mit einem „Gefühl für das Problematische“, d. h.: das Erkennen des Problematischen in etwas, daß selbstverständlich erscheint. Wir können ein Problem beschreiben als den Unterschied zwischen einem wirklichen Zustand und einem gewünschten Zustand. Wenn man einen wirklichen Zustand als selbstverständlich erfährt, sucht man nicht nach Veränderungen. Das Gefühl des Problematischen, das heuristische Talent, sorgt für neue Entdeckungen und weitere Entwicklungen. In der modernen Wissenschaftstheorie plädiert man dafür, die menschlichen Züge in der Wissenschaft zu erkennen. Die älteren Wissenschaftstheoretiker betrachten diese menschlichen Züge, besonders die Heuristik, als „vorwissenschaftlich“. Alle diese menschlichen Möglichkeiten werden hier nicht anerkannt, allein nur das endgültige Resultat, die Hypothese oder die Theorie wird in der Wissenschaft zugelassen. Es scheint immer schwieriger zu werden, das wissenschaftliche Vorgehen abzugrenzen. Diese Schwierigkeit wird auf die Spitze getrieben im sogenannten Induktionsproblem.

7.5. Das Induktionsproblem.

In 7.3. sahen wir, daß bei der Erkenntnis der Wirklichkeit der erste Schritt die Wahrnehmung der Wirklichkeit ist; zu der Suche nach Mustern oder Verbindungen kommt die Aufgabe, Erklärungen daraus abzuleiten. Dieses Vorgehen und Suchen von Mustern nennt man Induktion. Bei der induktiven Methode leitet man allgemeine Gesetzmäßigkeiten aus einzelnen Gegebenheiten ab. Wenn wir unter verschiedenen Umständen eine immer wie-

derkehrende Beziehung wahrnehmen, sind wir geneigt, diese Beziehung zu generalisieren. Beispiel:
Dieser Vorgang setzt aus bei Erwärmung. Jener Vorgang setzt auch aus bei Erwärmung. Der zehnte Vorgang setzt auch aus bei Erwärmung. Der hundertste Vorgang setzt auch aus bei Erwärmung.
Verallgemeinert: alle Vorgänge setzen aus bei Erwärmung.
Die Schwierigkeit der induktiven Beweisführung ist, daß keine Sicherheit entsteht, lediglich eine Zunahme des Wahrscheinlichkeitsgrades. Theoretisch bleibt die Möglichkeit bestehen, daß man doch einen Vorgang antrifft, der nicht bei Erwärmung aussetzt. Wenn tatsächlich mit der induktiven Beweisführung vorzeigbare Erfolge gebucht werden, könnte man die Neigung haben, die induktive Methode immer verläßlicher zu finden. Dies führt zu folgender Verallgemeinerung:
Das Induktionsprinzip wurde erfolgreich bei Ereignis 1 angewendet.
Das Induktionsprinzip wurde erfolgreich bei Ereignis 2 angewendet.
Das Induktionsprinzip wurde erfolgreich bei Ereignis 10 angewendet.
Das Induktionsprinzip wurde erfolgreich bei Ereignis 100 angewendet.
Verallgemeinert: das Induktionsprinzip funktioniert immer.
Auf diese Weise könnte man das Induktionsprinzip mit sich selbst rechtfertigen. Eine derartige zirkelhafte Beweisführung ist selbstverständlich nicht statthaft. Man nennt es: das Induktionsproblem. Die Konsequenz ist sehr weitgreifend: Keine Methode kann aus sich selbst beweisen, daß sie die einzig richtige ist. Man kann dieses Problem noch allgemeiner stellen. Hierzu dient als Ausgangspunkt die folgende Behauptung: „Nur naturwissenschaftliche Aussagen sind allgemein gültig."
Aus sich selbst ist dies eine Aussage, die sehr gut in den Rahmen der technologischen Heilkunde paßt, die auf die Naturwissenschaften gegründet ist. Jedoch ist die Aussage: „Nur naturwissenschaftliche Aussagen sind allgemein gültig" selbst keine naturwissenschaftliche Aussage! Diese Aussage enthält einen Widerspruch in sich selbst und kann darum nicht richtig sein. Eine Aussage kann nicht gleichzeitig gültig und ungültig sein. Wenn es richtig sein soll, daß alles außerhalb der Grenzen der durch die Wissenschaft festgelegten Prozeduren nicht gültig sein soll, dann müßten wir verlangen, daß die Wissenschaft darlegt, daß die Entwicklung, die sie im Laufe der Geschichte genommen hat, völlig erklärbar ist aus dem exakten Befolgen dieser Prozeduren. Moderne wissenschaftstheoretische Analysen der Geschichte der Wissenschaft beweisen jedoch, daß dies nicht glückt. Im Laufe der Geschichte ergaben sich mehrmals Situationen, wo es schien, daß eine Theorie widerlegt wurde, aber dennoch wollten die Wissenschaftler an dieser Theorie festhalten.
Später zeigte es sich dann, daß die Widerlegung auf einem Mißverständnis beruhte. Kopernikus entwickelte im Beginn des 16. Jahrhunderts eine neue

Sternenkunde, wobei er feststellte, daß die Erde sich bewegte und nicht stillstand, wie Aristoteles und Ptolemäus es sich dachten. Ptolemäus erklärte die scheinbare Rückwärtsbewegung der Planeten am Firmament durch sein kompliziertes System von Kreisen und Epizykeln. Dieses sehr komplizierte Modell wurde deutlich durch Kopernikus` Annahme vereinfacht, daß sich die Erde um die Sonne bewegt. In diesem Modell wird die rückwärtslaufende Bewegung der Planeten durch die Tatsache erklärt, daß die Erde und die Planeten sich zusammen um eine Bahn um die Sonne bewegen, gegen den feststehenden Hintergrund des Sternenhimmels.

Die Naturkunde war in jener Zeit noch nicht so weit entwickelt, daß sie diese Theorie von Kopernikus untermauern konnte. Man konnte sich nicht begreiflich machen, wie es kam, daß Gegenstände nicht von der Erde weggeschleudert wurden. Ebenso konnte man nicht erklären, warum ein Stein, den man von einem Turm fallen läßt, genau an der Basis des Turms aufkommt und nicht ein Stück von diesem Turm entfernt. Letzteres sollte man erwarten, weil sich die Erde mit dem Turm darauf weiterdreht, während der Stein zu Boden fällt.

Die Kenntnis der Mechanik, die man in jener Zeit hatte, beruhte auf den Erkenntnissen von Aristoteles. Diese Erkenntnisse ließen Theorien wie diese des Kopernikus nicht zu. Dies bedeutete, daß auf der Basis der damaligen Erkenntnis der Naturkunde, die Ideen von Kopernikus absolut unhaltbar waren. Sie konnten also widerlegt werden mit „für die Zeit – sowohl logisch als auch durch die Erfahrung – gültigen Hypothesen und Theorien“.

Der Beweis kam ein Jahrhundert später, als Galilei Fernrohre baute. Außerdem erarbeitete Galilei die Grundlagen der Mechanik, die später durch Newton weiterentwickelt wurden. Mit dieser Mechanik, die Bewegungen in vertikale und horizontale Komponenten zerlegt (Vektoren), konnte das Stein-vom-Turm-Problem gelöst werden. Newtons Gesetz der Schwerkraft festigte aufs neue das Modell von Kopernikus.

Nachdem Newton seine neue Naturkunde ausgearbeitet hatte, konnte diese in der Sternkunde angewandt werden und auch dadurch wurde das erhärtet, was Kopernikus vermutet hatte. Diese Entwicklung zeigt, daß die Entwicklung der Wissenschaft nicht einfach zu erklären ist durch lediglich induktives Wahrnehmen oder Widerlegen von Hypothesen. Es war ein Entwicklungszeitraum von zwei Jahrhunderten in der Naturkunde nötig, um den theoretischen Rahmen zu erarbeiten, mit dem man Kopernikus Theorie stützen konnte. Während dieser Periode hat die Theorie aller möglichen Widerlegungen getrotzt, die auf der herrschenden Kenntnis beruhten. Als man den neuen Ansichten konsequent mit den für die damalige Zeit gängigen wissenschaftlichen Einsichten zu Leibe rückte, war Kopernikus Theorie bereits veraltet.

Der Induktivismus kann auch keinen Anspruch darauf erheben, die Entwicklung zustande gebracht zu haben. Begriffe aus Newtons Physik, wie „Kraft“ und „Beschleunigung“ sind nicht durch geduldige Beobachtungen zustande gekommen, sondern es war eine Fülle intellektueller Arbeit verschiedener Generationen von Wissenschaftlern nötig. Für den Fortschritt der Wissenschaft müssen andere Erklärungen gesucht werden. Die moderne Wissenschaftstheorie beschäftigt sich intensiv damit. Die Idee, daß der Fortschritt nur durch einen Faktor bestimmt wird, wurde hier verlassen. Der zeitgenössische Wissenschaftstheoretiker Kuhn vertritt die Ansicht, daß die Wissenschaft nicht durch die Methodologie gesteuert wird. Seine Kollegen Lakatos und Feyerabend zweifeln ebenfalls anhand von historischen Analysen die Meinung an, daß der wissenschaftliche Fortschritt nur der systematischen Anwendung anerkannter Regeln zu danken ist. In dem Schema der aufeinanderfolgenden Schritte bei der Gegenüberstellung der Wirklichkeit folgt deshalb die Methodologie als letzter Schritt. Die Methodologie gibt die Spielregeln, die den Austausch von wissenschaftlichen Erkenntnissen mit möglichst wenig Mißverständnissen zulassen. Wir müssen uns dabei klarmachen, daß jede Methodologie nur deshalb funktioniert, weil es an einer besseren mangelt.

Abbildung 31

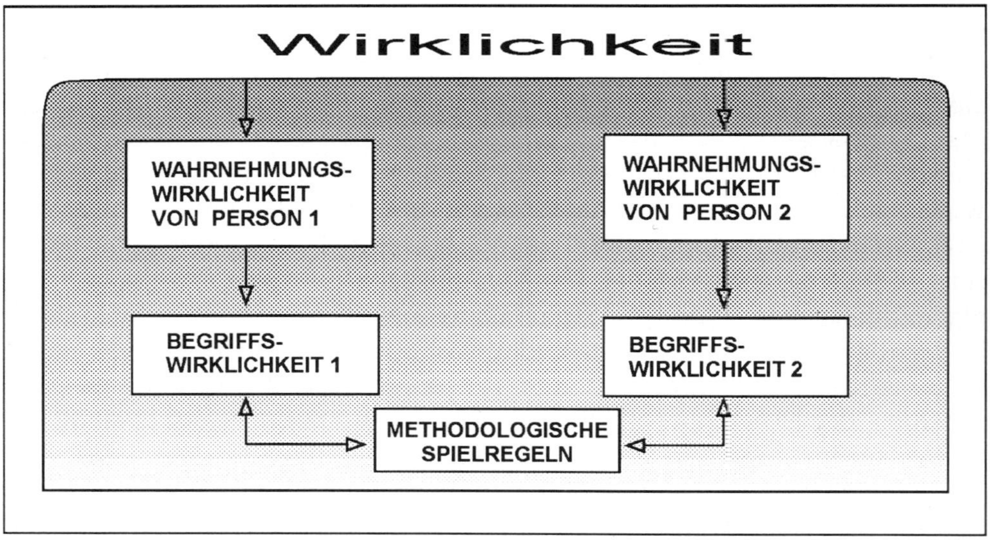

Der Weg, auf dem die Methodologie die Wirklichkeit mittels reglementierter Experimente erschließt, läßt uns an jemanden denken, der einen sauberen Garten anlegt und Nesseln und Unkraut jätet. Einige Obstbäume liefern jedes Jahr ansehnliche Früchte. Das kommt daher, so sagt er, weil er so klug jedes Jahr seine Bäume beschneidet, das verbessere die Ernte. Er hat die Natur verbessert, indem er seine Bäume so behandelt. Was dieser Gärtner übersieht, daß er sein Obst ebenso sehr der Sonne verdankt, die seine Früchte bescheint und den Bienen, die so ordentlich für die Bestäubung seiner Blüten sorgen. Die Entwicklung seiner Obstbäume wird also ebenso möglich durch den befruchtenden Einfluß außerhalb seines reglementierten Gartens. Ebenso scheinen befruchtende Einflüsse „von außen" der Wissenschaft eine helfende Hand zu reichen. In früheren Zeiten dachte man, daß Hagelschlag im Frühjahr, der die Obsternte auf ein Zehntel reduzierte, oder lang andauernde Trockenheit, die Hungersnot brachte, auf das Eingreifen der Götter zurückzuführen sei. Diese Art der magischen Erklärung kommt in unserem Denken nicht mehr vor. Aber was ist Magie? Alles was nicht erklärbar ist? Nachstehende Anekdote wurde von einem ehemaligen Hochschullehrer für Rheumatologie erzählt. Der bedeutsame Titel: „Magie".

„Vor dem Gebrauch von Corticosteroiden und ACTH, die von Hench und Reichstein in den 40er Jahren in der Rheumatologie bekannt gemacht wurden und allgemeine Anwendung fanden, hatten die Internisten und Rheumatologen dennoch einige merkwürdige Erfahrungen gemacht. Beispielsweise konnten Schwangerschaft, Gelbsucht und Schock eine zeitweilige Verbesserung einer rheumatoiden Arthritis zu Wege bringen. Hench hat bereits vor dem 2. Weltkrieg hierauf hingewiesen und suchte nach einem Faktor X, der bei o. g. Bedingungen vorkommen solle. Um 1950 wurde bei uns eine 50jährige Patientin mit einer schweren rheumatoiden Arthritis aufgenommen. Sie war bereits lange bettlägerig und konnte nur noch passiv in einem Stuhl sitzen. Bei der Aufnahme bekam sie eine sehr ernste Blutung und ein zu Rat gezogener Gynäkologe stellte multiple Myome der Gebärmutter fest. Aus diesem Grund wurde die Gebärmutter entfernt. Nach der Operation gelangte die Patientin in einen schweren Schock nach Blutverlust. Mit Bluttransfusionen wurde sie wieder hergestellt. Zu ihrer und unserer Verwunderung hatte sie sowohl objektiv als auch subjektiv wesentlich weniger Beschwerden von Seiten ihres Rheumas, wesentlich weniger Gelenkschwellungen, die Bewegungseinschränkungen waren weniger und ebenso die Schmerzen. Diese Besserung hielt zunächst an und anstatt in einem Krankenwagen kehrte die Patientin sitzend per Taxi in ihr Heimatdorf zurück. Das ganze Dorf lief zusammen, als sie nach Hause kam. Es schien ein Wunder, die Patientin ging an ihren Nachbarn und Krankenpflegern vorbei ins Haus. Leider trat bald nach der Heimkunft eine Verschlechterung auf und schnell war das Rheuma wieder so schlimm wie es gewesen war und die Patientin wurde vollkommen invalide. Aber dennoch war ein zeitlich begrenztes Wunder geschehen. Man glaubte im Dorf, daß, wenn die Operation eher durchgeführt worden wäre, die Besserung viel länger gedauert hätte und dergleichen. Und schnell faßte in diesem Dorf die Meinung Fuß, daß mit dieser Operation, durchgeführt auf der gynäkologischen Abteilung, Rheuma geheilt werden könne. Zum Erstaunen bekam die Frauen-Poliklinik unseres Krankenhauses zahlreiche Patienten, darunter sogar einige männliche, die aufgrund ihrer rheumatischen Beschwerden, sich nach „dieser Operation" erkundigten. Was darunter nun genau zu verstehen war, war den Patienten ganz und gar nicht klar und anfänglich der gynäkologischen Abteilung auch nicht. Der Hausarzt und der Krankenpfleger des Dorfes informierten uns und der Zustrom versiegte. Es hat der gynäkologischen und rheumatologischen Abteilung Mühe gekostet, dieses Mißverständnis auszuräumen, wofür die Patienten uns übrigens überhaupt nicht besonders dankbar waren."

Soweit dieser Rheumatologe. Was uns dabei auffällt, ist natürlich die Beschreibung der Symptomverschiebung, wobei das Rheuma zeitgleich mit dem Auftreten einer Blutung verschwindet. Wir finden diese Beobachtungen schon bei Hippokrates; die Verbesserung von chronischen Erkrankungen durch das Auftreten von Blutungen (s. Kap. 1). Weiterhin fällt uns die Art und Weise auf, wie eine Erklärung gesucht wird, nämlich durch das Suchen nach einem Faktor X, d. h., einen Stoff, der für diesen Effekt verantwortlich sein soll. Suggeriert wird hier, daß dies durch das Nebennierenrindenhormon (Corticosteroid) geschehen soll oder die Substanz, die vom Zwischenhirn aus die Ausscheidung dieser Corticosteroide regelt (ACTH). Am auffälligsten ist aber folgendes: Der Schreiber dieser Anekdote gibt an, daß die Dorfbevölkerung falsche Schlußfolgerungen aus den Ereignissen zieht und daß man diese dem magischen Denken zuschreiben könne. Damit impliziert er, daß außerhalb seiner eigenen Art zu Denken keine andere Denkweise außer dem magischen Denken möglich sei.

Diese Schlußfolgerung ist für die modernen Naturwissenschaftler kennzeichnend: Das, was ist, muß naturwissenschaftlich erklärt werden können, d. h. in den Begriffen der Materie. Die Dorfbevölkerung denkt nicht wissenschaftlich, sie beobachtet nur die Ereignisse und läßt danach alle Erklärungsmöglichkeiten offen, auch unbekannte. Wir haben gesehen, daß es verschiedene Möglichkeiten gibt, der Wirklichkeit gegenüberzutreten. Die Bevölkerung hat keinen voreingenommenen Standpunkt und betrachtet die Wirklichkeit aus ihrer „Wahrnehmungswirklichkeit". Der Autor dieses Stückes hat wohl einen voreingenommenen Standpunkt und sieht die Wirklichkeit aus seiner „Begriffswirklichkeit". Neben seiner Stellungnahme gibt es keine andere Möglichkeit. Damit vergibt er die Chance, eine noch nicht vorhandene Erklärung zu finden. Vergleichen wir dies mit folgendem Ereignis.

Manchmal sind die Syndromverschiebungen so auffallend, daß sie der Aufmerksamkeit einfach nicht entgehen können. Jedenfalls nicht der Aufmerk-

samkeit eines sorgfältigen Beobachters, wie der des Schriftstellers Franz Kaffka. Dieser schrieb in einem Brief an seinen Freund Max Brod, wie er am Ende einer Periode von fünf Jahren des Kummers und Zweifels über die Wendung, die sein Leben nehmen sollte, sich dazu entschloß, seine Verlobung mit Felice zu lösen. Am Ende dieser für ihn sehr schwierigen Zeit seines Lebens – er bereitete gerade sein Buch „Der Prozess" vor, bekam er eine Lungenblutung. Hiervon wiederhergestellt, konnte er die Lösung seiner Verlobung zustande bringen. Er schreibt dann: „Manchmal scheint es mir, Gehirn und Lunge hätten sich ohne mein Wissen verständigt." „So geht es nicht weiter" hat das Gehirn gesagt „und nach 5 Jahren hat sich die Lunge bereit erklärt zu helfen". Das ist natürlich keine wissenschaftliche Beschreibung, aber es ist eine Schilderung, die uns auf die Bedeutung der Krankheitserscheinungen für die Existenz des Menschen hinweist.
Unser gärtnernder Methodologe kann seine Beschneidungsmethode dadurch verbessern, daß er untersucht, wann der beste Zeitpunkt zum Verschneiden ist und an welcher Stelle er die Äste abschneiden muß. Er kann das Wachstum der Pflanzen studieren und biologisch analysieren, er kann untersuchen, wie er seine Pflanzen düngen muß. Er kann noch weitergehen und sich Verfahren ausdenken, um lästige Insekten zu bekämpfen, um so seine Obsternte zu verbessern. Alles das liefert ihm nützliche Kenntnisse. Dennoch handelt es sich um eine beschränkte Erkenntnis.
Erkenntnisse völlig anderer Art ergeben sich, wenn unser Gärtner sich außerhalb seines Gärtchens umsieht, um zu sehen, welcher Zusammenhang zwischen seinem Gärtchen und dem Rest der Welt besteht. Dann wird er entdecken, daß die für ihn lästigen Insekten auch nützliche Arbeit verrichten und daß die Düngung, die er einbringt, das Grundwasser schädigt. Es gab eine Zeit, wo die Leute ohne Gewissensbisse tropisches Hartholz in ihrem Ofen verheizten, weil dieses so schön lange brannte. Aus der Sicht dieser Haushaltsökonomie war das tropische Hartholz sehr nützlich als Wärmespender. Gegenwärtig wissen wir wesentlich besser, was der wirkliche Nutzen dieser Bäume des tropischen Regenwaldes ist und wir sollten es uns aus dem Kopf schlagen, dieses Holz zu unserem Vergnügen zu verheizen. Durch die Umweltkatastrophen der letzten Jahre sind wir uns bewußt geworden, daß wir uns keine simple Haushaltsökologie oder Hobbygärtner-Wirtschaft erlauben können. Weil letztendlich größere Bereiche betroffen sind, die unser zukünftiges Schicksal beeinflussen. In der Heilkunde scheint es nun so zu sein, daß die Hobbygärtner-Wirtschaft noch in hohem Ansehen steht.
Bei einer Infektion stellt man sich vor, daß ein plötzlich aggressiv gewordenes Bakterium in unseren Körper eindringt, um dort Verwüstungen anzurichten. Wir reagieren darauf mit der Anwendung von Antibiotika als Vertilgungsmittel. Wir vergessen dabei, daß die Infektion entsteht als Teil der

Wechselwirkung unseres Organismus mit der Umgebung. Die weit verbreitete und häufige Anwendung von Antibiotika hat dazu geführt, daß alle möglichen Bakterien unempfindlich darauf geworden sind. Gleichzeitig werden Menschen allergisch durch vielfältigen Gebrauch von allerlei chemischen Mitteln. Sowohl unser innerliches als auch unser äußerliches Milieu wird offensichtlich gestört und es ist die Frage, welche Langzeitfolgen sich hieraus ergeben werden. Diese Handlungsweise ist ein direkter Ausfluß des einseitigen technologischen Denkens in der Heilkunde. Das ökologische Denken, daß auf dem Systemdenken basiert, führt uns zu der Erkenntnis, daß unsere Art des Umgangs mit den Eingriffen in unsere natürliche Umgebung unser Milieu eingreifend verändert. Auf vergleichbare Weise sollte unser medizinisches Denken durch das Anwenden des Systemdenkens dazu führen, daß wir auf eine andere Art und Weise mit unserem innerlichen Milieu umgehen sollten. Merkwürdige Phänomene, die wir beim Auftreten von Erkrankungen beobachten, würden vielleicht ihren magischen Charakter verlieren, wenn wir sie in dem Rahmen einer weiter gezogenen Systemgrenze betrachteten. Zuvor müssen wir uns an die Idee gewöhnen, daß es mehrere Möglichkeiten des Denkens über die Wirklichkeit gibt.

7.6. Quacksalberei, Wissenschaft und Heilkunde.

Wir haben im Kapitel 7 gesehen, daß die Homöopathie vom synthetischen Denken Gebrauch macht, und daß dies eine andere Art des wissenschaftlichen Denkens ist. Dennoch wird der Homöopathie angelastet, daß sie nicht wissenschaftlich sei, daß die Wirkungen nicht bewiesen sind, kurzum: daß sie Quacksalberei sei. Die Feststellung: „Homöopathie ist nicht wissenschaftlich und darum ist sie Quacksalberei“ führt zu folgenden Fragen: „Was ist Wissenschaft?“ Wie unterscheidet man Wissenschaft von Nichtwissenschaft? Warum ist eine Behandlung per se Quacksalberei, wenn es keine Wissenschaft ist? Kann eine Behandlung, die wissenschaftlich ist, nie Quacksalberei sein? Und wenn etwas wissenschaftlich bewiesen wurde, hört es dann sofort auf, Quacksalberei zu sein? Gibt es vielleicht andere Kennzeichen als Nichtwissenschaftlich sein, weshalb eine Behandlung Quacksalberei genannt wird?”
Eine Definition von Quacksalberei ist nicht so einfach zu geben und es kann auf verschiedene Arten getan werden. Eine Sache ist sicher: Quacksalberei steht in Verbindung mit vermeintlicher Heilkunde. Wenn wir über Heilkunde reden, müssen wir zwei Elemente unterscheiden, nämlich das Heilen und die Kunde. Das Heilen bezieht sich dabei auf eine praktisch-therapeutische Handlung in einer konkreten Situation, in der der Therapeut mit dem leidenden Menschen konfrontiert wird. Die Kunde (das Wissenschaftliche) bezieht sich auf den Rückgriff des Therapeuten auf – im Einklang mit dem wissenschaftlichen Weg – erworbene Kenntnis und Einsicht betreffs Erkran-

kungen und Heilmethoden. In der täglichen Praxis wird deutlich, daß für allerlei medizinische Probleme (noch) keine wissenschaftlichen Einsichten vorhanden sind, die passende Erklärungen bieten.
Überflüssig, davon zu reden, daß stets intensive Untersuchungen in der medizinischen Welt laufen. Aber zu gleicher Zeit beinhaltet das, daß bei manchen Problemen improvisiert werden muß, und daß ein Handwerk, eine Kunst verrichtet werden muß, nicht allein auf dem wissenschaftlichen Hintergrund des Therapeuten, sondern auch mit Hilfe seines Erfindungsreichtums. Wichtige medizinische Entdeckungen sind denn auch erfolgt durch einfache, einfältige, in der Praxis wirkende Ärzte. Beispielsweise ist der Gipsverband, der bei Knochenbrüchen angewandt wird, nicht das Resultat subtiler Denkakrobatik, sondern er ist tatsächlich auf dem Schlachtfeld durch den Militärarzt Mathijsen erfunden worden.
Man kann nun bei der Bestimmung, was Quacksalberei genannt werden soll, zwei verschiedene Standpunkte einnehmen. Man kann den Nachdruck legen auf die wissenschaftlichen Erfordernisse, man kann aber auch die Tatsache betonen, daß die Heilkunde immer in Entwicklung ist und daß in der konkreten Heilsituation allerlei Faktoren, die noch nicht wissenschaftlich abzugrenzen sind, das heilkundige Behandeln beeinflussen. Der erste dieser beiden Standpunkte findet sich in folgender Definition von Quacksalberei, dargestellt in der Dissertation durch Dr. L. F. Bakker: „Quacksalberei ist jedes selbständige berufsmäßige Handeln mit dem Ziel, durch Rat oder Beistand eine Verbesserung im Gesundheitszustand lebender Wesen hervorzubringen, das nicht auf gründlicher Kenntnis gegründet ist, – in Übereinkunft mit den gegenwärtig geltenden, allgemein anerkannten Normen der Diagnostik und der dazu gehörenden Therapie.“ Diese Definition wird noch verschärft durch Prof. G. H. Mellenbergh, Hochschullehrer in Amsterdam: „Quacksalberei ist jedes berufsmäßige Handeln, das Rat oder Beistand gibt in Bezug auf den Gesundheitszustand von Mensch oder Tier, das nicht auf überprüfbare und für die entsprechende Zeitepoche logisch oder empirisch auf haltbare Hypothesen oder Theorien gegründet ist.“
Hier wird Quacksalberei in Verbindung gebracht mit Wissenschaft und Nichtwissenschaft. Die Termini „überprüfbar“, „Hypothese“ und „Theorien“ kommen immer aus der Küche der Wissenschaftsausübung. Kurz gesagt wird hier die Stellung verteidigt: „Wenn es nicht wissenschaftlich ist, ist es Quacksalberei.“ Diese Definition ist gekoppelt an die „in einer bestimmten Zeit geltenden Normen“. Hiermit wird angegeben, daß die Normen sich anscheinend von Zeit zu Zeit verändern können. Quacksalberei kann im Mittelalter etwas ganz anderes gewesen sein als Quacksalberei im 18. Jahrhundert, Quacksalberei heute oder in hundert Jahren. Hier wird Wissenschaftlichkeit angegeben als Kennzeichen, um Quacksalberei auszuschließen. Den zweiten Standpunkt finden wir im Bericht der Kommission

für alternative Heilweisen (die Kommission Muntendam). Diese Kommission hat im Auftrag der niederländischen Regierung die Möglichkeiten der Anwendung diverser alternativer Heilmethoden untersucht. Sie hat 1981 den Bericht „Alternative Heilweisen in den Niederlanden" herausgebracht. Zur Beurteilung der Frage, was als Quacksalberei angesehen werden sollte, stellte die Kommission folgende Erwägungen an: „Je weniger der nachfolgenden Kriterien erfüllt sind, um so eher kann jemand als Quacksalber bezeichnet werden:

a) Subjektive Kriterien

1. Der gute Glauben, wie er in persönlicher Haltung, im Auftreten und in der Arbeitsweise erkennbar ist; die Gesinnung, die sich hierin zeigt und die persönliche Integrität;
2. Die Bereitschaft, Kontakt und Zusammenarbeit mit anderen zu suchen, nicht nur mit den Vertretern anderer alternativer Heilweisen, sondern auch mit Vertretern der regulären Heilkunde; damit zusammenhängend die Bereitschaft, Verantwortung zu übernehmen und für Kritik offen zu sein.

b) Objektive Kriterien

3. Offenheit für das soziale Netzwerk, von dem der Heiler und seine Klienten einen Teil ausmachen.
4. In dem Bereich, in dem der Heiler für seine Aufgabe ausgebildet ist, sich Kenntnisse über sein Gebiet anzueignen, sich weiterbilden und in Zusammenhang hiermit, Bereitschaft zeigen, um in eine Organisation von verwandten Heilkundigen sich aufnehmen zu lassen und sich an bestimmte, durch die Organisation aufgestellte Regeln zu halten;
5. Die Bereitschaft, auf welche Weise auch immer, sich so weit wie möglich über die Entwicklungen in der regulären Heilkunde auf dem laufenden zu halten;
6. Seine Arbeitsweise und Methoden in aller Offenheit überprüfen zu lassen und sich mit den Resultaten dieser Überprüfung auseinanderzusetzen, mit anderen Worten, die Bereitschaft eine Qualitätsverbesserung der eigenen Aktivitäten anzustreben;
7. Einen konstruktiven Beitrag für das gesamte Gesundheitssystem der Niederlande zu liefern, ein System, das alle verschiedenartigen Therapierichtungen umfaßt und in dem Kommunikation und Kooperation zwischen allen teilnehmenden Teilnehmern dringend gefördert werden muß.

Ohne die Bedeutung der obigen Kriterien zu mindern, kann man feststellen, daß die Instanzen der Rechtsprechung bei ihrer Beurteilung betreffs Treue und Glauben sich vor allen Dingen an folgendes halten sollten:
a) Fähigkeit
b) Die Teilnahme an einem offenen Netzwerk

c) Die Bereitschaft zu Offenheit und Eigenkorrektur.
Die Kommission möchte abschließend noch bemerken, daß die erwähnten Kriterien nicht nur zur Beurteilung alternativer Heiler durch reguläre Heilkundige dienen, sondern ebenso auch umgekehrt. Die Förderung der gegenseitigen Kommunikation und Zusammenarbeit dient einem intensiven Dialog."
Soweit die Kommission alternativer Heilweisen. Dieser sehr nuancierte Standpunkt lädt zu einer weiteren Diskussion ein.

7.7. Beispiele.

Ein häufig gegebenes Beispiel von Quacksalberei ist das mittelalterliche Gebräu mit Namen Teriac, das u. a. Schlangengift enthielt und das für alle möglichen Krankheiten und Beschwerden empfohlen wurde. Eine andere Quacksalber-Praktik aus dieser Zeit war das sogenannte Steinschneiden: eine Behandlung gegen Gemütskrankheit, abgeleitet von der Überzeugung, daß ein Wahnsinniger „einen Stein in seinem Kopf habe". Eine sehr populäre Behandlung von Lymphdrüsen-Tuberkulose (Skrofulose) war die Berührung durch den König. Ferner wandte man in dieser Zeit die Teufelsaustreibung an, wenn die Heilung auf keine andere Weise glückte. Nun wissen wir, daß die Menschen des Mittelalters nicht in den wissenschaftlichen Kategorien dachten, wie wir es heute tun. Sie hatten eine primitive Vorstellung von der Welt und erklärten allerlei Erscheinungen durch magische Vorstellungen. In dieses magische Denken paßten Schlangengift-Gebräu und Steinschneiderei ausgezeichnet. Waren das Steinschneiden und das Schlangengift-Gebräu nun gegründet auf „für die Zeit haltbare Hypothesen und Theorien" oder nicht? War Steinschneiden im Mittelalter auf die gleiche Weise Quacksalberei wie jetzt oder war es damals akzeptiert und nun verachtet?

Abb. 32: „Das Ausschneiden des Steins der Torheit" von Pieter Brueghel (Copyright Kon. Bibl. Albert I., Brüssel, Kupferstichkabinett)

Nun betrachten wir folgenden Fall. Bei einer Lungenentzündung ist die Rede von einer Überfülle in den Blutgefäßen der Lungen. Aus dieser Kenntnis schloß man früher, daß es sinnvoll sei, einen Aderlaß anzuwenden, weil dabei das Blut weglief. Mit unserer heutigen Kenntnis schließen wir, daß es unsinnig ist, bei einer derartigen Erkrankung Blut abzuzapfen, da das Blut in den Lungen deshalb vorhanden ist, weil es dort notwendig ist. Früher gehörte das Aderlassen zu einer anerkannten medizinischen Behandlung. Durch zunehmende Einsicht ist diese Behandlungsweise später verlassen worden (mit Ausnahme von bestimmten Erkrankungen, bei denen eine Blutüberfülle bzw. ein Eisenüberschuß im Blut vorhanden ist). Aderlassen in der heutigen Zeit sollten wir Quacksalberei nennen können, aber war es das früher auch?
Ein drittes Beispiel bringt uns zurück in unsere Zeit. Ein Kind, das fortwährend vergrößerte Mandeln hat, wird gegenwärtig vorgemerkt für das Herausoperieren dieser Organe. Vor allem, wenn das Kind gesundheitlich nicht besonders gut gedeiht, blaß ist und sicher, wenn die Mandeln von Zeit zu Zeit entzündet sind oder Eiter ausscheiden. Es könnte aber ebenso gut auch so sein, daß das Kind die vergrößerten Mandeln nötig hat. Mandeln sind Ausscheidungsorgane. Während wir schlucken, werden unsere Mandeln durch die Zunge gegen den Gaumen gedrückt und dabei wie ein Schwamm leergedrückt. Die Mandeln bestehen aus Lymphgewebe, das beteiligt ist beim Zustandekommen unserer Abwehr gegen Infektionen. Stoffe, die aus den Mandeln ausgeschieden werden, schlucken wir herunter, und im Darm formen diese ein Glied im Zustandekommen unserer Abwehr. Wenn nun die Abwehr gefordert wird, werden unsere Mandeln größer. Ähnlich wie die Muskeln sich vergrößern, wenn man sie durch Training fordert. Die Vergrößerung der Mandeln ist deshalb nicht die Ursache davon, daß das Kind kränkelt, sondern es ist eine Folge davon (noch besser gesagt: es macht einen Anteil davon aus). Ist das Kappen der Mandeln nun Quacksalberei oder nicht ?
Die Kenntnis über die Funktion unserer Mandeln ist noch sehr gering. Die obenstehenden Bemerkungen entstammen dem Buch „Das Heilfasten“ von Otto Buchinger, in dem er die heilsame Wirkung der Fastenkuren beschreibt. Das Fasten als Heilmethode wird innerhalb der technologischen Heilkunde nicht anerkannt, es wird eher assoziiert mit religiösen Gebräuchen, die mit Wissenschaft nichts zu tun haben. Während des Fastens werden allerlei Stoffe, die als Schlacken im Körper zurückbleiben, über unseren Magen-Darm-Kanal ausgeschieden, was u. a. durch die Entstehung eines dicken Zungenbelags deutlich wird. Während der ersten Fastentage fühlt man sich durch diese „innere Vergiftung“ meistens ein wenig elend. Patienten, die in Buchingers Klinik zur Fastenkur kamen, schienen über die ersten Fastentage besser hinwegzukommen, wenn ihre Mandeln täglich ausge-

drückt wurden, indem ihre Ausscheidungsfunktion verbessert wurde. Dies ist eine Bestärkung der Ausscheidungstheorie der Mandeln. Diese Erkenntnis ist innerhalb der technologischen Heilkunde kein Allgemeingut. Ist Buchinger nun ein Quacksalber oder nicht? Wenn er in einer Universitätsklinik tätig wäre und hierüber ein Untersuchungsprojekt in Gang gesetzt hätte, wären wir eher geneigt, ihn einen Forscher zu nennen. Als Forscher läuft man nicht Gefahr, Quacksalber genannt zu werden. Dieses Risiko besteht nur, wenn man Behandlungsmethoden anwendet (oder ausprobiert) die auf Kenntnissen beruhen, die nach dem Urteil von maßgeblichen Forschern nicht „wissenschaftlich akzeptiert" sind.

7.8. Spannungsfeld.

Auf dem Gebiet der Anwendung der Wissenschaft gibt es immer ein Spannungsfeld. Dieses Spannungsfeld umfaßt eine Wechselwirkung zwischen einerseits Wahrnehmung und Theorieentwicklung in der Wissenschaft und andererseits das Entdecken von neuen Möglichkeiten in der praktischen Therapie. Im Idealfall wirkt diese Wechselwirkung gegenseitig stimulierend und befruchtend. Schließlich ist alles, was jetzt wissenschaftlich bewiesen ist, am Anfang eine unbewiesene Wahrnehmung oder Hypothese gewesen. Dies beinhaltet, daß es eine Behandlungsmethode geben kann, für die man (noch) keinen wissenschaftlichen Unterbau parat hat, und es melden sich Befürworter, Vorkämpfer und Gegner davon. Eine solche „Problemtherapie" nennt man dann eine Kontroverse in der Heilkunde. Eine Kontroverse beinhaltet, daß bei einem bestimmten praktischen Problem zwei gegenübergestellte Behandlungsweisen vertretbar sind, innerhalb ein und derselben Heilmethode. Ein bekanntes Beispiel ist das Kappen der Mandeln. Noch immer wird dies häufig durchgeführt, während keineswegs eindeutig erwiesen ist, was der Nutzen hiervon ist. Die Indikationsstellung für diesen Eingriff differiert innerhalb der medizinischen Fakultät und von Zeit zu Zeit kommt in den medizinischen Zeitschriften die Diskussion über diesen kontroversen Eingriff wieder in Gang. Diese Art von Kontroverse versucht man beizulegen, in dem man zu einem Konsens kommt. Man hält einen Kongreß oder eine öffentliche Diskussion in renommierten Zeitschriften ab, wo alle Autoritäten ihre Meinung abgeben können. Man beschließt dann per Abstimmung, was das beste Verfahren ist. Wenn dieses Spannungsfeld zwischen Theorie und Praxis sich auf dem Grundgebiet der regulären Medizin abspielt, spricht man von einer Kontroverse. Man versucht eine Lösung zu finden, in dem man zu einem Konsens über das richtige Vorgehen kommt.

Wenn dieses Spannungsfeld außerhalb des Gebiets der anerkannten Heilkunde entsteht, beobachtet man eine andere Art von Verhalten in wissenschaftlichen Kreisen. Es erhebt sich Widerstand gegen die Behandlungs-

weise, die zur Diskussion steht und man versucht, nicht zu einem Konsens zu kommen, sondern arbeitet auf eine Polarisierung zu, wobei allerlei rationale und irrationale Argumente vorgebracht werden. Im Spannungsfeld zwischen der theoriebildenden Wissenschaft und der „Lösungen für konkrete Situationen suchenden“ Therapie kommt dann plötzlich der Terminus „Quacksalberei“ auf. Eine Therapie, die noch nicht als wissenschaftlich erwiesen gilt, nennt man dann kontrovers, wenn sie in der akzeptierten Heilkunde angewendet (getestet, ausprobiert) wird. Eine Therapie, deren Wissenschaftlichkeit noch nicht festgestellt worden ist, nennt man Quacksalberei, wenn sie angewendet (ausprobiert) wird außerhalb der standardisierten Heilkunde. Wir sehen daran, daß auf diese Weise das Kriterium ob Quacksalberei oder nicht, direkt abhängig ist von der Frage, wo die Grenze zwischen Wissenschaft und Nichtwissenschaft gezogen wird.
Was nun, wenn eine Behandlungsweise in der regulären Heilkunde in den Verdacht kommt, daß diese Methode nicht effektiv ist, oder sogar gefährlich, oder daß sie durch neue wissenschaftliche Einsichten überholt wurde?
Beispielsweise die Behandlung von allerlei psychischen Störungen durch den Elektroschock. Vor einigen Jahrzehnten wurde diese Therapie häufig angewendet. Aber im Verlauf der Zeit konnte man große Nachteile feststellen, nämlich beispielsweise schwere Persönlichkeitsveränderungen. Dadurch wurde die Methode zur Diskussion gestellt und anfänglich wurde das Indikationsgebiet stark eingeschränkt bis nur noch die endogene Depression übrig blieb. Auf diese Weise wurde eine derartig schädliche Behandlungsmethode stillschweigend verlassen, weil sie kontrovers geworden war. Aber niemand denkt daran, nachträglich zu sagen, daß die Elektroschock-Therapie aus den vierziger Jahren als Quacksalberei betrachtet werden müßte. In deftigem Medizinerlatein heißt es, daß die Methode „obsolet“ geworden ist, und damit sind die Akten geschlossen und die Wissenschaft hat ihr Werk getan. Dasselbe Schicksal wie die Elektroschocktherapie war zahllosen Arzneimitteln und anderen therapeutischen Techniken beschieden.
Wenn wir in der Geschichte der Heilkunde zurückschauen, sehen wir, daß, wenn neue technische Einsichten entstehen, diese mit ganzer Energie auf allen möglichen Bereichen ausprobiert werden. So war es nach der Entdeckung der Röntgenstrahlen. Man probierte, ob man damit Krebs heilen könnte, man hat Ekzeme bestrahlt, und man hat sogar vollständig unschuldige Hautverfärbungen damit bestrahlt. Eine meiner Patientinnen zeigte mir ihre Hand, die nach einer solchen Behandlung als 8jähriges Kind nicht mehr weiter gewachsen war. War das Quacksalberei? Alle möglichen Arzneimittel, die auf den Markt kamen und nach einiger Zeit wegen schädlicher Wirkungen wieder verschwanden, sind der Beweis dafür, daß die angewandte Methode der Untersuchung nicht wasserdicht ist. Diese Methodologie ver-

hindert nicht, daß alle möglichen marginalen und schädlichen Produkte auf den Markt kommen. Man ist nicht berechtigt, den beschuldigenden Finger auszustrecken, solange man selbst keine bessere Methodologie anbieten kann. Aber es zeigt wohl, daß das zwingende Vorschreiben einer bestimmten methodischen Anwendung nicht gerechtfertigt scheint. Genau besehen, kommt man zu der Schlußfolgerung, daß innerhalb der Grenzen dessen, was man als Wissenschaft betrachtet, allerlei Experimente ablaufen, die auch gefährlich oder schädlich sein können.
Man denke an Nebenwirkungen von Heilmitteln, die nach einigen Jahren entdeckt werden. Wenn Experimente außerhalb der Grenzen der Wissenschaft getätigt werden, auch wenn sie unschädlich sind oder Heilwirkung zeigen, dann ist das per definitionem Quacksalberei. Einige Quacksalber-Praktiken wurden nach gewisser Zeit in die anerkannte wissenschaftliche Heilkunde aufgenommen. So war im 18. Jahrhundert das Richten gebrochener Knochen und verrenkter Gelenke in der Hand von Nichtärzten, die auch viel geschickter darin waren. Verschiedene Arzneimittel sind aus der Volksheilkunde übernommen worden, so die Digitalis. Diese wird nun in gereinigter Form gebraucht, aber vor etwa 50 Jahren wurde es noch in Form von Digitalisblättern benutzt. Wie schwierig es ist, Neuerungen in die Wissenschaft einzuführen, zeigt die Geschichte von Semmelweis. Alles in allem scheint die Grenze zwischen Quacksalberei oder nicht, so deutlich nicht zu ziehen sein. Das ist nicht verwunderlich, weil auch die Grenze zwischen wissenschaftlich oder nicht, undeutlich zu sein scheint. Keine spezielle Methodologie kann allgemeingültig Wissenschaftlern aufgezwungen werden. Die Wissenschaft ist ein kreativer Prozeß, wobei weder das Ende noch der Weg von vornherein festliegen. Wenn jemand behauptet, daß jedes medizinische Handeln, das sich abspielt außerhalb des Spielraums der anerkannten methodischen Regeln Quacksalberei ist, dann behauptet er damit, daß Kreativität nur möglich sein soll innerhalb der Grenzen der methodologisch festliegenden Prozeduren. Hiermit würde der kreative wissenschaftliche Prozeß verwechselt mit der formellen wissenschaftlichen Kontrolle und Beweisprozedur.

7.9. Machterhaltung oder Zusammenarbeit?

Das Vorschreiben einer bestimmten Methodologie hat mehr mit dem Ausübenwollen von Macht zu tun als mit der Reinheit der Lehre. Der Philosoph van Peursen gibt in seinem Buch „Der Aufbau der Wissenschaft“ an, wie so etwas vor sich geht, nämlich durch das Überakzentuieren operationeller Definitionen. Dies soll anhand von Beispielen erläutert werden. Was sind operationelle Definitionen? Wenn Wissenschaftler die Wirklichkeit (die Natur) untersuchen, führen sie alle möglichen Messungen durch. Es gibt viele Erscheinungen, die nicht so schnell begreifbar oder erklärbar sind, andererseits aber gemessen oder in einer Zahl ausgedrückt werden können. So wissen wir beispielsweise nicht, wie unser Verstand arbeitet, wie unsere Intelligenz zustande kommt. Es sind jedoch Tests entwickelt worden, um die Höhe der Intelligenz zu messen. Das Ergebnis eines solchen Tests wird in einer Zahl ausgedrückt: der IQ, der Intelligenzquotient. Die durchschnittliche Intelligenz wird mit 100 festgelegt. Wenn jemand bei den Tests einen höheren Punktwert als der Durchschnitt erzielt, ergibt sich ein IQ, der größer als 100 ist und umgekehrt. Nun geht es darum, daß man diese Tests weiter verfeinern kann, ohne daß der Begriff IQ verändert werden muß. In der Praxis wäre es natürlich sehr mühsam, wenn jeweils die Definition der Intelligenz angepaßt werden müßte. Operationelle Definitionen sind also Definitionen, die einen Begriff mit Hilfe von Meßprozeduren bezeichnen. Es sollte deutlich sein, daß der wirkliche Inhalt des Begriffs Intelligenz vielmehr umfaßt als nur die Zahl, die der IQ angibt. Die Tests, mit denen der IQ gemessen wird, sind auch vielfältig angepaßt und verfeinert worden, um zu einer möglichst genauen Annäherung zu kommen. Bei operationellen Definitionen besteht immer ein Unterschied zwischen dem Ergebnis der Meßprozedur und der Wirklichkeit. Die operationelle Definition beinhaltet folgende Übereinkunft: Unter Intelligenz verstehen wir bis auf weiteres das Ergebnis von der und der Messung. Die Übereinkunft lautet nicht: Von jetzt an ist die Intelligenz der IQ. Auch die Wissenschaft ist eine Beschäftigung, die sich nicht so eins, zwei, drei, durchschauen läßt. Deshalb bevorzugen es manche, Wissenschaft operationell zu definieren. Die wichtigste Bedingung hierbei ist, daß jede Behauptung überprüfbar sein muß. Das bedeutet, daß sich eine Testsituation herstellen läßt, bei der die Behauptung auf ihre Richtigkeit überprüft werden kann.

Dann folgt eine Vorschrift, nach der die Überprüfung durchgeführt werden sollte. Wir haben im vorigen Kapitel bereits gesehen, mit welchen Schwierigkeiten die Testsituationen behaftet sind: Ein offenes System wird künstlich in seiner Offenheit beschränkt (reduziert). Im vorangehenden Teil haben wir gesehen, daß die menschliche Beschäftigung mehr Wissenschaft beinhaltet als das Folgen von Prozeduren. Das wird auch aus der Tatsache deutlich, daß die Methodologien, wie die IQ-Tests, fortwährend angepaßt und verfeinert werden. Die Idee, daß die letzte Anpassung die letzte notwendige oder die letztmögliche gewesen ist, hat etwas zu tun mit dem Gefühl, am Ziel der Vollendung angekommen zu sein. Eine solche operationelle Definition des Begriffes Wissenschaft erhält man, wenn man zur Definition nur Prozeduren und Methodiken beschreibt.

Wenn aber die operationelle Definition der Wissenschaft überakzentuiert wird, läßt man nur noch die Prozeduren der auserwählten Methodologie gelten. Alles das, was die Methodologie noch nicht in Prozeduren festlegen konnte, wird dann außerhalb der Wissenschaft lokalisiert. Dadurch wird ein

Stück der Wirklichkeit negiert. Dieses Überbetonen kann zufällig und unabsichtlich geschehen, kann aber auch wohlbewußt genutzt werden, um nicht durch neue Einflüsse gehindert zu werden, die die Meßprozeduren und damit die komfortable Sicherheit zur Diskussion stellen würden. Wenn sich bei der Erkenntnis der Wirklichkeit in der Wissenschaft eine wissenschaftliche Strömung behaupten will, dann kann sie das nicht von der Methodologie her. Wie wir gesehen haben, kann keine Methodologie ihre eigene Souveränität beweisen. Die einzige Methode, um eine Methodologie gegen unerwünschte Berichtigungen oder Entkräftungen zu verteidigen, ist dann die Einschaltung von Machtmitteln. Das beste Machtmittel ist es, die operationelle Definition überzubetonen, nämlich daß der in Frage stehende Begriff, in diesem Fall der Begriff Wissenschaft, nicht mehr zur Diskussion gestellt werden kann. Neue Begriffsinhalte der Erscheinung Wissenschaft können dann abgewehrt werden, weil sie nicht in die geltende, per Dekret als souverän erklärte Methodologie passen. Genau dies ist in den letzten Jahren im Dialog zwischen der alternativen und der technologischen Heilkunde abgelaufen. Der voreingenommene Standpunkt darüber, was Wissenschaft ist, wird von den alternativen Methoden auf der Basis anders gearteter Beobachtungen und der Art des Denkens angefochten. Die technologische Heilkunde will um keinen Preis ihre souveräne Position aufgeben und erklärt per Dekret ihre Methodologie als unanfechtbaren Standard. Folgerichtig verpflichtet sie die alternativen Heilmethoden dazu, sich selbst mit Hilfe der überbetonten Methodologie zu beweisen. Dies ist eine echte Patt-Stellung.

7.10. Die heutige wissenschaftliche Position der Homöopathie.

Die heutige Methodologie basiert auf den Ideen, die Karl Popper in den 30er Jahren entwickelte. Es ist selbstverständlich, daß Hahnemann diese vor 180 Jahren nicht in Rechnung ziehen konnte. In dieser Zeit lag das Gewicht auf dem Präsentieren einer neuen Idee oder Hypothese und nicht auf den Berichten von Anwendungsprozeduren, so wie wir es heute gewohnt sind. Dem gegenüber beschrieb man sehr ausgiebig, wie man zu seiner Hypothese gekommen war, um damit zu erläutern, daß es nicht anders sein könne. Man nennt das erstere in der Wissenschaftstheorie respektvoll den „Kontext der Rechtfertigung“ und das zweite den „Kontext der Entdeckung“. Wir sehen bei Hahnemann denn auch lange Zitate und Beweisführungen, die dazu dienten, zu zeigen, daß seine neuen Ideen nicht anders als richtig sein konnten. Seiner Zeit vorauseilend waren seine Experimente, wie das vorher beschriebene Chinarinden-Experiment, das er unternahm, um die von ihm als falsch erachtete Behauptung von Cullen zu widerlegen. Auch auf dem Gebiet der Chemie hat er Neues entdeckt. Er verbesserte das Untersuchungsverfahren zum Nachweis von Blei im Wein (dieses wurde durch betrügerische Händler dem Wein hinzugefügt, um den Geschmack zu verbessern). Ein berühmter Chemiker seiner Zeit sagte über Hahnemann, daß der sicher ein großer Chemiker geworden wäre, wenn er nicht begonnen hätte, sich mit der Homöopathie zu befassen. Die wissenschaftlichen Schritte, die Hahnemann während der Entwicklung seiner Methode durchlaufen hat, können folgendermaßen zusammengefaßt werden (s. Abb. 33).

Abbildung 33

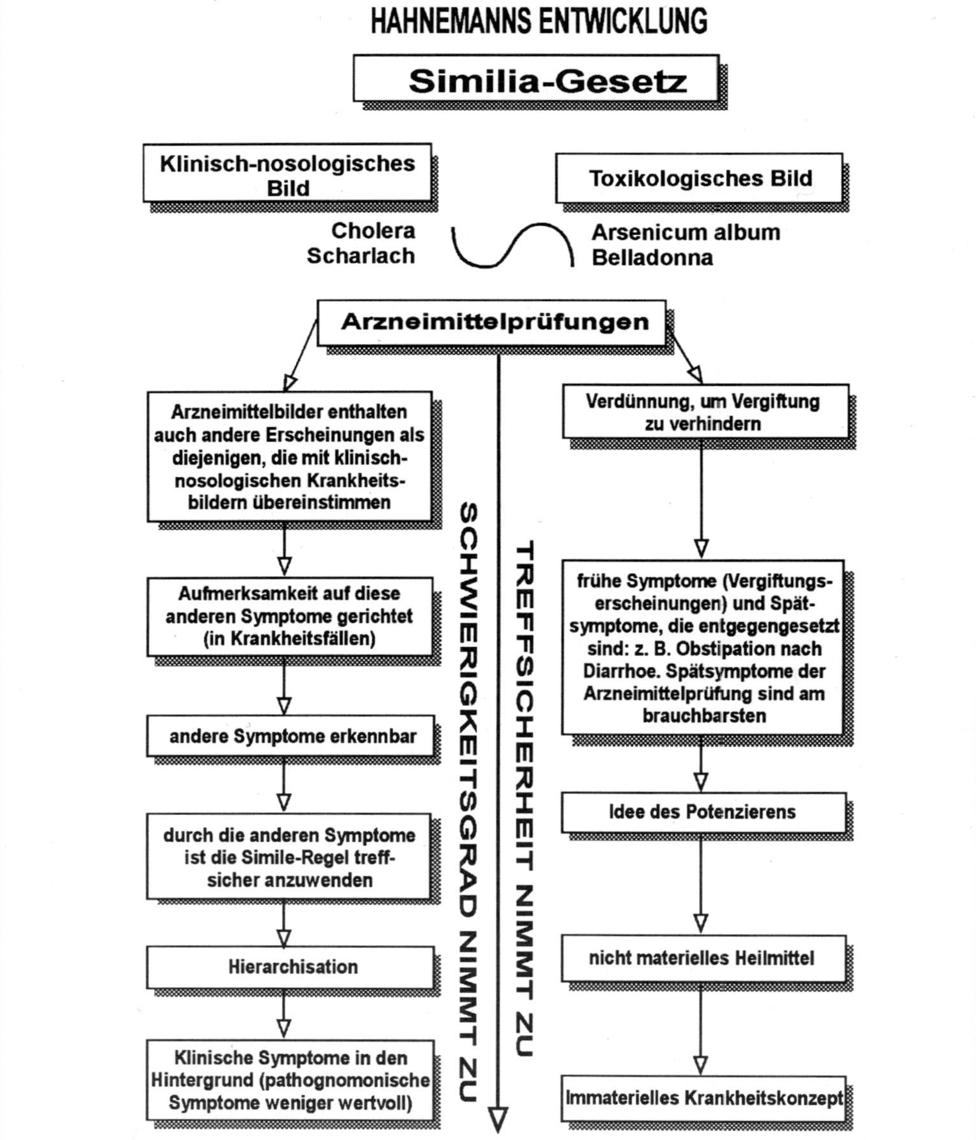

Sein Gefühl für das Problematische brachte ihn dazu, die Praxis der Heilkunde seiner Zeit zur Diskussion zu stellen und seine eigene medizinische Praxis aufzugeben zu Gunsten einer Karriere als Übersetzer. Seine Sachkenntnis und Belesenheit ermöglichten es ihm, Beobachtungen und Gegebenheiten zu kombinieren, die bis dahin noch in keinem Menschen vereinigt waren. So entdeckte er das Ähnlichkeitsgesetz und erkannte dessen allgemeingültigen Charakter als Besonderheit der Erscheinung der Ersatzkrankheiten. Sein heuristisches Talent führte zur Entwicklung der Potenziertechnik. Sein Experimentierdrang lieferte die Arzneimittelprüfungen mit ihrem Schatz an Erkenntnissen, wodurch er verstand, daß die nosologische Krankheitseinteilung nicht natürlich, sondern willkürlich ist. Seine Intelligenz führte ihn zu einer Berichtigung der Einsichten über Krankheit, Gesundheit und Konstitution.

Die Situation der Homöopathie heute ist vergleichbar mit der Situation der Astrologie nach Kopernikus. Jeder Homöopath kennt die Gesetze der Physik und Chemie und ihm ist klar, daß mit deren Gesetzen die Wirksamkeit höherer Potenzen widerlegt werden kann, und dennoch halten diese Homöopathen fest an ihrer Therapie. In erster Linie natürlich, weil viel mehr wissenschaftlicher Inhalt in der Homöopathie enthalten ist, als der Gebrauch von Potenzen. Ferner, weil die heutigen wissenschaftlichen Einsichten keine einzige Erklärung geben können für die Symptomverschiebung und -unterdrückung, die doch das Arbeitsfeld der Homöopathie bilden. Für die Homöopathie gibt es Gründe genug, zu sagen: „Der Beweis soll wohl sicher noch geliefert werden." Die Wissenschaftstheorie ist in voller Entwicklung, die Physik ist in voller Entwicklung, aber es gibt noch so viel zu entdecken! Genau wie in der Zeit nach Kopernikus geht es offensichtlich nicht um die theoretische Wahrscheinlichkeit der Widerlegbarkeit, sondern um die Brauchbarkeit. Dies ist eine pragmatische Stellungnahme, die im „Heuristischen Bereich" sehr gut funktioniert. Die Zeit, daß wissenschaftlicher Fortschritt durch die Inquisition gebremst werden kann, so wie bei Galilei, liegt glücklicherweise hinter uns, wahrscheinlich zum Leidwesen derjenigen, die die Homöopathie als Quacksalberei verboten sehen möchten.

Wir dürfen nicht vergessen, daß Hahnemann in erster Linie Arzt war, und seine erste Aufgabe darin sah, kranke Menschen gesund zu machen. Nachdem er einmal seine Methode so weit entwickelt hatte, daß sie als befriedigende Therapie stand, verhielt er sich wieder sehr pragmatisch und überließ es anderen, formelle Beweise zu erbringen. „Macht`s nach, aber machts genau nach" wurde ein geflügeltes Wort von Hahnemann. Hahnemanns Erbe beinhaltet noch ein großes Stück Beweislast. Hahnemann hat für ein umfangreiches wissenschaftliches Programm gesorgt. Bei der Untersuchung der Potenzen bleibt viel wissenschaftliche Untersuchung zu verrichten. Das Phänomen der Ersatzkrankheiten bleibt zu untersuchen, was die Reihenfolge der Syndromverschiebungen betrifft, wie sie im Schema des Heringschen Gesetzes auftreten. Es bleiben zahllose Forschungsmöglichkeiten mit Arzneimittelprüfungen noch unbekannter Mittel. Die Homöopathie ist eine wissenschaftliche Methode in voller Entwicklung.

Kapitel 8

Verschiedene diagnostische Strategien in der Homöopathie

„Wenn wir einen Eindruck bekommen wollen über den wirklichen Gesundheitszustand des westlichen Menschen, dann müßte das Hineinpumpen von pharmazeutischen Mitteln gestoppt werden. Dies wäre ein bedeutsames Experiment, durch das wir das wahre Bild „der Gesundheit in der Welt" zu sehen bekommen. Das würde bedeuten, daß wir die Psychopharmaka, die Antiepileptika, alle schmerzstillenden Mittel usw. weglassen und dann beobachten, was geschieht. Ich denke, daß wir zu Zeugen abscheulicher Szenen werden würden. Personen, die außer sich durch die Straßen rennen und ihrer unterdrückten Gewalttätigkeit freien Lauf lassen. Mordgesellen, Selbstmörder, Schmerz und Elendsgeschrei, Epileptiker mit Krämpfen, verkrüppelte Menschen, die Schmerzen leiden, gestikulierende Wahnsinnige, Personen die an Krämpfen, Hysterie und Ängsten leiden. Dann und nur dann würden wir den wahren Gesundheitszustand sehen, in dem sich die Welt nun befindet...... Können wir behaupten, diese Krankheiten überwunden zu haben, nur weil es uns geglückt ist, ihre Manifestation zum Teil zu unterdrücken?"

G. Vithoulkas

8.1. Die klassische Homöopathie und abgeleitete Formen.

Was wir bislang besprochen haben, waren die Grundprinzipien der Homöopathie, die Grundzüge der Methode, insbesondere das Ähnlichkeitsgesetz, das Gesetz von Hering und die Technik des Potenzierens. Dieses sind Gesetzmäßigkeiten und Regeln, die die Natur nicht länger vor uns verbergen konnte. Hiermit ist aber nicht die gesamte Wirklichkeit beschrieben. Die Homöopathie ist – wie alle anderen Wissenschaften – in der Entwicklung. Nehmen wir diese Grundzüge als Ausgangspunkt und gehen mit Findigkeit und Kreativität ans Werk, sowohl bei der therapeutischen Situation als auch in der weiteren Entwicklung der Theoriebildung dieser Methode. Die Basisprinzipien sind einfach, aber bei ihrer Anwendung in einer konkreten Situation kann es doch schwierig werden. Unterschiedliche Versuche wurden unternommen, um die homöopathische Methode praktikabel zu machen, sowohl in der therapeutischen Anwendung als auch im theoretischen Inhalt. Die am häufigsten vorkommende Anpassung ist die Vereinfachung zur sogenannten klinischen Homöopathie. Dabei werden Potenzen vornehmlich nach klinisch-nosologischen Erkenntnissen gewählt, so wie es Hahnemann zu Beginn tat. Die eingreifendste Vereinfachung findet statt, wenn Potenzen mit Hilfe von Pendeln, durch Meßapparaturen oder auf der Basis der Augendiagnose o. ä. gewählt werden. Keine dieser Vereinfachungen ist m. E. fruchtbar. In diesem Kapitel wird dargelegt, warum. Was viel fruchtbarer wäre, ist die Weiterentwicklung der Methode – nicht durch Vereinfachung sondern durch Erforschung und Erweiterung ihrer Grenzen. Auch hier wieder: sowohl in der therapeutischen Arbeit als auch in der Theoriebildung. Weil mancherlei abgeleitete Techniken aus der ursprünglichen Homöopathie entstanden sind, die sich selbst ebenfalls als Homöopathie präsentieren, entsteht die Notwendigkeit, die ursprüngliche, durch Hahnemann entwickelte Methode mit einem besonderen Namen zu belegen: Klassische Homöopathie. Hier mag die Benennung klassisch aufgefaßt werden in der Bedeutung von: „von bleibendem Wert".

Abbildung 34

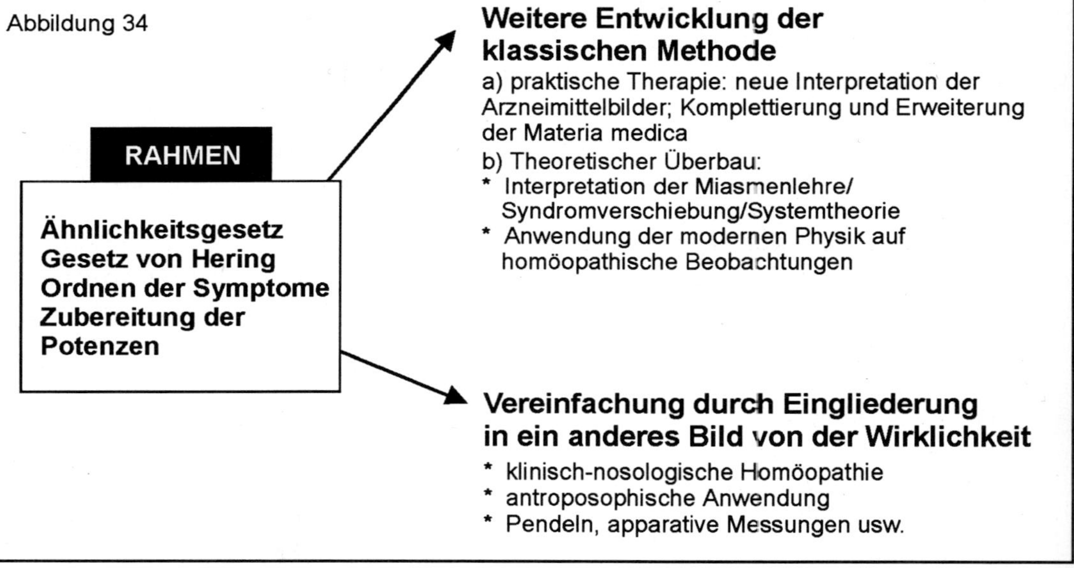

In diesem Kapitel wird zunächst besprochen, wie die Anwendung der einfachen Ausgangspunkte in der konkreten Praxis durchaus schwierig sein kann. Dabei werden wir sehen, daß man sich mit verschiedenen Strategien einem Problem nähern kann. Nachfolgend besprechen wir die wichtigsten aus der Homöopathie abgeleiteten Techniken. Abb. 34 gibt eine Übersicht der verschiedenen Arten von Vereinfachungen und Verbesserungen der Methode.

8.2. Die patente Methode.

8.2.1. Unser Anhaltspunkt: die Symptome.

In den früheren Kapiteln (3 und 4) über die Praxis haben wir die verschiedenen Möglichkeiten kennengelernt, wie man ein Bild erkennen kann. Von Boenninghausen entdeckte, daß das vollständige Inventarisieren aller Kennzeichen eines Symptoms Informationen liefert, die zur treffsicheren Anwendung des Ähnlichkeitsgesetzes beitragen. Kent hat darauf hingewiesen, wie wichtig es ist, allgemeine Kennzeichen des Patienten festzustellen. Beide haben sehr nachdrücklich dasjenige betont, was Hahnemann bereits entdeckt hatte, nämlich daß Symptome, die für sich selbst auffallend sind, innerhalb des Zusammenhangs, in dem sie auftreten, von großer Bedeutung sein können (§ 153-Symptome).
Auch aus der Materia medica wird deutlich, daß ein Heilmittelbild verschiedene Charakteristiken hat, die seine Identifizierung möglich machen. Die Akzente liegen hierbei nicht gleich verteilt für alle Mittel. So gibt es Mittel, die sehr charakteristische Modalitäten haben. Ein bekanntes Beispiel hierfür ist Rhus toxicodendron: bei Bewegung tritt Verschlimmerung auf, aber fortgesetzte Bewegung vermindert die Beschwerden wieder (z. B. bei rheumatischen Beschwerden). Ein bezeichnendes Begleitsymptom ist Frieren während des Schmerzzustandes, dieses paßt zu Pulsatilla. Andere Mittel haben eine charakteristische Lokalisation: Thuja hat beispielsweise Kopfschmerz im Bereich der linken Stirn. Einige Mittel haben die Beschwerden vorzugsweise linksseitig (Lachesis), andere wiederum rechtsseitig (Lycopodium). Dies ist eine charakteristische Seitenbeziehung. Ein Mittel mit Beschwerden als Folge von Ärger ist beispielsweise Colocynthis. Hexenschuß oder Bauchkrämpfe, die durch Ärger verursacht wurden, sind eine deutliche Indikation für gerade dieses Mittel. Das Charakteristische ist hier die Ursache (Kausalität).
Ausgeprägte Empfindungen: stechende Schmerzen (u.a. Kalium bichromicum, Kalium carbonicum und Bryonia) oder brennende Schmerzen (u.a. Arsenicum album). Etwas seltener kommen Symptome vor in Form von „als ob-Empfindungen“. Z. B. das „Gefühl, als ob die Knochen zerbrechlich sind“ (Thuja) oder das „Gefühl als ob Spinnweben im Gesicht sind“ (Graphites). Außerdem bestehen ausgeprägte Organspezifitäten: Einige Mittel haben eine deutliche Verbindung mit einem bestimmten Organ. Cantharis hat eine Affinität zur Harnblase, Kalmia zum Herzen. Allgemeinsymptome sind bei fast allen Mittel zu finden, nur nicht bei jedem Mittel in demselben Maße. So gibt es frostige Mittel (Silicea, Nux vomica) und warmblütige Mittel (Sulfur, Lachesis, Jodum). Aber kälteempfindlich oder warmblütig zu sein, spielt nicht immer eine Rolle. Wenn man versucht, alle vorhandenen Mittel in kalte

oder warme einzuteilen, dann bleiben Mittel übrig, die in keine der beiden Gruppen passen. In dem Bild eines solchen Mittel spielt die Wärmeregulation keine wichtige Rolle; es könnte deshalb für jemanden passen, dessen Wärmeregulation nicht auffallend verändert ist. Bei den Arzneimittelprüfungen traten auch Symptome auf, die inmitten aller bemerkenswerten Allgemeinsymptome, Modalitäten, Empfindungen usw. besonders auffällig waren. Diese nennen wir „Keynotes", d.h. Schlüsselsymptome.
Bei einem Mittelbild kommt nur ein einziges oder wenige Keynotes vor. Sie sind die rechten § 153-Symptome des Arzneimittelbildes. Wenn solche vorhanden sind, können sie uns schnell den Weg zu einem oder einigen wenigen Mitteln weisen. Die Bedingung ist natürlich, daß die allgemeinen Symptome des Patienten ebenfalls mit dem Mittel übereinstimmen. Wenn man ein Keynote eines Mittels findet, das als sehr frostig bekannt ist und der betreffende Patient ist warmblütig, dann ist es nicht sicher, ob das Keynote auf das richtige Mittel hinweist. Man ist dann verpflichtet, weiter zu suchen, ob innerhalb des Bildes ein Hinweis verborgen liegt, der auf ein warmblütiges Mittel deutet.
Beispiele von Keynotes sind: Durchfall abwechselnd mit Verstopfung; unwiderstehlicher Heißhunger um 11 Uhr morgens; Alpträume beim Schlafen in Rückenlage; einen warmen und einen kalten Fuß haben; das Gefühl, daß das Herz stillsteht, wenn man nicht in Bewegung bleibt; Schleim, den man nicht heraus husten kann, so daß man gezwungen ist, ihn herunterzuschlucken. Unter diese Keynotes fallen auch bestimmte „verrückte" Symptome: ein unbezwingbares Verlangen, jeden zu küssen; das Gefühl, als ob jemand hinter einem steht; Furcht, wenn man ein Messer liegen sieht, weil man das Verlangen bekommt, jemand damit zu erstechen. Auch Symptome, die ganz gewöhnlich scheinen, fallen darunter: Urinverlust beim Husten; Rückenschmerzen, die sich bessern, wenn man ein festes Kissen in den Rücken legt; Höhenangst.

8.2.2. Niveaus der Erkenntnis.

Es gibt verschiedene Möglichkeiten, um zu einer Mittelwahl zu gelangen. Es besteht keine Standardprozedur, keine besondere patente Methode. Ein Bild kann sich auf verschiedene Weise enthüllen. Wir werden dies noch weiter besprechen. Im vorigen Kapitel sind verschiedene Niveaus der menschlichen Funktion beschrieben worden: als höchstes das mentale, soziale und spirituelle Niveau und als niedrigstes das physisch-chemisch-materielle Niveau. Wenn wir die Materia medica betrachten, sehen wir, daß auf jedem dieser Niveaus Symptome erscheinen können:

- Molekulares Niveau: z. B. Erhöhung des Cholesterinspiegels im Blut oder Erhöhung der Blutfette.

- Zelluläres Niveau: Sichelzellanämie.
- Örtliches Organ-Niveau: Muskelschmerzen, Hauterscheinungen.
- Niveau des gesamten Organismus: Allgemeinsymptome wie Frostigkeit, Schlafstörungen.
- In der Funktion des Organismus: z. B. im Triebleben, nämlich Symptome, die die Sexualität und Aggressivität betreffen.
- Im Selbstbewußtsein und im Bereich des Willens: Schüchternheit.
- Auf emotionalem Niveau: Ängste.
- Im spirituellem Bewußtsein: religiöse Angst oder Unsicherheit.

Die Einteilung zeigt, wie künstlich die Trennung manchmal gezogen wird, weil mehrere Niveaus zusammen ein Symptom bilden können. Wenn der Faktor „Zeit" hinzutritt, wird deutlich, daß die verschiedenen Bereiche unseres Organismus zusammenhängen. Es wird deutlich, daß Krankheit ein Prozeß ist, der in der Zeit verläuft. Dieser Verlauf in der Zeit ist verständlicherweise in Arzneimittelprüfungen sehr schwierig nachzuvollziehen. Die verschiedenen Stadien, die eine Störung durchlaufen kann, kommen in einem Arzneimittelbild durcheinandergemischt zum Vorschein. Die Arzneimittelbilder benötigen deshalb noch eine Interpretation im Hinblick auf den zeitlichen Verlauf.

Auf diesem Gebiet hat in den letzten Jahren George Vithoulkas bahnbrechend gearbeitet. Seit 1970 leitet er eine Poliklinik in Athen, in der 30 Ärzte arbeiten. Pro Monat werden hier etwa 2000 Konsultationen durchgeführt und hierdurch konnte Vithoulkas als Supervisor des Ganzen eine enorme Erfahrung sammeln. Dies ermöglichte es ihm, Verbindungen zu erkennen, die bis dahin noch nicht aufgedeckt waren. Insbesondere konnte er die Entwicklung zahlreicher Bilder im Zeitverlauf auf diese Weise erkennen. Die Entwicklung in der Zeit zeigt sich sowohl in den körperlichen Symptomen als auch in den höheren mentalen und emotionalen Funktionen einer Person. Jemand ist nicht nur körperlich fortwährend in einer Entwicklung, sondern er entwickelt sich auch emotional und mental. So kann sich die Störung eines Menschen auch darin äußern, welche Wendung sein Lebenslauf nimmt oder in der Art und Weise, wie er sein Schicksal mitbestimmt.

8.2.3. Anacardium.

Um Ihnen einen Eindruck der verschiedenen Erkenntnisniveaus eines Mittels zu geben, werden nun einige Charakteristika des Mittels Anacardium (Malakkanuß) beschrieben. Für das zelluläre Niveau finden wir in der Materia medica keine Angaben. Örtliche Probleme, die Anacardium verlangen, können beispielsweise Warzen sein, besonders dann, wenn sie auf den Handinnenflächen sitzen. Auf der Organebene sehen wir Magenschmerzen und rheumatische Beschwerden und auf der funktionellen Ebene Schreibkrämpfe und Schwangerschaftserbrechen. Auf der Ebene der Sinneswahrnehmung: Geruchsempfindungen, „als ob man brenzlige Luft riecht“. Auf mentalem Niveau sieht man Prüfungsangst. Charakteristische Modalitäten von Anacardium sind Verbesserung der Beschwerden während des Essens (z. B. Kopfschmerz, Magenschmerz, Gelenkschmerzen) und Besserung in der Sonne. Charakteristische Empfindungen: das „Gefühl eines Pflocks oder Stockes“ (z. B. im Kopf oder im After) und ein „Gefühl des Zusammenschnürens“, das ebenfalls in unterschiedlichen Bereichen des Körpers auftreten kann.

Die mentalen Störungen bei Anacardium werden hervorgerufen durch einen Mangel an Selbstvertrauen in Kombination mit dem Drang, sich selbst zu beweisen. Diese Kombination kann zu bestimmten Wendungen im Lebenslauf führen. Die Probleme entstehen in Situationen, in denen jemand in die Lage kommt, daß er sich selbst beweisen muß.

Das einfachste Beispiel hierfür ist ein wichtiges Examen. Unter dem Druck der näherkommenden Prüfung bemerkt der Anacardium-Patient, daß es mit seinem Gedächtnis zu hapern beginnt. Was er liest, ist nach 10 Minuten wieder aus dem Gedächtnis verschwunden und in diesem Moment schlägt die Angst vor dem Examen zu: „Ich kann die Prüfung nicht schaffen, ich kann es einfach nicht!“ Etwas Vergleichbares geschieht, wenn er in einer beruflichen Situation verschiedener Meinung mit seinem Chef ist: Er fühlt sich ungerecht behandelt, beleidigt oder erniedrigt, und das ist ein empfindlicher Knacks für sein Selbstvertrauen. Er löst das Problem nicht, indem er über die Gegensätze spricht, sondern beginnt hart zu arbeiten, um zu beweisen, daß er unterschätzt worden ist. Er versucht, sein Minderwertigkeitsgefühl dadurch verschwinden zu lassen, indem er demonstriert, was er wert ist: „Ich werde Euch zeigen, was ich kann!“ Innerlich hat er immer Zweifel daran, ob er es schafft, aber: „Komm, nicht klagen. Weiterarbeiten!“ denkt er. Und dann? Dann verläßt ihn sein Gedächtnis. Durch den Mangel an Selbstvertrauen kann auch Reizbarkeit und Jähzorn entstehen, wenn man sich leicht angegriffen fühlt (niemand liebt mich, weil ich ein solcher Stümper bin).

Eine weitere Situation, die zu krankhaften Anacardium-Symptomen führt – übrigens von einer völlig anderen Art – entsteht, wenn ein Anacardium-Patient in eine berufliche Position kommt, in der er Macht über andere ausübt. Dann kann in ihm das Verlangen aufkommen, jemandem mutwillig Schmerzen zuzufügen. Dies ist ein herausforderndes Stadium. „Ich werde Euch zeigen, was ich kann“, schlägt dann um in: „Ich werde Euch schon kriegen.“ Das Gefühl scheint zu verschwinden und es entsteht Grausamkeit, beispielsweise in Form der Mißhandlung von Tieren. Wenn wir diese Reaktionsweisen überblicken, können wir sie folgendermaßen zusammenfassen: Die Störung von Anacardium auf der mentalen Ebene ist ein innerlicher

Konflikt durch einerseits einen Mangel an Selbstvertrauen und andererseits den Wunsch, sich selbst zu beweisen. In einer problematischen Situation sagt die eine Hälfte der Persönlichkeit „Ich kann es nicht, ich gebe es auf" und die andere Hälfte sagt: „Ich mache weiter und zeige Euch was ich kann." Dieser Konflikt kann zu einer Wendung im Lebensweg führen, wobei jemand durchdreht, durch seine Gedächtnisstörung nicht mehr arbeiten kann, Angst vor der Zukunft bekommt und die Welt als feindlich gegen sich gerichtet erfährt.
Dann bemerkt er, daß er gefühlsarm und grausam geworden ist. Es besteht eine Balancestörung im Gefühlsleben, wodurch man dem Wert der Machtausübung zuviel Bedeutung beimißt. Anacardium-Störungen auf den verschiedenen Ebenen erfordern verschiedene diagnostische Beobachtungen.
Bei den örtlichen Symptomen wie den Warzen scheint die Erkrankung einfach zu sein. Störungen der Funktionen wie der Schreibkrampf oder Schwangerschaftserbrechen hängen von den Umständen ab. Wir sind hier schon auf Modalitäten angewiesen. Für Symptome wie Magenschmerz oder rheumatische Beschwerden sind wir zu einem großen Teil auf mündliche Mitteilungen angewiesen. Die mentalen Symptome, wie Examensangst, erfordern sicher mündliche Erläuterungen durch den Patienten. Die Tatsachen, die sich aus dem Lebenslauf ergeben, erfordern vom Therapeuten ein sicheres Maß an Einfühlungsvermögen.
Um die Essenz einer Anacardium-Störung auf der mentalen Ebene nachzuvollziehen, den Konflikt zwischen dem Mangel an Selbstvertrauen und dem Drang, sich selbst zu verwirklichen, ist eine große Vorstellungskraft von Nöten. Als Vergleichsmöglichkeit, wie in Arzneimittelprüfungen der Zusammenhang zwischen den verschiedenen Symptomen und deren zeitliche Entwicklung fehlt, folgt nun als Abdruck ein Teil des Arzneimittelbildes von Anacardium, wie es Hahnemann in den chronischen Krankheiten beschrieben hat. Der Ausschnitt bezieht sich nur auf die Geistessymptome.

Zur Abb. 35: Sie sehen auf den ersten beiden Seiten der Arzneimittelprüfung von Anacardium, die Hahnemann angestellt hat, eine Auflistung der Geistessymptome, die während der Prüfung auftraten. Man erkennt verschiedene Symptome:

- die Ängstlichkeit vor dem, was kommt und die Mutlosigkeit (Symptom 2–9).
- das aggressive Element (16–19)
- die Gefühllosigkeit (21) und die Umkehrung der ernsten Gemütsverfassung in Heiterkeit (23–25)
- die Gedächtnisstörungen (26–32)

Bemerkenswert ist die Detailliertheit der von den Prüfern mitgeteilten Symptome. Sie stehen fast zusammenhanglos nebeneinander und formen dennoch ein einheitliches Bild.

Abbildung 35

Anacardium

Traurigkeit.
Angst und Gefühl, wie von bevorstehendem Unglück. (Br.)
Aengstlichkeit und Besorgniss, Abends, nach Heiterkeit am Tage. (Lgh.)
Innerliche Angst, die ihn nich ruhen liess, er machte sich Gedanken über jede Kleinigkeit, als wenn ein grosser Nachtheil daraus entspränge, mit Bekümmernis über die Zukunft.
5 Beim Spazierengehen, im Stehen, Aengstlichkeit, als wenn Jemand hinter ihm käme; Alles um ihn her kam ihm verdächtig vor.
Aengstlich bei allen Handlungen; er sieht Alles ängstlicher und fürchterlicher an, glaubt immer von Feinden umgeben zu seyn, dann wird's ihm warm, und das Blut scheint in der Brust zu kochen. (n. 7, 8 T).
Aengstliche Besorgnis und tiefe Gedanken, beim Nachsinnen über sein jetziges und künftiges Schicksal. (Lgh.)
Die Zukunft scheint ihm ganz gefährlich, als wenn ihm nichts, als Unglück und Gefahr drohe; Misstrauen auf seine Kraft, und Verzagtheit.
Er ist mit der ganzen Welt entzweit und hat so wenig Vertrauen zu sich, dass er verzweifelt, das leisten zu können, was man von ihm verlangt.
10 Vormittags äusserst hypochondrisch, muthlos und verzagt, mit läppischen, unbeholfenen Wesen; alle Bewegungen sind äusserst ungeschickt und träge. (n. 3 T.) (Fz.)
Aengstliche Bänglichkeit und Verdriesslichkeit. (Gr.)
Aesserst verdriesslich und übellannig. (St.)
Den ganzen Tag verdriesslich Lanne; Alles, was ihn umgab, machte einen widrigen Eindruck auf ihn. (Lgh.)
Düstere, ärgerliche Stimmung, mit Drang, in's Freie zu gehen. (Br.)

Anacardium

15 Sehr verdriesslich und unaufgelegt, mit grosser Empfindlichkeit gegen alle Beleidigungen.
Er nimmt Alles übel und wird heftig.
Hitzig und widersprechend. (Gr.)
Auf geringe Beleidigung, jähzornig, in Thätlichkeit ausbrechend.
Unlust zu Allem.
20 Arbeitschen; es graut ihm, das Geringste vorzunehmen, er hat an Nichts Gefallen. (St.)
Nachmittags ist ihm besser zu Muthe, als Vormittags; er ist munterer und aufgelegter zur Arbeit, sobald die Schläfrigkeit nach Tische vorüber ist. (n. 38 St.) (Fz.)
Sehr gleichgültig und gefühllos; weder angenehme noch unangenehme Gegenstände erregen seine Theilnahme;
8 Tage lang.
Allzu heitere Aufgeregtheit.
Er lacht, wenn er ernsthalt seyn soll.
25 Wird von einem Kitzel unter der Herzgrube bei sehr ernsthaften Gegenständen zum Lachen genöthigt; bei lächerlichen Dingen kann er sich dessen enthalten.
Die Gedanken vergehen ihm. (St.)
Grosse Gedächtniss-Schwäche; er wusste sich nicht mit der Sprache zu helfen.
Grosse Gedächtniss-Schwäche; er kann nichts behalten, und es entfällt ihm alles sogleich.
Schwer-Besinnlichkeit; es bleibt ihm gar nichts im Gedächtnisse, er hat zu wenig Gedanken und verliert seinen Gestand bald und unvermerkt. (Fz.)
30 Das Gedächtnis ist früh ganz untanglich, besonders für einzelne Namen. (Fz.)
Nachmittags ist das Gedächtniss besser, als Vormittags, obschon es erst später giebt, was er sogleich geben sollte; doch wird ihm das Verstehen des Gelesenen seht leicht, wenn er es auch nisch ganz behält. (n. 3, 4 T.) (Fz.)
Vermehrung, Schärfung des Gedächtnisses; es fallen ihm die kleinsten Umstände aus länst vergangenen Zeiten bie, ohne Veranlassung, auch würde er jetzt gut auswendig lernen können, wenn ihn nicht andere zudringende Gedanken zerstrenten, die er jedoch mit leichter Mühe fesseln kann. (n. 1´ St.) (Fz.)

Andere Beispiele, die durch eine Lebenslauf-Problematik entstehen, und die man in Verbindung mit Arzneimittelbildern bringen kann, sind:

- Das Entstehen von Beschwerden durch die Unterdrückung aggressiver Impulse, die Folge einer Kränkung wegen langandauernden Ankämpfens gegen die bürokratische Amtsmühle sind (Mercurius solubilis).
- Beschwerden, die durch eine übermäßige Opferbereitschaft und das Bedürfnis entstanden sind, andere zu versorgen und sie freundlich zu stimmen (Pulsatilla).
- Folge eines lange unterdrückten Verdrusses oder Beschwerden durch das Nicht-Erreichen-Können einer angebeteten Geliebten (Natrium muriaticum).
- Durch das völlige Aufgehen und Miterleben mit der Umgebung (Phosphorus).

8.3. Die persönliche Annäherung in der Homöopathie.

8.3.1. Homöopathie: eine Art alternativer Psychotherapie?

Bedeutet dies nun, daß eine homöopathische Diagnose nur gestellt werden kann anhand von einer umfangreichen Analyse des Lebenslaufes und der psychischen Entwicklung? Nein. Von allen Funktionsebenen können Symptome kommen, die den Weg zum Mittel weisen. Oft sind auf verschiedenen Ebenen Symptome von ein und demselben Mittel vorhanden (s. das Beispiel des Calcium carbonicum-Kindes im Kap. 5). Außerdem hat nicht jeder eine Lebenslauf-Problematik. Jemand kann auch lediglich einige Warzen an seinen Händen haben und mehr nicht. Es ist doch wohl so, daß bei chronischen oder immer wiederkehrenden Symptomen meist Hinweise auf die höheren menschlichen Funktionen zu finden sind. Dies ist der Grund, warum bei der Behandlung von chronischen Krankheiten diese Dinge immer vom homöopathischen Arzt berücksichtigt werden sollten. Es sind deshalb Informationen nötig über die Beschwerden und über die Person und über die Entwicklung der Beschwerden und die Entwicklung der Person.

Die Tatsache, daß sich ein Bild auf verschiedenen Niveaus äußern kann, und daß eine Diagnose auch auf verschiedenen Niveaus gestellt werden kann, könnte zu Mißverständnissen führen. Wenn man beispielsweise das geistige Bild von Lycopodium studiert, scheint dies beherrscht zu werden durch das Thema „Feigheit“ in der Bedeutung des Vermeidens von Verantwortlichkeiten. Man stelle sich nun vor, daß jemand eine Halsentzündung hat, die für Lycopodium typisch ist (u. a. die Erscheinung, daß sich der Schmerz von rechts nach links ausbreitet). Es ist dann unrichtig, hieraus die Schlußfolgerung zu ziehen, daß dieser Patient feige ist. Man kann diesen Sachverhalt nicht umkehren! Wenn in einem niedrigerem Niveau Hinweise

für ein bestimmtes Mittel vorhanden sind, bedeutet das nicht, daß die Hinweise dieses Mittels per se auch in höheren Schichten menschlicher Funktionen anwesend sind. Aber es ist wohl so, daß Symptome von Mitteln, die in höheren Ebenen vorhanden sind, bei der Mittelwahl Vorrang haben vor Symptomen, die sich in niedrigeren Niveaus äußern. Man muß diese Erscheinungen immer berücksichtigen; bei der Wahl eines Mittels geht man von den Erscheinungen aus, die tatsächlich vorhanden sind und nicht von denen, die fehlen. Wenn bestimmte Kennzeichen für ein Mittel fehlen, ist das jedoch immer noch nicht ein Argument, das Mittel nicht zu geben. Niemand produziert doch alle Symptome eines Mittels.
Die am besten übereinstimmenden Merkmale in einem gegebenen Krankheitsfall erfordern die Wahl des Mittels (dies ist das hierarchische Ordnen der Symptome, das wir früher besprochen haben). Auch die Umkehrung dieses Mißverständnisses kann vorkommen. Eine Patientin suchte mich wegen Rückenbeschwerden auf. Sie näherte sich dem mittleren Lebensalter und im Verlauf des Gespräches wurde deutlich, daß sie befürchtete, keinen Lebenspartner mehr finden zu können. Ihr Lebenslauf ließ erkennen, daß sie eine Art von Entwicklungsrückstand in ihrer emotionalen Entwicklung hatte, wodurch sie etwas kindlich geblieben war. Ich verordnete ihr Barium carbonicum. Nach einigen Tagen rief sie mich an. Sie habe nachgelesen, daß Barium carbonicum ein Mittel sei, das man Kindern mit großen Mandeln und Halsentzündungen gibt, die in der Schule nicht gut mitkommen. Sie war darüber sehr entrüstet und lehnte eine weitere Behandlung ab. Ein anderes Mißverständnis wird durch folgende Situation deutlich. Ich wurde von einer Dame angerufen, die bei der Konfrontation mit meinem ausgebuchten Terminplan ihrer Enttäuschung freien Lauf ließ. Durch die Art, wie sie dies vorbrachte und aus ihrer Sprechweise bekam ich den Eindruck, daß sie ausgezeichnet formulieren konnte und ich vermutete, daß sie schnell zum Kernpunkt ihres Problems kommen würde. Ich stellte einige Fragen, die meine Vermutung bestätigten und nannte ihr das Mittel, das für ihr Problem paßte. Alles in allem hatte ich doch noch etwa 25 Minuten mit ihr gesprochen und fand es gerechtfertigt, ihr dafür eine Rechnung zu schicken. Hierauf bekam ich einen sehr bösen Brief: Was ich mir wohl einbilde? Ich hätte doch überhaupt keine Diagnose ihrer gesamten Person gestellt, und dann wolle ich behaupten, daß ich klassische Homöopathie betriebe! Was sie vor allen Dingen störte, war die Tatsache, daß ich das informelle Gespräch unbemerkt in eine telefonische Konsultation übergehen ließ. Nun, letzteres ist der Kern des Mißverständnisses. Diese Patientin hatte nicht bemerkt, daß ich bereits in dem Moment mit der totalen Diagnose begonnen hatte, als ich sie am Telefon hatte. So kann jemand in der Vorstellung leben, die Homöopathie begriffen zu haben, ohne daß er in Wirklichkeit die geringste Ahnung davon hat.

8.3.2. Ein Mittel für immer?

Nun könnte man denken, daß jeweils bei einer bestimmten Person mit ihrem speziellen Lebenslauf nur ein, und nicht mehr als ein Mittel nötig ist. Dies ist im allgemeinen nicht so. Nur ein sehr kleiner Prozentsatz der Patienten kommt sein ganzes Leben oder einen großen Teil seines Lebens mit nur einem Mittel aus. Bei diesen Menschen scheint es in der Praxis so zu sein, daß sie bei fast jeder Störung ihrer Gesundheit auf das eine Mittel gut reagieren. Wenn sie dieses Mittel von Zeit zu Zeit nehmen, funktionieren sie optimal. In der Regel ist es jedoch so, daß ein konstitutionell wirkendes Mittel nur eine Weile und nur eine begrenzte Periode in der Entwicklung eine Verbesserung hervorbringen kann. Nach einer Weile läßt der Einfluß des Mittels nach, und es läßt sich keine weitere Verbesserung mehr erzielen. Wenn jemand für chronische Beschwerden ein konstitutionell wirkendes Mittel nimmt, dann sollten positive Wirkungen auftreten.

Es gibt nun zwei Möglichkeiten: Entweder alle Symptome bessern sich (so lange dies andauert, kann man mit demselben Mittel fortfahren) oder ein Teil der Erscheinungen verbessert sich, ein anderer Teil jedoch nicht. Die bleibenden Symptome werden nach einiger Zeit in den Vordergrund treten und das Krankheitsbild dergestalt verändern, daß ein neues Bild entsteht, das nunmehr ein anderes Mittel erfordert. Das eine Mittel erfordert nach einiger Zeit ein weiteres. Wir sahen bereits, daß hierbei der Verlauf nach dem Gesetz von Hering als Maßstab gilt. Es kann beispielsweise vorkommen, daß jemand im Zusammenhang mit seinen Ängsten Phosphor verschrieben bekommen hat und danach bemerkt, daß er körperliche Symptome durch das Mittel Phosphor hervorbringt (z. B. einen Kitzelhusten). Wenn daraufhin, durch die Wirkung von Phosphor, der Kitzelhusten wieder verschwindet, können dann z. B. Pusteln entstehen, die nicht mehr auf dasselbe Mittel reagieren. Nun müssen wir uns aufs neue dem Stand der Dinge zuwenden und dann könnte sich herausstellen, daß nun ein anderes Mittel auf das jetzige Bild paßt, beispielsweise Arsenicum album. Häufig sind es bestimmte Mittel, die auf diese Weise einander folgen; sie bilden Familien oder Verwandtschaften, die sich gegenseitig ergänzen oder gut aufeinander folgen. Alle Varianten der Lebensfunktionen können sich ändern: Jemand kann weniger kälteempfindlich werden, die Vorlieben für bestimmte Nahrungsmittel können sich ändern, es kann sein, daß jemand eine andere Einschlafhaltung bevorzugt, daß jemand weniger durstig wird usw. Auf diese Weise kann es nötig werden, eine Anzahl von Mitteln in Folge zu geben. Evtl. kann sich zwischen zwei Mitteln eine Pause einschalten, in der sich keine Symptome zeigen. Die Wirkung der Konstitutionsmittel erstreckt sich meist über viele Wochen bis Monate. Im allgemeinen ist ein schneller Symptomenwechsel bei chronischen Krankheiten kein gutes Zeichen.

8.3.3. Mehrere Mittel und doch eine individuelle Therapie?

Lassen Sie uns die folgenden, häufig gestellten Fragen eine nach der anderen betrachten. Was bleibt nun von der Behauptung übrig, daß die Homöopathie Mittel verordnet, die streng individuell sind? Wenn jemand eine Anzahl von Mitteln nacheinander benötigt, waren dies dann jedesmal individuelle Mittel? Außerdem gibt es doch viel mehr Menschen, als es homöopathische Arzneimittel gibt! Wie kann die Homöopathie dennoch sagen, daß sie ein individuelles Mittel wählt? Die Anwort hierauf ist zweiteilig. Zum ersten ist die Diagnosetechnik individualisiert. Man sucht immer so gut als möglich die Symptome, die für den Patienten in seiner aktuellen Entwicklung typisch sind. Diese Symptome können in unbeschränkten Kombinationen vorkommen; die Rangfolge bestimmt, welche Anknüpfungspunkte in der Materia medica gesucht werden. Die Anzahl von Symptomen, die für ein Mittel sprechen kann, beträgt viele hunderte. Wenn wir alle Symptome aus den Arzneimittelprüfungen mitzählen, dann können es sogar Tausende pro Mittel sein! Eine Person produziert selbstverständlich nicht alle diese Symptome, sondern es sind mehrere spezifische Kombinationen, die auf dasselbe Mittel hinweisen können. Z. B.: Ein Mensch, der warmblütig ist, Alpträume hat, wenn er auf dem Rücken schläft, Abneigung gegen Fisch hat, sehr durstig ist, um 5 Uhr mit Stuhldrang erwacht, der in seinen Bewegungen langsam ist und die Neigung hat, vornübergebeugt zu laufen... Diese Person hat Sulfur nötig. Dieses Bild paßt zu dem Mittel Sulfur. Eine zweite Person könnte folgende Auffälligkeiten haben: Er ist warmblütig, kann nach 5 Uhr morgens nicht mehr schlafen, er hat Höhenangst und wird schwindelig beim Nachuntensehen aus großer Höhe, hat ein großes Verlangen nach Süßigkeiten, bekommt nachts heiße Füße im Bett, so daß er sie unter der Decke hervorstrecken muß und hat die Neigung, immer viele Pläne zu machen, die er jedem mitteilt, um dafür Anerkennung zu erhalten... Diese Person hat auch Sulfur nötig. Dieses Bild paßt ebenfalls zum Mittel Sulfur (s. Abb. 36).

Wenn die zweite Person eine Zeitlang unter Einfluß von Sulfur gewesen ist, treten Veränderungen auf. Nach einer gewissen Zeit kann sich der Zustand folgendermaßen darstellen: Keine Schlaflosigkeit mehr nach 5 Uhr, aber der Schlaf ist nun so leicht, daß er jeden Moment durch leichte Störungen wach werden kann. Die Warmblütigkeit ist verschwunden, er ist nun eher etwas frostig, und nun sind seine Füße auch kalt im Bett. Das Verlangen nach Süßigkeiten ist vermindert, aber nun finden wir eine Abneigung gegen Fleisch und ein Verlangen nach sauren Dingen. Er schwitzt mehr als vorher, besonders nachts. Er klagt über Ermüdung, besonders beim Treppensteigen und am Tag nach dem Beischlaf. Das Verlangen nach Anerkennung für alle seine Pläne spielt nicht mehr eine solche große Rolle, aber er fragt sich, ob andere ihn nicht ein bißchen verrückt finden, und er wird ängstlich, was

Abbildung 36

SULPHUR

Variante 1

Warmblütig

Alpträume beim Schlafen
auf dem Rücken
Abneigung gegen Fisch
Durst
Erwacht gegen 5 Uhr
mit Stuhldrang
Träge Bewegungen
Neigung vornübergebeugt zu gehen

Entwicklung zu einem anderen Mittel, z. B. Lycopodium, nach der Einnahme von Sulfur

Lycopodium-Bild

Ein warmer und ein kalter Fuß
Blähungsneigung
Rechtsseitige Beschwerden,
Verlangen nach Süßigkeiten
Verschlimmerung der
Beschwerden zwischen
16 und 20 Uhr

Variante 2

Warmblütig

Höhenangst mit Schwindel
Verlangen nach Süßigkeiten
Schlaflos nach 5 Uhr
Warme Füße im Bett;
muß sie entblößen
Macht Pläne und
sucht Anerkennung

Entwicklung zum Calcium carbonicum-Bild, nach Einnahme von Sulfur

Calcium carb.-Bild

Frostigkeit
Abneigung gegen Fleisch
Verlangen nach Saurem
Halsentzündung
Kalte Füße im Bett
Nachtschweiß
häufiges Erwachen
Ermüdung nach Beischlaf
Angst vor der Zukunft,
verrückt zu werden

seine Zukunft anbetrifft: „Vielleicht werde ich noch eines Tages krank im Kopf." Zu dieser Entwicklung paßt das Mittel Calcium carbonicum. Es ist eines der „Folgemittel" von Sulfur und es steht zu erwarten, daß eine neue Entwicklung und Veränderung unter dem Einfluß dieses Mittels eintreten wird. Die Aufeinanderfolge von Mitteln kann auf unterschiedliche Weise ihren Verlauf nehmen, und auch dies weist auf den individuellen Charakter von jemandes Konstitution hin. Dies ist ein zweiter Aspekt des individualisierenden Charakters der homöopathischen Diagnostik. Auf diese Weise entsteht eine Behandlungsstrategie, die wir am besten als „Landeroberung“ beschreiben können. Ausgehend von einer bestimmten Situation wählen wir ein Mittel aus, daß auf die Symptome und Nuancen der Funktionen paßt, die wir aus einer bestimmten Position übersehen können, so als ob jemand von einem bestimmten Ort eine Landschaft überblicken kann. Wenn unser Mittel sein Werk getan hat, haben wir ein Gebiet hinzugewonnen und eine neue Grenze erreicht. Aus dieser neuen Position können wir ein neues Gebiet überblicken und neue Merkmale entdecken. Mit einem Mittel, daß auf die neue Situation paßt, verlegen wir die Grenze wiederum weiter. Die Grenzverschiebung sollte gepaart sein mit einer Verbesserung des allgemeinen Wohlbefindens, so wie es dem Gesetz von Hering entspricht.

8.3.4. Akute Krankheitsbilder während der konstitutionellen Therapie.

Wenn ein chronisch Kranker ein Mittel eingenommen hat, das auf der Basis konstitutioneller Merkmale gewählt wurde, können wir erwarten, daß auf dem konstitutionellen Niveau Veränderungen auftreten. Dies ist nun etwas anderes als das Behandeln von akuten Krankheitsbildern, wie die Bronchitis in Kap. 3. Wir haben bereits im Kap. 1 gesehen, daß zwischen akuten und chronischen Krankheiten Verbindungen bestehen: durch das Auftreten von akuten fiebrigen Erkrankungen kann eine Besserung des chronischen Krankheitsbildes auftreten. Nun finden wir die merkwürdige Erscheinung, daß als Reaktion auf ein konstitutionell gewähltes Mittel ein akutes Krankheitsbild entstehen kann. Eine Patientin, die von mir wegen ihrer Mastopathie (schmerzhafte Brustdrüsenschwellung) konstitutionell behandelt wurde, entwickelte eine dramatische Halsentzündung, wobei die Mandeln so groß wurden, daß sie fürchtete zu ersticken, und es wurde für nötig befunden, sie in der Klinik zu behandeln. Während dieser Halsentzündung hatte sie zum ersten Mal seit Jahren keine Beschwerden seitens der Brust. Nachdem sie im Krankenhaus für ihre Mandelentzündung Penicillin bekommen hatte, kehrten die Schmerzen in den Brüsten zurück. In einem späteren Stadium genas sie sowohl von der Halsentzündung als auch von der Mastopathie.

Das Auftreten eines akuten Krankheitsbildes nach Anwendung eines konstitutionell-wirkenden Mittels ist nicht die Regel, aber kommt häufig vor.

Vermutlich ist dieses Phänomen verwandt mit der Anfangsverschlimmerung, auf die ja meistens eine Besserung folgt. Die Frau aus unserem Beispiel hat Glück gehabt. Die Unterdrückung eines akuten Krankheitsbildes, das als Reaktion während eines konstitutionellen Genesungsprozesses auftritt, führt meistens dazu, daß die konstitutionelle Verbesserung sich ver-

langsamt oder ganz aufhört. Meist ist es dann schwierig, wieder aufs neue die konstitutionelle Verbesserung und Wiederherstellung anzuregen. Glücklicherweise ist manch ein Organismus imstande, die Unterdrückung wieder ungeschehen zu machen. Ein Kind mit einer allergischen Veranlagung hatte häufig Bronchitis und bekam von mir ein konstitutionell wirkendes Mittel. Hiernach trat eine Mittelohrentzündung auf, aber der Husten war bedeutend besser. Die Mutter, die diese Erscheinung nicht begriff, ließ dem Kind wegen seiner Mittelohrentzündung Penicillin verschreiben und erzählte später: „Während der Penicillin-Kur halfen die Kügelchen nicht so gut, denn nun begann sie wieder zu husten, aber nach der Kur wurde der Husten glücklicherweise besser“.
Diese akuten Erkrankungen, die während einer konstitutionellen Therapie auftreten, bilden einen bedeutsamen Anteil in der Praxis der Homöopathie. Zum ersten, weil es große Fachkenntnis verlangt, um unerwartete, akute Krankheitsbilder richtig zu behandeln. Zum zweiten gibt es das Risiko, daß die akuten Bilder falsch interpretiert werden, nämlich als hätten sie nichts mit dem chronischen Bild zu tun. Die Interpretation hiervon ist bei den meisten Ärzten und Patienten unbekannt. In unserer medizinischen Tradition betrachtet man gewöhnlich akute Krankheiten als gefährlich und unerwünscht und muß deshalb „etwas daran tun“. Viele Menschen fürchten das Fieber und wollen etwas dagegen haben, und doch ist das Fieber nur eine Verteidigungstechnik des Organismus. Zum dritten werden akute Bilder leicht falsch behandelt, weil innerhalb der heutigen Organisation der homöopathischen Versorgung keine permanente Möglichkeit des Auffangens für akute, zwischenzeitlich auftretende Probleme besteht. Was die Fachkenntnis betrifft: Hier steht zu erwarten, daß diese schnell zunimmt. Momentan wird auf nationalem und internationalem Niveau hart daran gearbeitet, durch Verbesserung der homöopathischen Ausbildungen und Nachschulungen. Es kann ein gutes Zeichen sein, wenn jemand, der „noch nie etwas gehabt hat“, nach einem konstitutionellen Mittel plötzlich empfänglich geworden zu sein scheint für allerlei akute Krankheitsbilder. Seine veranlagte Konstitution beginnt nun zu reagieren. Dies ist kein schlechtes Zeichen, vorausgesetzt, daß sich das Allgemeinbefinden verbessert, nach dem Gesetz von Hering. Das umgekehrte kann auch der Fall sein.
Jemand, der immer viel Beschwerden durch allerlei akute Krankheiten hatte, kann nach Einnahme eines Konstitutionsmittels weniger empfindlich dafür werden. Auch hier gilt wieder, daß das ausschlaggebende Kriterium die Frage ist, ob sich jemand nach dem Gesetz von Hering allgemein oder auf der Geistes- und Gemütsebene besser fühlt. Nun ist nicht jede Krankheit, die während einer konstitutionellen Therapie auftritt, ein „symptomäußerndes“ Manöver unseres Organismus. Es kann natürlich gut sein, daß man bei einer herrschenden Epidemie eine Magen-Darmgrippe

Man kann die Realität auf verschiedene Weise wahrnehmen

bekommt. Die Unterscheidung des einen vom anderen gehört in die kenntnisreiche Hand des Homöotherapeuten, ebenso wie die erfolgreiche Begleitung akuter Phasen bei einer „chronischen Behandlung". Ein weiteres Kapitel bilden die chronischen Krankheiten, die sich in Anfällen äußern, wie z. B. die Migräne. Diese können nach Einnahme des konstitutionellen Mittels, im Rahmen der Anfangsverschlimmerung, akut aus der Latenz auftauchen: Ein Anfall ist die Folge. Danach werden die Anfälle weniger häufig. Selbstverständlich muß man – wenn es einigermaßen erträglich ist – einen solchen Anfall durchstehen. Notfalls kann man in dieser Situation ein homöopathisches Komplementär- (Ergänzungs-)mittel wählen. Aus alledem folgt, daß die Behandlung akuter Krankheiten nicht getrennt gesehen werden kann von der Behandlung chronischer, konstitutioneller Probleme. Auf die Bedeutung akuter Krankheiten im Verhältnis zu chronischen Erkrankungen wird noch im Kapitel 9 hingewiesen. Aus dem bisher Besprochenen mag deutlich geworden sein, daß die Homöopathie in der Tat besondere „Spielregeln" kennt, daß es jedoch keine Standardprozedur, keine patentierte Methode gibt. Jede Behandlung erfordert Kreativität des Patienten und des Behandlers und deren Zusammenarbeit, um im richtigen Moment das rechte Mittel zu finden.

8.4. Anleihe bei der Homöopathie.

Es gibt verschiedene Heilmethoden, die im Fahrwasser des Begriffs Homöopathie segeln. Sie benutzen bei ihrer Behandlung, was sie selbst als „auch homöopathische Mittel“ bezeichnen. Hierbei begreifen sie wahrscheinlich nicht, daß „homöopathische Mittel“ eigentlich gar nicht für sich existieren. Es gibt wohl eine homöopathische Methode und es gibt potenzierte Mittel (Potenzen, Dynamisationen). Wenn man Potenzen außerhalb der homöopathischen Methode anwendet, dann ist das einigermaßen verfehlt. Anhand der Beschreibung einiger Methoden soll nun dargelegt werden, was daran verfehlt ist.

8.4.1. Klinische Homöopathie.

Die klinisch-nosologische Homöopathie ist eine seltsame Erscheinung. Diese Vereinfachung der homöopathischen Methode stammt aus der sogenannten kritisch-wissenschaftlichen Schule in der Homöopathie. Dies ist eine Strömung, die als Reaktion auf die „wahnwitzigen Ideen“, die Hahnemann erprobt hat, nämlich seine Einsichten und Entdeckungen an die naturwissenschaftlich orientierte Heilkunde anzupassen. Diese Anpassung war den kritisch wissenschaftlichen Homöopathen zufolge notwendig, weil Hahnemann und die Homöopathie sich in eine ungeordnete Richtung entwickelt hätten. Wir haben im Kapitel 8 Hahnemanns Entwicklung beschrieben, nämlich wie er ursprünglich die Idee hatte, daß er durch das Ähnlichkeitsgesetz für vorhandene Krankheitseinheiten – die spezifische Namen trugen wie Malaria, Scharlach, Cholera (so die klinisch-nosologische Einteilung) – spezifische Mittel finden könnte auf der Basis der Vergiftungserscheinungen durch allerlei Stoffe (Chinin – Malaria, Arsenicum – Cholera, Belladonna – Scharlach). Wir haben gesehen, wie er in seiner Entwicklung langsam aber sicher Abstand von dieser klinisch-nosologischen Einteilung nahm, weil bei neueren Arzneimittelprüfungen andere Krankheitseinteilungen entstanden. Wir sahen, wie dies zu einer anderen Krankheitsklassifizierung führte, zur Erkenntnis der hochwertigen Besonderheiten der Paragraph 153-Symptome und schließlich zum konstitutionellen Denken. Parallel hierzu lief die Entwicklung in Richtung einer nicht materiellen Auffassung von Krankheit und Heilung. Diese lief über die Entdeckung des Potenzierens und des Vermögens der Potenzen, Arzneimittelbilder zu erzeugen, die einen völlig anderen Charakter haben als die Vergiftungserscheinungen.

Das Gesetz von Hering und die Lenkung von Syndromverschiebungen als Prinzip der homöopathischen Therapie formten die Krönung dieser Entwicklung. In diesem Entwicklungsprozeß wurde die homöopathische Methode geradewegs immer treffsicherer, aber auch immer schwieriger. Die kritisch-wissenschaftlichen Kollegen konnten dieser Entwicklung schon lange

nicht mehr folgen. Sie beschlossen, sich an die klinisch-nosologische Einteilung zu halten. Sie kamen um das Potenzieren nicht herum, dieses akzeptierten sie gerade noch. Am Ende blieb nur wenig anderes übrig, um sich selbst Homöotherapeut zu nennen. Wie gesagt: Das Gesetz von Hering hat diese kritisch wissenschaftliche Richtung nicht wirklich begriffen. Das Potenzieren endet bei ihnen bei der D 30. Wahrscheinlich deshalb, weil man dachte, daß danach „nicht mehr genügend Substanz vorhanden ist". Mit diesem mageren Rest zog man in die Schlacht.
Man spezialisierte sich auf die Organspezifität der Mittel und auf Typologien. Man verschrieb Pulsatilla für blonde Frauen mit blauen Augen, die ein bißchen vollschlank waren. Sepia verordnete man für Frauen mit dunklem Teint, schmalen Hüften und kleinen Brüsten. Lycopodium war für kahlköpfige Männer und Chamomilla half bei lästigen Kindern. Das war es! Kein Wunder, daß diese begannen, mehrere Mittel gleichzeitig zu geben und allerlei andere Therapiearten mit ihren homöopathischen Mitteln zu kombinieren, um die Mängel in ihrer „Homöopathie" auszugleichen. Man blieb bei einer Kombination aller möglicher Therapien stecken: Diätvorschriften, Neuraltherapie, Wasserbehandlungen, Bäder, Darmspülungen usw. Die Homöopathie paßte wunderbar in diese Auffassung von einem Gemengsel allerlei Erfahrungsmethoden verschiedenartiger Herkunft, die sich als „Naturheilweisen" zusammenfassen lassen. Es gibt nichts gegen alle diese Methoden einzuwenden, und es kann eine Menge Gutes damit erreicht werden. Aber es ist keine „Homöopathie". Es sollte auch nicht länger so genannt werden. Der Mißbrauch des Markenzeichens Homöopathie für alles was „natürlich und unschädlich" ist, muß ein Ende haben. Homöopathische Schuheinlagen, homöopathische Seife, homöopathische Zahnpasta, homöopathische Ich-weiß-nicht-was... Dies ist Unsinn! Homöopathie ist die Anwendung der Kombination von potenzierten Arzneien, dem Ähnlichkeitsgesetz und dem Gesetz von Hering. Wenn man eins dieser drei Bestandteile wegläßt, kann man immer noch Gutes bewirken, aber man sollte es nicht Homöopathie nennen. Die Homöopathie verliert ihr Gesicht, wenn man das Ähnlichkeitsgesetz in die Zwangsjacke der Betrachtungsweise zwingt. Wenn das Gesetz von Hering nicht beachtet wird, richtet sich die Methode auf Zustandsbilder und wird dadurch anonym. Durch die Degradierung der Arzneimittelprüfung auf klinisch-nosologische Krankheitsbilder wird die Homöopathie kastriert: ein Eunuch ohne das Vermögen, eine Nachkommenschaft zu erzeugen, ohne eigenes Gesicht, anonym. Wohl aber gut genug, um zusammen mit seinen Schicksalsgenossen Aushilfsarbeiten zu machen. Wenn die Homöopathie auch noch ein geistiges Erbe hervorbringen sollte, wird es nicht dieser klinischen Variante zu danken sein!

8.4.2. Komplex-Homöopathie.

Es war nicht die Absicht, Hahnemann in seinen Schimpftiraden zu übertreffen, die er gegen die „After-Homöopathie“ (Bastard-Homöopathie), wie er sie nannte, gehalten hat. Man kann sich auf wenige rationale Argumente beschränken, mit denen die Komplex-Homöopathie ins rechte Licht gerückt werden kann. Komplex-Homöopathie ist die Anwendung einer Kombination homöopathischer Arzneimittel, ein Vielgemisch. Es wurde bereits dargelegt, daß der Bedarf an Komplexen dann entsteht, wenn ein Einzelmittel „nicht genug Wirkung zeigt“. Die statistische Wahrscheinlichkeit, daß fünf Mittel etwas in Gang bringen, ist natürlich größer als bei nur einem Mittel. Nun hat das Komplexmittel einige Nachteile. Was für die Wahrscheinlichkeit gilt, daß das richtige Mittel enthalten ist, gilt auch für die Möglichkeit, daß falsche Mittel in der Mischung enthalten sind. Wenn in einem Komplex von fünf Mitteln ein einziges Mittel richtig ist, könnten die anderen vier total überflüssig sein. Was geschieht, wenn man ein unnötiges Arzneimittel nimmt? Dann unternimmt man eine Arzneimittelprüfung und produziert auf diese Weise neue Symptome. Gleichzeitig läuft man Gefahr, daß dasjenige Mittel, das einen Effekt hervorbringt, auch noch unterdrückend wirkt, weil es aufgrund einer klinischen Indikation ausgewählt wurde.

Bis jetzt wurden Sie in dem Glauben gelassen, daß ein falsch gewähltes Mittel keine Wirkungen hervorbringt. Das ist nicht so. Man kann mit homöopathischen Mitteln auch Symptome unterdrücken oder unerwünschte Syndromverschiebungen zustande bringen. Die Kontrolle hierüber erhält man, wenn man den Verlauf anhand des Gesetzes von Hering überprüft. Mit einem Komplexmittel läuft man Gefahr, daß man Symptome „wegzaubert“, und wenn man die Einnahme lange genug fortsetzt, neue Prüfungssymptome zum Vorschein bringt. Wenn man dieses regelmäßig tut, entsteht am Ende ein verworrenes Bild, bei dem das Erkennen des richtigen Mittels sehr schwierig sein kann. Bei Patienten, die lange mit Komplexmitteln behandelt worden sind, gestaltet sich die Diagnostik und Heilung sehr mühsam. Weiterhin ist es auch von Belang zu wissen, wie die Reaktion auf ein Mittel ist. Es bestehen Relationen und Verwandtschaften zwischen den Mitteln. Die Reaktion auf ein Mittel kann einen Hinweis auf ein verwandtes Mittel geben. Die Kombination von Mitteln bewirkt, daß diese Veränderungen nicht mehr zu interpretieren sind. Man kann besser von zehn Mitteln eins nach dem anderen „probieren“ und dann zur Schlußfolgerung kommen, daß das letzte tatsächlich eine Reaktion ergeben hat. Dieses bringt mehr Informationen, als wenn man diese zehn Mittel gleichzeitig einnimmt, um nachfolgend festzustellen, daß „es hilft“. Und es gibt noch ein drittes Argument. Homöopathie ist die kombinierte Anwendung des Ähnlichkeitsgesetzes, des Gesetzes von Hering und der Potenzen. Das Ähnlichkeitsgesetz wenden wir an auf der Basis der Arzneimittelprüfungen. Mit den Komplexen sind keine Arz-

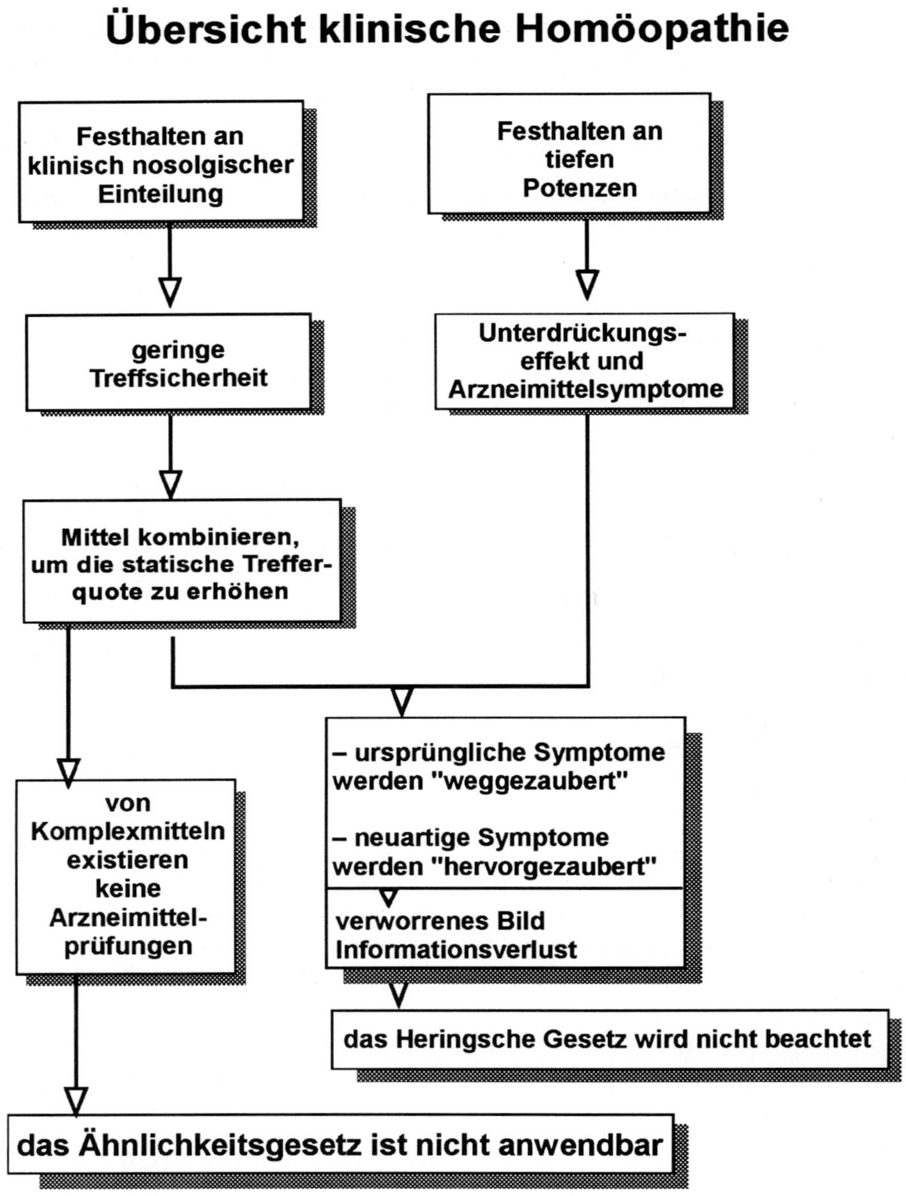

Abbildung 37

neimittelprüfungen durchgeführt worden, also kann man mit ihnen nicht nach dem Ähnlichkeitsgesetz arbeiten. Man kann deshalb mit Komplexen keine echte Homöopathie betreiben: Komplex-Homöopathie ist keine

Homöopathie. Komplex-Homöopathie ist vergleichbar mit einem Nachbau eines Düsenjägers, ohne zu beachten, daß er einen falschen Motor enthält. Und, wenn er nicht gut zu funktionieren scheint, wird ein Extrapropeller angebracht, damit er sich doch mit einiger Mühe in die Luft erheben kann. Wenn es jemand bewerkstelligt, die Veränderungen, die nach dem Gebrauch von Komplexmitteln auftreten, entsprechend zu interpretieren, daß er die Behandlung dem Gesetz von Hering entsprechend verfolgen kann, dann mag er ruhig Komplexmittel gebrauchen.

8.4.3. Antroposophische Heilweise.

Die antroposophische Heilweise, der biologisch dynamische Landbau und die freie Waldorf-Schul-Bewegung sind gemeinsame Töchter der Antroposophie. Die Antroposophie betrachtet sich selbst als Geisteswissenschaft, d. h., eine Methode, die anstrebt, Erkenntnisse über das geistige Wesen des Menschen zu erhalten. Durch entsprechende Übungen des Denkens könne man zu Inspiration und von da aus zur Intuition kommen. Die antroposophische Medizin bedient sich des homöopathischen Potenzierverfahrens, verwendet jedoch keine Centesimalpotenzen und die Dezimalpotenzen nur bis zur D 30. Es werden teils homöopathische Einzelmittel, teils Komplexmittel aus 2–3 Bestandteilen verwendet, die auf geisteswissenschaftliche Erkenntnisse von Rudolf Steiner zurückgehen. Die nüchterne Homöopathie läßt dies nicht gelten. Nicht aus Mißachtung antroposophischer Einsichten, sondern aus pragmatischen Erwägungen: Wenn man eine Methode zur Verfügung hat, mit der man Patienten heilen kann, welches Recht hätte man dann, um dies zielbewußt nicht zu tun? Wenn jemand ein passendes homöopathisches Mittel in hoher Potenz einnimmt, fühlt er sich existentiell besser. Wenn uns jemand berichtet, daß er sich nach der Mitteleinnahme besser und freier fühlt, ist das ein Beweis, daß er in seinen höheren Wesensgliedern positiv beeinflußt wurde.
Das einzige, was die anthroposophische Heilweise von den Entdeckungen der Homöopathie übernommen hat, ist das Potenzieren bei der Heilmittelzubereitung. Darüber hinaus läßt sie den wichtigsten Teil der Methode unbenutzt. Das Gesetz von Hering wird nicht anerkannt, und das Ähnlichkeitsgesetz hat innerhalb der anthroposophischen Medizin keinen Platz gefunden. Die Anthroposophen verwenden die Mittel aufgrund klinischer Diagnosen, ähnlich wie die klinische Homöopathie. Hierauf gründen sie die Anwendung der Mittel, die nach ihrer Ansicht auf den Menschen als geistiges Wesen wirken. Da die Begründung zur Anwendung der Heilmittel zum Teil auf außersinnlichen Wahrnehmungen beruht, hat die Arzneimittelwahl in den Augen der pragmatischen Homöopathie etwas Spekulatives. Spekulativ im Sinne von grundsätzlich nicht kontrollierbar. Weil das Gesetz von Hering keine Beachtung findet, kann man hier nicht wie in der Homöopathie

von einer konstitutionellen Therapie sprechen. Was die Beurteilung von Veränderungen bei chronischen Krankheiten anbetrifft, bewegt sich die anthroposophische Heilweise auf demselben unsicheren Grund wie alle anderen Therapien, die das Gesetz von Hering beiseite lassen. Die antroposophische Medizin betrachtet sich selbst als eine Ergänzung und Erweiterung der Heilkunde, während die Homöopathie viel entschiedener gegen die technologische Heilkunde mit ihren willkürlichen, unterdrückenden und eingreifenden Therapien Stellung nimmt. Wir können nur mutmaßen, wie Rudolf Steiner reagiert hätte, wenn er die Entwicklung der technologischen Heilkunde hätte verfolgen können (er starb 1925; das Penicillin wurde 1941 eingeführt).
Wenn man unbefangen beobachtet, daß sich durch die Einnahme von Hochpotenzen die existenzielle Freiheit eines Patienten vergrößert, kann man daraus schließen, daß man ihm damit einen Dienst (in therapeutischer Hinsicht) erwiesen hat und daß man seine höheren Wesensglieder nicht in Gefahr gebracht hat. Selbstverständlich kann sich jemand schlechter fühlen, wenn er ein unpassendes Mittel verabreicht bekommen hat, aber dies ist korrigierbar. Je exakter man als klassischer Homöopath arbeitet, um so kleiner ist die Chance, ein falsches Mittel in hoher Potenz zu verschreiben. Wenn man sein Mittel nach klinisch-nosologischen Gesichtspunkten auswählt, ist der Sicherheitsgrad einer richtigen Mittelwahl so niedrig, daß die Anwendung von Hochpotenzen nicht gerechtfertigt erscheint.

8.5. Ein letztes Mißverständnis.

Es besteht ein hartnäckiges Mißverständnis, was das konstitutionelle Denken von Hahnemann betrifft. In der Medizingeschichte wurden unterschiedliche Einteilungen der verschiedenen Menschentypen versucht. Ein bekanntes Beispiel ist die Einteilung in die hippokratischen Temperamente: das sanguinische, cholerische, melancholische und phlegmatische Temperament. Andere Beispiele sind: pyknische, athletische und leptosome Typen (nach Kretschmer); endomorphe, mesomorphe und ektomorphe Typen (nach Sheldon) usw.
Man könnte nun denken, daß Hahnemann nichts anderes tat, als eine detaillierte Beschreibung einer derartigen Einteilung zu geben. Man denkt dann, daß es bei der homöopathischen Diagnose nur darum geht, den Typus festzustellen: „Welcher Typ bin ich nun?“ Und es wurden in zahllosen homöopathischen Büchern Typen beschrieben, die zu einem bestimmten homöopathischen Mittel passen sollen. Beispielsweise ein Sepia-Typ, ein Lycopodium-Typ usw. Diese Anschauung entstand, indem man anfänglich die Merkmale eines Mittels beschrieb, als seien sie Merkmale einer Person. Man stellte sich eine Zusammenfassung aller Arzneimittelprüfungen her und beschrieb eine imaginäre Person, die alle diese Merkmale hatte. Der

Gedankengang war hier, daß man so viele Merkmale eines Mittel wie möglich zusammenfassen konnte.
Besonders Kent hat es zum Ruhm gereicht, daß er auf diese Weise viele Arzneimittel beschrieben hat. Und aus dieser Art des Beschreibens ist das Mißverständnis entstanden, daß man sich bei der homöopathischen Diagnose nach den Typologien richten muß. Gegen diesen Irrtum hat sich Kent auch verwahrt. Die homöopathische Diagnostik ist nicht klassifizierend, sondern individualisierend. Und doch werden in der homöopathischen Diagnostik die typologischen Kennzeichen und auch die klinische Diagnose berührt. Wie können wir hier die rechte Verbindung bekommen? Unser Ausgangspunkt ist Hahnemanns Entdeckung, daß prinzipiell alle Äußerungen und Lebensverrichtungen in einem Interpretationsmuster unterzubringen sind. In dieses Muster passen eben auch die typologischen Kennzeichen und die klinisch-nosologische Diagnose, wohl nicht isoliert angegeben, sondern als Teilaspekt eines Bildes im Sinne des Ähnlichkeitsgesetzes. Wenn wir alle Erscheinungen und Lebensverrichtungen auf einem fortlaufenden Maßstab unterbringen, dann befinden sich an dem einen äußeren Ende die vollständig normalen physiognomischen Merkmale (z. B. blond und blauäugig). Am anderen Ende befinden sich die vollständig krankhaften körperlichen Veränderungen, die wir in der Pathologie als „Läsionen" (Organdefekte, z. B. Leberzirrhose) bezeichnen. In diesen beiden äußeren Bereichen finden wir also Merkmale, die unveränderlich sind. Der Mittelbereich scheint in der Praxis die größte Rolle zu spielen. Das ist nicht zufällig! Der Mittelbereich ist nämlich dasjenige Gebiet, das durch Arzneimittelprüfungen hervorgebracht worden ist und deshalb ist hier auch das Ähnlichkeitsgesetz am zuverlässigsten anzuwenden (s. Abb. 38).

Abbildung 38

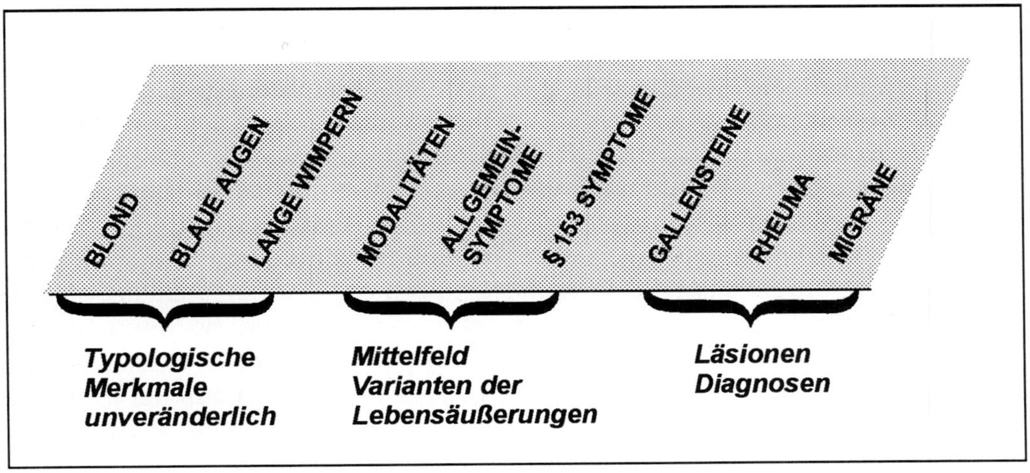

Die Ergänzung der Arzneimittelbilder durch typologische und klinisch-nosologische Gegebenheiten stützt sich auf die Praxiserfahrung, und in der Praxis scheint dies noch sehr unvollkommen und fragmentarisch zu sein. Klinisch-nosologische Kategorien ändern sich auch mit den geänderten wissenschaftlichen Einsichten und mit der herrschenden Meinung. Die Diagnose „Chlorosis“ sagt den meisten von uns nichts mehr, aber wir finden dieselbe wohl noch in den Repertorien. Die Diagnose „Hyperventilation“ sagt uns wohl einiges, aber ist in den Repertorien nicht zu finden. Das Merkwürdige und Erstaunliche ist, daß Schlüsselsymptome, Modalitäten und Empfindungen seit dem Zeitpunkt der Arzneimittelprüfungen unverändert verläßlich geblieben sind, die Anwendung des Ähnlichkeitsgesetzes betreffend. Dies scheint eine Folge der Tatsache zu sein, daß diese Merkmale ein höheres Systemniveau des menschlichen Organismus beschreiben.

8.6. Der Dialog als höchster Erkenntnisborn.

Das Kommunizieren durch das Mittel der Sprache ist eine der am meisten fortgeschrittenen Entwicklungen des Lebens, das auf dieser Erde zustande gekommen ist und es ist typisch menschlich. Es bietet uns die Möglichkeit, andere zu Teilnehmern unseres Selbstbewußtseins und unseres Zeitbewußtseins zu machen. Wir können mitteilen, wie wir uns selbst erfahren und der andere kann sich hiervon eine Vorstellung machen. Wir können Absprachen über zukünftige Zeiträume machen und wir können unsere jetzige Situation mit einer früheren vergleichen. Wir können uns über Veränderungen bewußt werden. Natürlich gibt es andere Möglichkeiten, um zu kommunizieren, wie beispielsweise die Körpersprache.

Die Bedeutung des subjektiven Symptoms wurde bereits vorher besprochen. Die subjektiven Symptome können nicht anders als durch den Gebrauch von Worten deutlich gemacht werden. Im Prozeß der homöopathischen Diagnose geht es darum, daß der Therapeut sich vorstellen kann, wie es um den Patienten gestellt ist. Die homöopathische Diagnose ist eine Kombination aus Wahrnehmung, Kommunikation durch das Mittel der Sprache, Beweisführung und Einbildungskraft. Solange sich die Diagnose darauf beschränkt, Stichworte im Repertorium aufzusuchen, ist noch keine optimale Diagnostik zustande gekommen. Wenn sich der Therapeut eine Vorstellung davon gemacht hat, was mit dem Patienten wirklich los ist, dann sucht er nicht mehr mit Stichworten, sondern mit Hilfe von Bedeutungen.

Ein einfaches Beispiel des Sprachgebrauchs und der Einbildungskraft beim Zustandekommen eines homöopathischen Symptoms ist die Erfahrung sogenannter „Als-ob-Symptome“. Wenn jemand das Gefühl hat, als wenn ein Loch an der Stelle sei, wo seine Leber sitzt, dann ist das ein sehr wichtiges Symptom, denn es ist nicht nur eine Wahrnehmung, sondern eine Umsetzung in eine Vorstellung. Patienten erzählen wohl gelegentlich, daß

sie Schmerzen haben „wie von einem Messerstich“, obwohl sie doch noch nie mit einem Messer gestochen worden sind. Dieses Vorstellungsvermögen ist so typisch menschlich, daß es eine sehr hochrangige Form der Diagnostik möglich macht. Diese Als-ob-Symptome gehören zu den Schlüsselsymptomen. Ein etwas schwierigeres Beispiel wird anhand des Anacardium-Bildes deutlich. Wenn jemand seinen Lebenslauf erzählt, erfordert dies vom Therapeuten Vorstellungsvermögen und Phantasie, um diesen Bericht in Verbindung bringen zu können mit einem Bild aus der Materia medica. Das Wort „Bild“ wiederholt sich nicht zufällig in den Termen Krankheitsbild, Arzneimittelbild und Einbildungskraft. Es ist einer der Verdienste von George Vithoulkas, daß er dieses Diagnostizieren mit Hilfe der Vorstellungskraft in der Homöopathie zur weiteren Entwicklung gebracht hat und damit vielen Homöotherapeuten der ganzen Welt neuen Enthusiasmus gegeben hat. Das weitere Ausbauen der Kenntnis der Materia medica durch die Ausbreitung der Dimensionen der Arzneimittelbilder ist eine wichtige Ergänzung des Gebäudes der Homöopathie. Es führt zu einer Verbesserung der therapeutischen Anwendbarkeit.
Diese differenzierte Form der Diagnostik, die mit menschlichen Fähigkeiten zustande gebracht worden ist, ist durch keinen technologischen Apparat zu erfahren. Um schwierige Dinge im Gedächtnis zu behalten, ist manchmal eine Eselsbrücke nötig. Um zu verstehen, daß die Homöopathie nicht aus einer Summe unzusammenhängender Teile besteht, können wir diese Methode mit einem Fahrzeug vergleichen: Das Gestell wird gebildet durch das Ähnlichkeitsgesetz, das Gesetz von Hering und das Potenzieren. Das Hinterrad, an dem der Antrieb angreift, ist das Rad von Kent. Dies wird gebildet durch die Allgemeinsymptome, das sind die Wärmeregulation, die Schlafsymptome, die Zu- und Abneigungen für Nahrungsmittel, die sexuellen Symptome usw. Das Vorderrad, mit dem wir steuern, ist das Rad von von Boenninghausen: Die Speichen dieses Rades bestehen aus den Lokalisationen, den Empfindungen, den Ausstrahlungen, den Modalitäten und den Begleitsymptomen. Die Lenkung besteht aus der Doktrin des Hierarchisierens und an diesem Steuer befindet sich die Lampe: das besondere Symptom nach § 153. Diese besonderen Symptome werfen ein sehr spezielles Licht auf unseren Weg, bei unserer Suche nach dem am besten passenden Mittel. Dieses eine, am meisten passende Mittel ist die Achse, auf das alle antreibenden Kräfte unseres Fahrzeugs hin entwickelt werden. Dieses Vehikel, unsere Eselsbrücke, nennen wir: die Homöozyklette.

Kapitel 9

Schluß

„Nach Ablauf von sechs Jahren wurde die Zeit der Sprechstunde halbiert. Anstelle von ungefähr 40 Personen saßen da noch 20 und 10 Jahre später noch ungefähr 12, währenddessen ich mehr Patienten hatte.“
A. Vrijlandt

9.1. Anerkennung und dann?

Anerkennung der Homöopathie beinhaltet, daß die Methode in die offizielle Heilkunde Eingang findet. Die Folgen davon können weitgreifend sein. Die Homöopathie hat einige wichtige Gesetzmäßigkeiten und theoretische Einsichten erworben. Wenn man sich damit allen Ernstes auseinandersetzt, sind auf verschiedenen Gebieten Konsequenzen zu erwarten:
Zuallererst für die Patienten, d.h. für uns alle, in den Situationen bei denen wir es mit Krankheit zu tun haben. Die Homöopathie lehrt uns, daß unser Organismus im Zusammenhang mit seiner Umgebung als ein offenes System funktioniert. Unser Organismus bildet ein System, ein Netzwerk von materiellen und nicht materiellen Einheiten, die in einem Zusammenhang funktionieren. Wenn wir gesund sind, befindet sich dieses Netzwerk in einer Entwicklung zu einem höheren Grad der Vollkommenheit hin, was uns ein Gefühl von Wohlbefinden gibt. Das Netzwerk unseres „inneren Milieus“ funktioniert im Zusammenhang mit dem äußeren Milieu, der Natur, von der wir einen Teil ausmachen. Wenn unser inneres und äußeres Milieu untereinander im Gleichgewicht sind, erfahren wir das als eine Harmonie, die unser Wohlbefinden vergrößert. Die Homöopathie hat eine Methode entdeckt, im Fall einer Störung des inneren Milieus oder einer Regulationsstörung des Gleichgewichts zwischen dem Netzwerk des inneren mit dem äußeren Milieu regulierend einzugreifen. Das Funktionieren dieser Netzwerke als Ganzheit muß das Anliegen des heilkundigen Handelns sein. Die Konsequenzen im Fall der Erkrankung müssen wir dann auch soweit als möglich akzeptieren. Hierüber wird sogleich noch zu sprechen sein.
Die wichtigste Änderung in der medizinischen wissenschaftlichen Gemeinschaft wird sein, daß eine Anzahl regulärer Behandlungsverfahren mit einer Anzahl „Quacksalber-Praktiken“ zu einer kontroversen Therapie zusammenschmelzen. Z. B. wird die Behandlung von Infektionskrankheiten nicht mehr standardmäßig durch Antibiotika durchgeführt, dies geht nun auch anders. Bei einer Anzahl Indikationen steht der Gebrauch von Antibiotika ohnehin offiziell zur Diskussion. Der Standard steht nicht mehr fest. Das beinhaltet, daß auf wissenschaftlichem Niveau tiefgehend darüber nachge-

dacht werden muß, worauf der Standard beruht. Die Begriffsbildung über die Frage, was Krankheit und Gesundheit ist, kann hierdurch Veränderungen unterworfen werden. Insbesondere die materialistische Idee von der Krankheit als „kaputtes Organ“ wird Mühe haben, sich zu behaupten. Möglicherweise wird das zu einer Änderung der Standardbetrachtungsweise mancher Erkrankungen und Störungen führen.

Auf dem Gebiet der wissenschaftlichen Untersuchung: Die Verpflichtung der offiziellen medizinischen Wissenschaft gegenüber einer kontroversen Behandlungsweise ist eine ganz andere als gegenüber einer Quacksalber-Praktik. Von letzterer kann man sich ohne viele Argumente distanzieren und man kann die Beweislast für die Wirksamkeit den Quacksalbern überlassen. Bei kontroversen Methoden ist die Heilkunde verpflichtet, ernsthafte Wirksamkeits-Untersuchungen anzustellen. Es werden deshalb offizielle Untersuchungen angestellt werden, um die Effektivität zu testen. Aber auch die mehr theoretisch ausgerichteten Untersuchungen können eine andere Wendung nehmen. Wenn man ein Forschungsprogramm aufstellt, um seriöse Ergebnisse über die Syndromverschiebung und Syndromunterdrückung zu erhalten, liefert dies möglicherweise Ergebnisse einer ganz anderen Art, als die momentan gängigen Untersuchungsprojekte. Es steht zu erwarten, daß die nicht materiellen Anteile, die das Netzwerk des menschlichen Organismus bilden, mehr Aufmerksamkeit erfordern werden.

Eine Neuverteilung der Aufgabenbereiche: Durch neue Erkenntnisse wird die Indikationsstellung für viele Behandlungen anders beurteilt und das beinhaltet eine Umverteilung der Aufgaben in der Gesundheitsfürsorge. Wenn die Homöopathie tatsächlich so effektiv ist, wie sie behauptet, dann bedeutet das, daß die Homöotherapeuten einen Teil der Behandlungen übernehmen sollten. Die technologische Heilkunde realisiert nicht, was sie sich mit der Homöopathie in ihr Haus holt. Die meisten regulären Ärzte und maßgeblichen Leute wissen kaum, was diese Methode wirklich beinhaltet. Wenn die Homöopathie und mögliche andere regulierende Behandlungsmethoden wirklich eingeführt und in vollem Umfang angewendet werden, dann werden sie einen ansehnlichen Teil der technologischen Heilkunde überflüssig machen. Viele akute, vor allem aber chronische und konstitutionelle Störungen werden die technologischen Therapien nicht mehr nötig haben, weil sie in einem frühen Stadium bereits aufgelöst werden können. Und schließlich wird die Gleichstellung der Homöopathie das Durchbrechen der wechselseitigen halsstarrigen Einseitigkeiten beider wissenschaftlicher Richtungen zur Folge haben, so daß irrationale Elemente aufgespürt und geklärt werden können.

9.2. Integration trotz Kontroversen.

Können wir aus der heutigen offiziellen Heilkunde und der Homöopathie eine Gesamtheit bilden? Betrachten wir einmal die wichtigsten Kontroversen, die sich beim Zusammenfügen der Homöopathie und der heutigen technologischen Heilkunde ergeben: die Behandlung von Infektionskrankheiten mit Antibiotika und das Impfen gegen Infektionen.

Bei der Behandlung chronischer Krankheitsbilder mit der homöopathischen Methode zeigt sich, wie wir es im Kapitel 8 gesehen haben, eine sehr interessante Erscheinung: Wenn eine Potenz bei einem chronischen Bild einen Heilungsprozeß in Gang gebracht hat, kann im Verlauf der Wiederherstellung ein akutes Krankheitsbild auftreten, das eine wichtige Funktion zu erfüllen hat. Wenn der Patient dieses akute Bild gut durchsteht, sei es mit oder ohne passende Behandlungsunterstützung, geht er gesünder und gestärkt daraus hervor, was den Verlauf seiner chronischen Störung angeht. Wenn man ein derartiges akutes Krankheitsbild mit eingreifenden Therapien kupiert, folgt ein Rückfall im chronischen Bild.

Letzteres ist eine in der Homöopathie berüchtigte und gefürchtete Situation, weil es meist sehr schwierig ist, hiernach aufs neue eine Besserung der chronischen Krankheit anzuregen. Dies stimmt überein mit unserer Kenntnis der Syndromunterdrückung: Hoher Blutdruck normalisiert sich eine zeitlang nach einer fiebrigen Erkrankung, aber was passiert, wenn man das Fieber unterdrückt? Es gibt eine Verbindung zwischen akuten und chronischen Krankheiten in dem Sinn, daß akute Bilder ein chronisches Bild „einlösen“ können. Und umgekehrt kann die Unterdrückung oder das Nichtzulassen von akuten Krankheitsbildern einen chronischen Verlauf beeinflussen. Welcher Mechanismus steckt hinter dieser Erscheinung? Eine Erklärung in (patho-) physiologischen Begriffen ist hier nicht so einfach zu geben, sicherlich keine, die detailliert genug ist, um den wissenschaftlichen Ansprüchen zu genügen. Wir bedienen uns deshalb eines Modells, einer Hypothese. Wir gehen von einer Infektionskrankheit aus: Ein Individium muß eine bestimmte Bereitschaft haben, um eine Krankheit in seinem Organismus zulassen zu können (der konstitutionelle Nährboden). Weiterhin müssen die Umgebungsfaktoren die Krankheit möglich machen können und es muß ein Erreger vorhanden sein (s. Abb. 39).

Wir kommen zur Hypothese, daß das Durchmachen eines akuten Krankheitsbildes Folgen unterschiedlicher Art hat. Insbesondere die bekannte, nämlich die Entstehung einer Immunität. Aber danach unterstellen wir aufgrund unserer Beobachtung, daß noch unbekannte Reaktionen im Organismus zustande gebracht werden, die für den Organismus von Wichtigkeit sind bei der Verteidigung gegen die Entwicklung chronischer Krankheiten. Diese Prozesse sind unbekannt, aber wir können uns vorstellen, daß es hier um Vorgänge geht, die eine Art von Trainingsfunktion für die Abwehr chro-

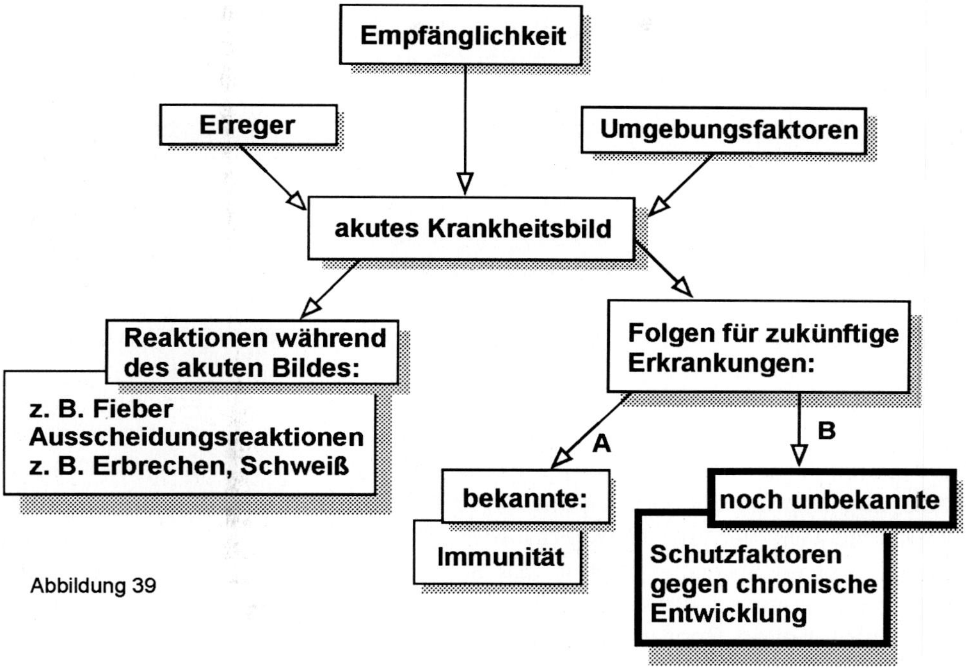

Abbildung 39

nischer Krankheiten haben. Nun stellt sich die Frage: Was passiert bei einer Impfung? In den Begriffen unserer Hypothese lautet die Antwort: Durch das Impfen imitieren wir im Organismus die Reaktionen, die zur Entstehung einer Immunität gegen den Erreger (A in Abb. 39) führen, aber die anderen bis heute nicht erklärbaren Reaktionen, die zur Abwehr gegen die Entstehung von chronischen Krankheiten führen, nicht!

Die Folge hiervon kann dann auch sein, daß durch das Impfen der Widerstand des Organismus gegen chronische Krankheitsbilder nicht aufgebaut wird. Es könnte also wohl so sein, daß das Durchmachen einer akuten Erkrankung auf lange Sicht einen viel höheren Nutzen für den Organismus liefert als eine Impfung. Hiermit soll nicht gesagt werden, daß wir alle Impfungen abschaffen sollten. Ein umsichtiges ausgewähltes Impfen ist sicher zu vertreten. Wir müssen uns fragen, ob es wirklich notwendig ist, daß jeder gegen alles geimpft wird. Für den Gebrauch von Antibiotika gilt dieselbe Beurteilung. Die Anwendung von Antibiotika hat zur Folge, daß dem Organismus der Reiz, nämlich die Bakterien, weggenommen wird, durch den er seinen Verteidigungsmechanismus in Gang setzen will (in Abb. 39, A und

B). Die Folge davon ist, daß sowohl die immunologische Abwehr beschnitten wird als auch andere noch unbekannte Mechanismen, die gegen chronische Krankheiten schützen.
Die Paradepferde der modernen technologischen Heilkunde, die Antibiotika und die Impfungen erscheinen hierdurch in einem ganz anderem Licht. Seit einigen Jahren wird deutlich, daß die Vorteile der Antibiotika überschätzt und die Nachteile unterschätzt worden sind. Die Infektionskrankheiten, von denen man dachte, sie seien durch Antibiotika und Impfungen gebannt, scheinen bereits in der zweiten Hälfte des 19. Jahrhunderts allmählich in ihrer Häufigkeit abzunehmen. Das war lange vor Einführung der Impfungen und Antibiotika. Als wahrscheinlichste Erklärung hierfür nimmt man z. Zt. eine Verbesserung der sozialen und hygienischen Verhältnisse an, Verschwinden der Hungersnöte, verbesserte Wasserversorgung, verbesserte Wohnverhältnisse usw.
George Vithoulkas gibt in einer Schrift „Die Entstehung von Aids aus der Sicht der Homöopathie" eine Fülle von Fakten und Literaturhinweisen an, die diese Behauptung stützen. Es liegen schwerwiegende Hinweise vor, daß das Impfen und der Gebrauch der Antibiotika das Immunsystem des westlichen Menschen so irritiert haben, daß viele neue Erkrankungen überhaupt erst entstehen konnten. Es scheint deshalb, daß das komplizierte Netzwerk unseres menschlichen Organismus mit seinen materiellen und nicht materiellen Bestandteilen durch die populären medizinischen Techniken der letzten Jahrzehnte eher gestört als verbessert wurde. Wir können dies erkennen, wenn wir uns nicht nur auf die Teilaspekte fixieren, die ein krankes Organ betreffen. Wir werden mit folgenden Notwendigkeiten konfrontiert:
1. Wir müssen in unseren Untersuchungsprogrammen unsere Aufmerksamkeit auf diejenigen Mechanismen richten, die gegen chronische Krankheiten schützen, nämlich diejenigen, die beim Durchstehen einer akuten Erkrankung Gestalt annehmen. Dies ergibt die merkwürdige Situation, daß wir zum Verstehen unserer chronischen Krankheiten unsere akuten Erkrankungen besser studieren müssen. Letzteres zieht gleichzeitig die wichtige Konsequenz nach sich, daß wir unsere akuten Erkrankungen mehr und mehr akzeptieren müssen, nicht allein, um sie studieren zu können, sondern auch und vor allem, um unserem Organismus die Chance zu geben, sich zu seinem Vorteil zu entwickeln.
2. Zum zweiten taucht die Notwendigkeit vor uns auf, daß wir Behandlungsmethoden finden müssen, die effektiv, jedoch nicht unterdrückend sind. Die Homöopathie wird hierbei eine sehr wichtige Rolle spielen.
3. Als letztes ergibt sich die Schlußfolgerung, daß wir es lernen müssen, akute Erkrankungen zuzulassen, weil sie zur Entwicklung unseres lebendigen Organismus gehören.

Jeder Mensch hat aufgrund seiner konstitutionellen Veranlagung bestimmte Möglichkeiten und Empfindlichkeiten, die optimal genutzt werden müssen. Wir sollten unseren Kindern die Chance geben, ihre Infekte selbst zu überstehen, und wir müssen sie dabei unterstützen. Wenn das praktische Konsequenzen hat, wie die Verfügbarkeit der Eltern oder Schulversäumnisse, dann müßte sich die Gesellschaft eher anpassen, als daß wir mit roher Gewalt jungen Menschen, die sich in der Entwicklung befinden, ihre Symptome abnehmen zu Gunsten des Produktionsprozesses. Dies gilt ebenso für Erwachsene.

In einem Beispiel sei veranschaulicht, was die standfeste Durchsetzung einer regulierenden Therapie für Konsequenzen haben kann. Vor einigen Jahren behandelte ich einen Patienten, einen Physiotherapeuten, der ein Ekzem an seinen Händen hatte. Von Zeit zu Zeit wendete er verschiedene Salben an, weil er sonst nicht in der Lage war, seine Arbeit zu verrichten. Danach klagte er über allgemeine Schwäche und Müdigkeit und Nachlassen von Interesse und Initiative. Nach verschiedenen Korrekturen seiner Ernährungsgewohnheiten und homöopathischer Behandlung fühlte er sich viel besser, aber sein Ekzem kam sehr stark zum Ausbruch. Dieses brachte ihn in Konflikt mit seinem Arbeitgeber, der es wohl richtig fand, sich homöopathisch behandeln zu lassen, der aber auch eine schnelle Rückkehr in den Arbeitsprozeß verlangte.

Nach einigen Monaten sah ich diesen Mann wieder, ohne Ekzem, aber mit den selben Beschwerden wie vorher: Er fühlte sich sehr miserabel. Er hatte die Wahrheit des Gesetzes von Hering am eigenen Leibe erfahren und erfuhr nun, wie er durch gesellschaftliche Umstände gezwungen war, sein persönliches Wohlergehen zu opfern, allein deshalb, weil ihm keine Zeit vergönnt war, seine Symptome zu entwickeln. Es war ein ernsthaftes Gewissensproblem, sich wieder für die Salbenbehandlung zu entschließen. Vielleicht erscheint es unhaltbar, auf diese Weise Prioritäten zu setzen. Es scheint so, als wolle man die Uhr zurückdrehen zur Zeit vor der üppigen Blüte der modernen Wissenschaft. Wenn wir das Recht auf Gesundheit haben, haben wir auch die Pflicht zur Vorsorge und Heilung. Viele werden aufatmen, wenn sie erfahren, daß diese Pflichten der Entwicklung ihres Lebenslaufs einen Sinn geben und daß dies etwas Wertvolles ist.

Ausgehend von dem Gedanken, daß das kausal-analytische Denken und das Systemdenken sich gegenseitig ergänzen, müßte es möglich sein, die therapeutischen Systeme, die jede dieser Denkweisen hervorgebracht hat, auch dergestalt miteinander in Zusammenhang zu bringen, daß sie sich gegenseitig befruchten. Die Frage ist hier, ob eine inhaltliche Integration, das bedeutet ein inhaltliches Sich-Gegenseitig-Aufnehmen, möglich ist. Dies kann für beide Seiten sehr gewinnbringend sein. Die praktische Ausübung der technologischen Heilkunde führt zu Therapien, die unterdrückend

wirken im Sinn des Gesetzes von Hering. Beispielsweise die Anwendung von Antibiotika bei Ausscheidungsreaktionen wie Furunkel, Mandelentzündungen, Fisteln und anderen eitrigen Prozessen und das Wegbehandeln von Hauterscheinungen. Kurzum: die Behandlung von Teilbereichen und die Beurteilung der Behandlung der Teilbereiche. Die Homöopathie kann keinen Teilbereich behandeln, sie ist gezwungen, das Ähnlichkeitsgesetz und das Gesetz von Hering auf den Gesamtorganismus mit seinen materiellen und immateriellen Äußerungen während des Heilungsprozesses zu berücksichtigen. Das bedeutet, daß diese beiden einander wesensfremden Therapieformen kaum in einem System untergebracht werden können. Das beinhaltet, daß sie inhaltlich in den meisten Fällen schlecht in Frieden und gegenseitigem Respekt vor ihren Indikationsgebieten nebeneinander funktionieren können. An dieser Stelle sei an Kapitel 7 erinnert, in dem die Indikationsgebiete der Homöopathie besprochen wurden. Dies gilt generell für all diese Behandlungsmethoden.
Die diagnostischen Errungenschaften der technologischen Heilkunde können in Zusammenarbeit mit der Homöopathie und anderen regulierenden Therapien sehr gut angewendet werden. Dasselbe gilt für mechanische oder mechanisch gewordene Störungen und Resultate von Krankheitsprozessen. Ebenso für Eingriffe bei Unfällen. Vorrang haben die Homöopathie und andere regulierende Behandlungsmethoden bei der Behandlung der Erkrankungen im energetischen Sinne, so wie es in den vorangegangenen Kapiteln ausführlich besprochen wurde. Der einzige Maßstab für die Heilung, die die Homöopathie akzeptiert, ist das Gesetz von Hering. Die Homöopathie wird dann auch notgedrungen bei jeder Art von Zusammenarbeit mit welcher Therapie auch immer die Beachtung des Gesetzes von Hering verlangen. In der Praxis bedeutet das, daß bei der Erstuntersuchung eines jeden Patienten mit einem medizinischen Problem entschieden werden muß, welche Behandlungsmethode angezeigt ist. Die Homöopathie ist der Auffassung, daß bei jedem Heilauftrag, den man sich als Arzt stellt, zuerst eine Regulationstherapie versucht werden sollte. D. h.: Eingreifende Therapien müssen zugunsten von regulierenden Therapien nachrangig sein. Die Homöopathie bewegt sich aufgrund ihrer besonderen und breit angelegten Diagnostik und Therapie auf einem Niveau, das aus der Sicht des Systemdenkens sehr weit oben in der Hierarchie menschlicher Möglichkeiten angesiedelt ist.
Daraus entlehnt sie ihr Argument, die Anfangsmethode bei der Behandlung von Krankheiten zu sein. Die Homöopathie ist mit großem Vorsprung die Methode der ersten Stunde. Was bleibt dann von unserer Integration übrig? Verschiedene Methoden, die inhaltlich nur nacheinander funktionieren können, können organisatorisch natürlich sehr wohl in ein System nebeneinander plaziert werden. In dieses System passen sie dann auf der Grundlage

anderer offensichtlicher Eigenschaften, nämlich der gemeinsamen Zielsetzung in eine gesellschaftliche Organisation aufgenommen zu sein, die so effektiv als möglich die Heilung von Menschen zustande bringen kann. Die organisatorische Integration der verschiedensten heutigen Methoden in die gegenwärtige medizinische Lehre und die praktische Gesundheitsfürsorge wird die gegenseitige befruchtende, wissenschaftliche Annäherung und Anwendung fördern.
Auf diese Weise kann man allen möglichen irrationalen Praktiken, die die Folge von halsstarrigen Einseitigkeiten in den verschiedenen Heilmethoden sind, auf die Spur kommen. Dies alles zum Vorteil der Volksgesundheit. Nun können wir erwarten, daß diese Veränderungen Wurzeln schlagen werden. Wenn neue Einsichten die alten ersetzen, bedeutet das, daß wir den alten Lebewohl sagen müssen, daß wir einen Verlust zu verschmerzen haben. Die Reaktion auf einen Verlust kennen wir gut, wenn wir z.B. eine Idee, die wir entwickelt haben, nicht ausführen können. Wir wollen alles organisieren und alles unternehmen, um auf Biegen und Brechen einer Idee Gestalt zu geben. Nun treten Hindernisse in den Weg. Erst denkt man dann: „Es muß doch gelingen" – man erkennt die Beschränkung. Danach wird man irritiert oder böse: „Verflixt, warum glückt es denn nicht!" Danach untersucht man, ob Zwischenlösungen möglich sind: „Wenn es so nicht geht, dann glückt es möglicherweise, wenn ich es etwas anders anpacke." Wenn es am Ende doch mißlingt, heißt es dann „Mir glückt doch auch gar nichts."
Letzten Endes sehen wir ein, daß es unmöglich ist, daß wir zu hoch gegriffen haben, oder daß die Umstände widrig waren. Dies sind die fünf Stadien, die als Reaktion auf einen Verlust oder traurige Nachrichten auftreten können: Erkenntnis, Wut, Hadern, Trauer, Annehmen. Diese Reaktionen zeigen sich auch, wenn jemand, der in der technologischen Heilkunde geschult ist, entdeckt, daß die geltenden Einsichten, die man mit viel Einsatz zu seinen eigenen gemacht hat, nur sehr beschränkten Wert haben und genau besehen sogar teilweise unbrauchbar sind.
Letzteres passiert einem Schulmediziner, der die Homöopathie kennenlernt. Die erste Reaktion ist: „Das kann doch wohl nicht wahr sein, das ist Unsinn." Wenn man sich ganz in die Methode vertieft und entdeckt, daß doch wohl mehr daran ist, denkt man: „Vielleicht bietet sie doch etwas Brauchbares, wenn sich die Gelegenheit bietet, aber die Hauptsache bleibt doch das, was ich auf der Universität gelernt habe." Wenn ich danach die Gedanken und Erfahrungswelt wirklich durchdrungen habe, die hinter der Homöopathie steckt und mir realisiere, daß die Kenntnis der technologischen Richtung in Wahrheit über viele Lebensprozesse entgegengesetzter Ansicht ist, denke ich: „Habe ich all die Jahre auf der Universität dafür gearbeitet, hätten sie mir dort nicht etwas über die Homöopathie erzählen können, dann hätte ich früher mit meinem Materia medica-Studium beginnen können. Davon hätte

ich nun sehr viel Nutzen gehabt." Zum Schluß wird die Denkweise der Homöopathie in das medizinische Wissen integriert und man begreift, daß beide Arten des Denkens positive und brauchbare Elemente haben.
Bei den Kursteilnehmern homöopathischer Fortbildungskurse kann man diese Art der Reaktion ebenfalls beobachten. Zunächst Skepsis: „Erst einmal sehen, um was für eine Methode es sich handelt." Wenn man dann sieht, welchen wirklichen Tiefgang die Methode hat, kommen Reaktionen und Diskussionen auf.
Wenn im weiteren Verlauf Hahnemanns Ideen und Beobachtungen vorgestellt werden, beispielsweise die Miasmenlehre mit der Erscheinung der Syndromverschiebung, dann nimmt der Unglaube und die Skepsis stark zu. Wenn man als Dozent zu starken Wert legt auf die Darstellung überraschender Ergebnisse oder auf die Nachteile unterdrückender Effekte der technologischen Methode, dann ergeben sich leicht aggressive Fragen: „Das kann man nun leicht sagen, aber es sind doch sicher keine Doppelblind-Untersuchungen angestellt worden." Vereinzelt werden dann abfällige Ansichten laut.
Die Depression äußert sich dann in Bemerkungen wie: „Es ist mir doch zu kompliziert, ich habe als Hausarzt keine Zeit, um Stunden mit meinen Patienten zu verbringen." Oder: „Meine Patienten wollen gerne schnelle Resultate sehen, darum kann ich mich nicht mit dem Gesetz von Hering aufhalten." Am Ende kommt man jedoch meistens wieder mit seinen Füßen auf den Boden.
Jetzt, wo die Homöopathie an Popularität gewinnt, können wir auch beobachten, wie in der Allgemeinheit das Abschiednehmen von Denkmodellen, die man lange gehegt und gepflegt hat, zu entsprechenden Reaktionen führt. So blieb beispielsweise die klinische Homöopathie stecken im Stadium der Erkenntnis und des Feilschens. Die Anwendung von Komplexmitteln ist ein deutliches Beispiel von Feilschen: „Das Alte nicht lassen um des Neuen willen." Die Aggression erfahren wir natürlich besonders von Seiten der engagierten Gegner: Vorhaltungen, daß Homöotherapeuten Quacksalber seien, die unwissende Patienten mißhandeln. „Das müßte verboten werden." Wenn die Homöopathie klar darstellen kann, daß sie in mancher Hinsicht den technologischen Therapien überlegen ist, besonders der Pharmakotherapie mit chemischen Mitteln, dann werden auch diejenigen reagieren, die für den Arzneimittelhandel maßgebend sind. Von seinen Interessen und Belangen Abstand zu nehmen ist in vieler Hinsicht noch schmerzlicher, als von Denkmodellen Abschied zu nehmen. Es ist zu erwarten, daß die pharmazeutische Industrie in dem Sinne reagiert, daß sie aggressivere Reklame für chemische Produkte macht oder sich als Trittbrettfahrer betätigt, indem sie „natürliche" oder sogar „homöopathische" Mittel auf den Markt bringt. Der Verbraucher sollte auf der Hut sein.

9.3. Die Wunschliste der Homöopathie: ein Ende der Zersplitterung.

Um das wahrzumachen, was in den vorigen Paragraphen entworfen wurde, muß die Homöopathie erst zeigen, was sie wert ist. Dies kann sie am besten, wenn die Umstände günstig sind. Bislang ist es immer so gewesen, daß die Homöopathie eine Minderheitsmethode war. Die homöopathischen Ärzte und die homöopathisch arbeitenden Heilpraktiker arbeiteten immer parallel zur sogenannten regulären Heilkunde. Viele Patienten erzählten ihrem Hausarzt nicht, daß sie sich homöopathisch behandeln ließen.
Die Homöopathie hat sich bis vor kurzem sehr bescheiden zurückgehalten. Es gab keine solide Ausbildung oder gute, leicht zugängliche Aufklärung. Diejenigen, die sich mit der Homöopathie beschäftigten, waren rein zufällig mit ihr in Kontakt gekommen. Wenn sie half, hielt man seinen Mund, weil einem doch nicht geglaubt wurde. Diese Minderheitsposition auf einer Parallelspur hatte einen nachteiligen Einfluß auf die Qualität der homöopathischen Arbeit im allgemeinen und vor allem auf die Verbreitung der homöopathischen Kenntnis. Es ist von größter Bedeutung, daß Menschen mit Talent für die Homöopathie untereinander in Kontakt kommen, um ihr gemeinsames Niveau zu verbessern.
Die Homöopathie ist eine sehr mächtige Methode, und sie ist auch eine sehr schwierige Methode, deshalb ist es notwendig, daß das homöopathische Wissen ausgetauscht wird, und daß Probleme mit vereinten Kräften gelöst werden können. Damit erreichen wir, daß sie nicht länger eine Methode von Einzelgängern bleibt, die nur aus ihren eigenen Fehlern durch Schaden klug geworden sind. Weiterhin sollte es nicht so sein, daß der Wert einer Methode am Prestige irgendwelcher einzelner Therapeuten gemessen wird. Um zu erkennen, was eine Methode wirklich kann, sollten wir die Resultate der am meisten erfolgreichen homöopathischen Therapeuten beurteilen und ein Niveau anstreben, daß mit diesem zu vergleichen ist. Um das zu erreichen, ist ein Netzwerk von Kontakten erforderlich, worin effektive Kenntnis und Erfahrung ausgetauscht werden kann. Erfolge und Mißerfolge müssen besprochen werden.
Die Unterweisung in der Homöopathie muß in die medizinische Ausbildung eingebaut werden, so daß das Verständnis für die Methode das bislang vorhandene Vorurteil ersetzen kann. Ärzte, die die Methode selbst nicht anwenden wollen oder können, sollten in jedem Fall soweit darüber aufgeklärt werden, daß sie wissen, was daran anders ist, damit sie mit ihrer technologischen Therapie die Heilung eines homöopathisch behandelten Patienten nicht beeinträchtigen. Einige Möglichkeiten, die verwirklicht werden können, um dieses Ziel zu erreichen, sind folgende: An verschiedenen Orten sollten Zentren eingerichtet werden, wo eine Gruppe homöopathischer Ärzte zusammenarbeitet. Dies hat den Vorteil, daß ein schneller Aus-

tausch von Kenntnissen und Erfahrungen zustande kommt. Talentierte Therapeuten können als Vorreiter fungieren, um das gesamte Niveau der Behandlungsweise zu verbessern. Durch die Zusammenarbeit können Notdienste eingerichtet werden, so daß das Zentrum auch dann erreichbar ist, wenn sich plötzliche Wendungen im Heilungsprozeß der Patienten ergeben. Hausärzte aus der Region können auf diese Zentren zurückgreifen, wenn sie eine homöopathische Behandlung zu zeitraubend oder zu schwierig finden.

Letzten Endes haben Hausärzte eine große Anzahl von Aufgaben zu erfüllen, wodurch sie ihre Zeit einteilen müssen und sich nicht rund um die Uhr der Homöopathie widmen können. Wenn die Homöopathie den vollen Umfang ihrer Leistungsfähigkeit demonstrieren kann, wird deutlich werden, daß auch ernste Erkrankungen für diese Behandlungsweise in Frage kommen.

Hierfür ist es jedoch nötig, daß die Behandlungen unter kontrollierten Umständen stattfinden, d. h.: in einem Krankenhaus. Auch die Behandlung bettlägeriger Patienten erfordert eine Pflege, die nur in einem Krankenhaus mit einer homöopathischen Behandlung kombiniert werden könnte. Vielleicht wird es langfristig durchführbar sein, daß mehrere Krankenhäuser eine homöopathische Abteilung haben, oder daß eine Anzahl homöopathisch ausgebildeter Ärzte in Zusammenarbeit mit den technologischen Organspezialisten homöopathische Behandlungen durchführen. Beim heutigen Stand der Dinge sollte jedoch auch, was dies betrifft, vorläufig der Sammlung von Kräften in einem homöopathischen Krankenhaus der Vorzug gegeben werden. Wenn die Homöopathie Gemeingut werden soll, spielt die Zentralisierung keine Rolle mehr.

Wenn auf diese Weise die Organisation der Homöopathie Gestalt annimmt, wird es auch viel leichter sein, auf die endlos wiederholten Forderungen nach Forschungstätigkeit zu reagieren. Es ist nicht einfach, als Therapeut ganz allein wissenschaftliche Untersuchungen anzustellen. Doch war dies stets die Bedingung für die Anerkennung durch die etablierte Medizin. Die Kombination von Behandlung in der Klinik mit wissenschaftlicher Forschung und Ausbildung ist in der Tat seit alters her die Zielstellung der Universitäten. Unser Ziel muß es deshalb letztendlich sein, in den medizinischen Fakultäten unserer Universitäten eine homöopathische Abteilung ins Leben zu rufen.

9.4. Der zukünftige Weg.

Hippokrates kommt die Ehre zu, Vater der Heilkunde genannt zu werden. Er verdankt es seiner wissenschaftlichen Einstellung. Er hat als erster die Erscheinung der Krankheit aus ihrer magischen Sphäre geholt. Er beobachtete, beschrieb und suchte Zusammenhänge, die zu durchschauen sind.

Das bedeutet: Er versuchte übernatürliche und magische Erklärungen für Erkrankungen durch konkrete Beobachtungen und Schlußfolgerungen zu ersetzen. Er formulierte ein Modell, womit er zu Erklärungen dessen kommen konnte, was er wahrnahm: die Humoralpathologie. Bis zur Renaissance hat diese Humoralpathologie das medizinische Denken neben Resten des magischen Denkens beherrscht, das im Mittelalter noch vorhanden war. In der Renaissance und der Aufklärung, mit ihrer Blüte der Naturwissenschaften wurden bessere Erklärungen für die Krankheitserscheinungen gefunden. Das magische Denken wurde demaskiert, die Humoralpathologie wurde ersetzt durch ein besseres Modell: der Mensch als Maschine. Mit Hilfe der Physik und Chemie scheinen der Mechanismus des menschlichen Lebens und die hinderlichen Störungen, die Krankheiten, völlig in ein Erklärungssystem zu passen. Gegenwärtig stellt die Biotechnologie mit ihrer DNS-Manipulation die Krönung dieser Entwicklung dar. Sind wir nun endlich beim krankheitsfreien Menschen angelangt? Haben wir die Endzeit erreicht? Und gerade jetzt steckt dieses eigenwillige Stiefkind der Heilkunde, das häßliche junge Entlein, die Homöopathie, ihren Schnabel in anderer Leute Dinge und drückt uns mit der Nase auf die Tatsachen: Die Materie scheint kein Geheimnis mehr zu haben, aber aller wissenschaftlichen Erkenntnis zum Trotz gibt es noch keine Erklärung für die Erscheinung der Ersatzkrankheiten. Syndromverschiebung und -unterdrückung bleiben mysteriös. Fallen wir nun zurück in das magische Denken mit der Anwendung unserer Streukügelchen und Tröpfchen, in denen „nichts" enthalten ist? Im Gegenteil, der pragmatische Ansatz der Homöopathie hält uns mit beiden Beinen auf dem Boden. Es war ein großer Schritt vorwärts vom magischen Denken über die Humoralpathologie zu der naturwissenschaftlichen Erkenntnis mit ihrer tiefen Einsicht in die Struktur der Materie. Es wird noch ein weit größerer Schritt nötig sein, um von unserer Kenntnis der Materie zur Erkenntnis des Immateriellen zu kommen, das nun gerade für das Lebendige so wichtig ist. Wer diesen Schritt zustande bringt, mag sich mit Recht als Nachfolger Hahnemanns bezeichnen.

Literatur

Allgemein

Es gibt zahlreiche einführende Werke in die Homöopathie. Die meisten dieser Bücher enthalten vornehmlich praktische Tips für allerlei Erkrankungen. Vorangestellt ist eine knappe Einleitung über die homöopathische Methode. Einige Bücher, in denen die Methode umfassender dargelegt wird, sind:

Köhler, G., Lehrbuch der Homöopathie. Hippokrates Verlag, Stuttgart, 1983 (2. Aufl.)

Vithoulkas, G., Die wissenschaftliche Homöopathie. Ulrich Burgdorf, Göttingen, 1986

Voegeli, A., Heilkunst in neuer Sicht. Haug Verlag, Heidelberg, 1978 (3. Aufl.)

Quellen-Literatur

Die Homöopathen der ersten Stunde haben viele Bücher und Beiträge verfaßt. Die bedeutendsten Werke, die man gelesen haben sollte, um die Homöopathie und ihre Entwicklung zu verstehen, sind:

Hahnemann, C.F.S., Organon der Heilkunst. Barthel & Barthel Verlag, Hohenschäftlarn

Hahnemann, C.F.S., Die chronischen Krankheiten. Dresden/Leipzig, 1835. Barthel & Barthel Verlag, Hohenschäftlarn

Kent, J. T., Prinzipien der Homöopathie, Barthel & Barthel Verlag, Hohenschäftlarn

Kent, J. T., Kent`s Arzneimittelbilder. Haug Verlag, Heidelberg, 1977 (2. Aufl.)

Repertorien

Kent, J. T., Kent`s Repertorium Generale, Barthel & Barthel Verlag, Hohenschäftlarn

Boenninghausen, C.M., Homöopathisches Taschenbuch, 1905

Historische und biographische Hintergründe

Haehl, R., Samuel Hahnemann, sein Leben und Schaffen, Dr. Willmar Schwabe, Leipzig, 1922

Kottwitz, F. Boenninghausens Leben. Barthel & Barthel Verlag, Schäftlarn, 1985

Die übrige Literatur nach Kapiteln

Kapitel 1

Über die Ersatzkrankheiten wurde in den letzten Jahrzehnten nur wenig publiziert. Im Kapitel 1 wurden folgende Arbeiten benutzt:

Allendy, R., Les substitutions morbides. Annales Homeopathiques de l`hôpital de St. Jacques, IV (1932–1938), pag. 375–393
In diesem Artikel werden zahlreiche Beispiele von Ersatzkrankheiten aufgeführt, von denen einige im Text erwähnt werden. Darüber hinaus nennt der Autor zahlreiche Veröffentlichungen aus dem vorigen und dem Beginn dieses Jahrhunderts über dieses Thema.

Beck, D., Krankheit als Selbstheilung; wie körperliche Krankheiten ein Versuch zu seelischer Heilung sein können. Insel Verlag, Frankfurt am Main, 1981
– erwähnt u. a. die Anekdote über Kafka (Kap.7)

Boer-Siccama, S.M. de, Stokvis, B., Experimentele syndroomverschuiving in hypnotische toestand. Nederlands Tijdschrift voor Geneeskunde, 106. I 26. 1962, pag. 1336–1340

Groen, J.J., Bastiaans, J., Valk, J.M. van der, Syndroomverschuiving en onderdrukking. Nederlands Tijdschrift voor Geneeskunde, 102. I 13. 1958, pag. 616–625
Von diesen Autoren wurden die Definition und einige Beispiele der Syndromverschiebung und Syndromunterdrückung übernommen.

Groen, J.J., Clinical research in psychosomatic medicine. Hoofdstuk 19, Syndrome shift, Van Corcum, Assen, 1982

Hippocrates, Die Aphorismen des Hippocrates. Herausgegeben von C. v. Boenninghausen. Unveränderter Nachdruck der Ausgabe 1863, Burgdorf, Göttingen, 1979
Über den Sprachgebrauch in der Heilkunde und über die Notwendigkeit der Diagnosestellung und des Benennens eines Syndroms wurde folgende Literatur zu Rate gezogen.

Leiber, B., Olbrich, G., Die klinischen Syndrome. Urban & Schwarzenberg, München–Wien–Baltimore
– Hierin werden über 2500 Syndrome besprochen.

Everdingen, J.J.E. van., Holle boomstammen in de geneeskunde. Bohn, Scheltema en Holkema, Utrecht/Antwerpen, 1983
– Bespricht in amüsanter Weise, wie in der Heilkunde mit der Sprache und mit Begriffen umgegangen wird.

Internationale Klassifikation der Krankheiten (ICD), Band I Teil A. W. Kohlhammer, Köln, 1988

– Hier findet man neben der Klassifikation der Erkrankungen auch eine Einleitung über die Geschichte der Klassifikation von Todesursachen und Erkrankungen.

Wulff, H.R., Andur Pedersen, S., Rosenberg, R., Filosofie van de Geneeskunde. Bunge, Utrecht, 1988

– Hierin wird u. a. besprochen, warum eine Diagnosestellung in der regulären Heilkunde ein notwendiges Übel ist, um in Relationen von Ursache und Wirkung zu denken, um so zu einer Therapie zu kommen.

Kapitel 2

Debats, F.J.M., Kernpunten uit de homeopathie, Homeopathisch tijdschrift, 1985, nr. 1 en 6

Paracelsus, Th., Das Buch Paragranum. Paracelsus Werke, Band I Medicinische Schriften. Schwabe & Co., Basel/Stuttgart, 1965. Zitiert nach Voegeli, Heilkunst in neuer Sicht (siehe Literatur allgemein).

Weizsäcker, Victor von; Gesammelte Schriften 6. Suhrkamp Verlag, Frankfurt am Main, 1986

Kapitel 5

Krack, N., Biotypen, Haug Verlag, Heidelberg, 1980

Rudin, R. en Svärdsudd, K., Otitis media and well-being in a male population in Gothenburg, Acta Otolaryngol, 1987, pag. 454–462

Tendeloo, N.Ph., Gestel en ziekte; Clinische lessen. Nederlands Tijdschrift voor Geneeskunde, 72, II, 29, pag. 3524–3533

Vannier, L., Les tuberculiniques et leur traîtement homéopathique. Doin, Paris, 1958

Kapitel 6

Ackoff, R.L., Redesigning the future, a systems approach to social problems, New York, 1974. zitiert aus: Kramer en de Smit, Systeemdenken.

Bertalanffy, L. von., General system theory. Braziller, New York, 1968

Frankl, V., The will to meaning, Souvenir Press, London, 1971

Hanken, A.F.G., Reuver, H.A., Inleiding tot de systemleer. Stenfert Kroese, Leiden/Antwerpen, 1978

Hartman, W., Roos, J., Methoden voor Systeemonderzoek. Kluwer, Deventer, 1983

Kramer, N.J.T.A., Smit, J. de, Systeemdenken. Stenfert Kroese, Leiden/Antwerpen, 1982

Kramer, N.J.T.A., Systeem in probleem. Stenfert Kroese, Leiden/Antwerpen, 1978

Sattler, R., Biophilosophy, Springer Verlag, Berlin, 1986

Sheldrake, R., Das schöpferische Universum, Meyster Verlag, München 1983
Sturmans, F., Epidemiologie. Dekker & van de Vegt, Nijmegen, 1982
Vries, M.J. de, Systeemtheorie en algemene ziekteleer I en II. Medisch Contact, 50, 1979, pag. 1585–1588 en 51, 1979, pag. 1621–1679
Vries, M.J. de, Het behoud von leven. Bohn, Scheltema en Holkema, Antwerpen–Utrecht, 1985
Vries, M.J. de, The redemption of the intangible in medicine. Psychosynthesis monographs, London, 1979

Kapitel 7

Bakker, L.F., Kwakzalverij en het onbevoegd uitoefenen der geneeskunst. Van Gorcum, Assen, 1969
Blecourt, J.J. de., Magie, herinneringen van een reumatoloog. Reuma en trauma, 12, 4, 1988, pag. 13
Buchinger, O., Das Heilfasten. Hippokrates Verlag, Stuttgart, 1977
Chalmers, A., Wat heet wetenschap. Boom, Meppel, 1976
– Dieses Buch beschäftigt sich eingehend mit der Auffassung, daß der wissenschaftliche Fortschritt nicht einfach durch ständiges induktives Wahrnehmen oder durch Widerlegen von Hypothesen zu erklären ist.
Commissie alternatieve geneeswijzen, Alternatieve geneeswijzen in Nederland. Staatsuitgeverij, Den Haag, 1981
Cooke, R.M., Geloof in wetenschap. Van Gorcum, Assen, 1983
Debats, F.J.M., De slag om de alternatieven. Medisch Contact, 1983, 14, pag. 407–410
Everdingen, J.J.E. van, Consensusontwikkeling in de geneeskunde, Bohn, Scheltema en Holkema, Utrecht/Holkema, 1988
Feyerabend, P., In Strijd met de methode. Boom, Meppel, 1975
Flury, R., Realitätserkenntnis und Homöopathie. Flury-Lemberg, Bern, 1979
– Befaßt sich u.a. mit einer Sicht der Wirklichkeit, die an Aristoteles angelehnt ist, mit der Einteilung in die Wirklichkeit an sich, die Wahrnehmungswirklichkeit und die Begriffswirklichkeit.
Geurts, J.P.M., Feit en theorie. Van Gorcum, Assen, 1978
Have, H. ten., Geneeskunde en filosofie. De Tijdstroom, Lochem, 1983
– Behandelt u.a. die Auffassungen über Miasma und Ansteckung bei epidemischen Erkrankungen.
Keller, G. von, Über Erstwirkungen und Nachwirkungen, Zeitschrift für klassische Homöopathie, 31, 3, pag. 118–126
Kuhn, Th., De struktuur van wetenschappelijke revoluties. Boom, Meppel, 1979
Mellenbergh, G.J., Wetenschapsopvattingen en alternatieve geneeswijzen. Medisch Contact, 1982, 51–52, pag. 1629–1632

Ortega y Gasset, J., De opstand der horden. Leopold, `s–Gravenhage, 1971 (14e druk), pag. 85

Peursen, C.A. van., De opbouw van de wetenschap. Boom, Meppel, 1980
– Behandelt eindrucksvoll die heuristischen und vorwissenschaftlichen Strategien, um zur Erkenntnis zu kommen. Zeigt, wie das Betonen von operationellen Definitionen in der Wissenschaft als Machtmittel gebraucht werden kann.

Querido, A. en Roos., J., Controversen in de geneeskunde, Binge, Utrecht, 1980

Sprang, B. van., Wegwijs in het zonnestelsel. Stichting Universum, Utrecht, 1988

Kapitel 9

Chaitow, L., Vaccination and immunization: dangers delusions and alternatives. The C.W. Daniel Company, Saffron Walden, 1987

Coulter, H.L. and Fisher, B.L., DTP, a shot in the dark. Harcourt Brace Janovich, San Diego–New York–London, 1985
– Beide Bücher versuchen eine andere Sicht über die so einseitig angepriesenen Impfungen gegen Kinderkrankheiten zu geben und die tatsächlichen Vor- und Nachteile gegeneinander abzuwägen.

Coulter, H.L., Aids and Syphilis, the hidden link. North Atlantic Books, Berkeley, 1987

Vithoulkas, G., Het ontstaan van AIDS in het licht van de homeopathie. Elmar, Rijswijk, 1989
– Randbemerkungen über den Gebrauch von Antibiotika und die möglichen Folgen für das Immunsystem durch Unterdrückung und Syndromverschiebung in Richtung anderer, ernsterer Krankheitsformen.

Kübler-Ross, E., Lessen voor de levenden. Ambo, Bern 1985

Herkunft der Zitate am Beginn der Kapitel

Einleitung

Ortega y Gasset, J., De opstand der horden. Leopold, `s-Gravenhage, 1971 (14e druk), pag. 85
Kapitel 1 und 7: Kosmos citatenboek. Kosmos, Utrecht/ Antwerpen, 1989 De citaten van Merz, Kraus, Blake en Einstein.
Kapitel 2: Aristoteles, Metaphysik, Buch Alpha. Zitiert aus: Dussen, M. van der, Aristoteles. Servire, Katwijk, 1979
Boerhave, H., Opuscula selecta I. Zitiert aus: Meerloo, A.M., Het ziektebegrip in verleden en heden. Nederlands Tijdschrift voor Geneeskunde, 76, IV, 49, 1932, pag. 5567–5578 en 77, II, 22, 1932, pag. 2511–2525
Kapitel 3: Geukens, A., Homöopathische Praxis I. V.Z.W. Centrum voor Homeopathie, Hechtel, 1988
Kapitel 4: Hahnemann, C.F.S., Die chronischen Krankheiten. Dresden/Leipzig, 1835. Nachdruck Haug Verlag, Heidelberg, 1979
Kapitel 5: Riet, A. van `t, Over wetenschappelijkheid. VSM-Medisch. maandbericht voor artsen, 1988, 4, pag. 4
Kapitel 6: Angyal, A., A Logic of systems. In: Emery, F.E., Systems thinking, Penguin Books, New York, 1976. pag. 40
Kapitel 8: Vithoulkas, G., Het ontstaan van AIDS in het licht van de homeopathie. Elmar, Rijswiijk, 1989. pag. 166–167
Kapitel 9: Kusse, F., Een gesprek met dokter A. Vrijlandt. Tijdschrift Homeopathie, 97, 1, 1986, pag. 9

Hahnemann, S.

Organon original

1996, Letzte von Hahnemann autorisierte Auflage
312 Seiten, in moderner Schrift, jetzt Hardcover,
DM 26,-, SF 24,10, öS 185,- / ISBN 3-88950-014-5

Hahnemann legte mit diesem Werk den Grundstein, auf dem das Gebäude der Homöopathie steht. Zweifellos ist es das wichtigste Buch der homöopathischen Lehre. Es wird von den einzelnen Schulen der Homöopathie wie die Bibel zitiert, aber auch immer wieder verschieden ausgelegt. Nur wer dieses Buch kennt, kann sich ein Bild von Hahnemann, seinem Wissen und seinem Wollen machen.
Das Organon bildet, da die Theorie die Voraussetzung zum Therapieren ist, die Grundlage aller theoretischen Überlegungen. Hahnemann hat in fast 300 Paragraphen mit den dazugehörigen Anmerkungen die Homöopathie, nämlich das Heilen nach dem Ähnlichkeitsgesetz, dargestellt, wie etwa in Erklärungen über einseitige Krankheiten und ihre Therapie, über die Wechselwirkungen, die Problematik der Anamnese-Erhebungen, über das Risiko der komplexen Medikamenten-Mischungen etc. Die gesamten therapeutischen Prinzipien der Homöopathie werden von Hahnemann in dieser grundlegenden Schrift vermittelt.
Ein zeitlos bedeutendes Werk und unabdingbar für jeden, der Homöopathie „erkennen“ und erlernen will, um „sanft, schnell, gewiß und dauerhaft“ (S. Hahnemann) zu heilen.
Es ist die „Bibel“ der Homöopathen.

Chronische Krankheiten

Theoretischer Teil

1996 Neudruck, DM 37,-, SF 34,-, öS 260,-, ISBN 3-88950-005-6

Die grundsätzlichen Überlegungen Hahnemanns zu den chronischen Erkrankungen und deren Heilbarkeit sind in dieser theoretischen Abhandlung enthalten. Er legt hier seine „Miasmenlehre“ dar, ein in nächster Zeit aktuelles und brisantes Diskussionsthema.
Dr. med. Jost Künzli von Fimmelsberg schreibt im Vorwort zu diesem Buch: „Hahnemanns drei chronische Krankheiten sind Psora, Syphilis und Sykosis. Die Syphilis ist jedem Mediziner geläufig. Hahnemann weicht nicht vom allgemein-medizinischen Standpunkt ab. Die Sykosis ist schon eher Eigengewächs der Homöopathie, wiewohl hier im Reiter'schen Syndrom durchaus Ansätze für das Verständnis der Sykose auch beim Schulmediziner vorhanden sind. Die Psora, die weitaus verbreitetste unter den dreien, aber ist dem Schulmediziner völlig unbekannt. Hahnemann sieht sie eindeutig als chronischen Infekt an. Was wissen wir denn sonst über das Wesen der chronischen Krankheiten? ... Weiter begreifen wir nach dem Studium dieses Werkes auch das Verhältnis zwischen akuten und chronischen Krankheiten. ‚Organon’ und ‚Chronische Krankheiten, Theoretischer Teil’ gehören zusammen studiert. Das eine ergänzt das andere.“
Dieser theoretische Teil ist der erste Band des fünfbändigen Gesamtwerkes „Chronische Krankheiten“ von S. Hahnemann. Er ist als gesonderter Band erschienen, um das Kennenlernen dieser wichtigen Grundsätze Hahnemanns auch jenen zu ermöglichen, die den Erwerb des kompletten Werkes auf einen späteren Zeitpunkt verschieben wollen.